PROCESOS DE PAZ
EN ÁFRICA:
UNA EXPERIENCIA PARA COLOMBIA

SERIE PRETEXTOS
N° 16

PROCESOS DE PAZ EN ÁFRICA:
UNA EXPERIENCIA PARA COLOMBIA

MADELEINE ANDEBENG L. ALINGUÉ
EDITORA

Bogotá, septiembre de 2001

ISBN 958-616-509-4

© **MADELEINE ANDEBENG L. ALINGUÉ (Editora), 2001**
© **UNIVERSIDAD EXTERNADO DE COLOMBIA, 2001**
   Derechos exclusivos de publicación y distribución
   Calle 12 N° 1-17 Este, Bogotá - Colombia. Fax 284 3769

Primera edición: septiembre de 2001

Diseño de cubierta: Diego Amaral-Zona Ltda.

Revisión del texto: Wilma Zafra Turbay

Composición: Depto. de Publicaciones, Univ. Externado de Colombia
Impresión y encuadernación: XEROX - Impresión Digital,
con un tiraje de 1.000 ejemplares.

Impreso en Colombia
Printed in Colombia

A mis padres y a mis hijos

A Héctor

*A todos los que han ofrendado
−sea por convicción o por accidente−
sus vidas para un futuro mejor*

CONTENIDO

AGRADECIMIENTOS 11

PRÓLOGO 13

INTRODUCCIÓN 17

PRIMERA PARTE
LA INVENCIÓN DEL ÁFRICA

"RACE": A HISTORICAL CRITIQUE OF THE CONCEPT
Emmanuel Chukwudi Eze 31

CIENCIAS SOCIALES, VIOLENCIA EPISTÉMICA Y EL PROBLEMA
DE LA "INVENCIÓN DEL OTRO"
Santiago Castro-Gómez 69

SEGUNDA PARTE
ESTADO, CONFLICTO E INTERVENCIÓN HUMANITARIA

STATE AND CONFLICT RESOLUTION
Nigel Gibson 95

ÁFRICA O LA ETNICIDAD MANIPULADA
Medeleine Andebeng L. Alingué 123

EL BUEN GOBIERNO Y LAS NACIONES UNIDAS
Patti Londoño Jaramillo 143

GUERRES, DÉPLACEMENTS DE POPULATION ET INTERVENTIONS
HUMANITAIRES EN AFRIQUE AU SEUIL DU XXIE SIÈCLE
Eric Lair 179

DEL ÁFRICA A AMÉRICA: LECCIONES Y RETOS ACTUALES
EN LAS CRISIS HUMANITARIAS
Antonio Maldonado 219

EXPECTATIVAS Y REALIDAD DE LA RECONCILIACIÓN: LA COMISIÓN
PARA LA VERDAD Y LA RECONCILIACIÓN EN SUDÁFRICA
Belinda Eguis 247

TERCERA PARTE
COOPERACIÓN SUR-SUR: UNA ALTERNATIVA
EN RESOLUCIÓN DE CONFLICTO

CONFLICT MANAGEMENT AND RESOLUTIONS IN AFRICA:
THE NIGERIAN EXPERIENCE
A. O. Oyesola 289

O ÁRDUO PROCESSO DE PAZ EM ANGOLA E A PRESENÇA BRASILEIRA:
PEACE-KEEPING, NAÇÕES UNIDAS E PARTICIPAÇÃO
DO BRASIL NO MONITORAMENTO DA PAZ PRECÁRIA
José Flávio Sombra Saraiva 303

LAS RELACIONES DE CUBA CON ÁFRICA. ESCENARIO PARA
LA COOPERACIÓN SUR-SUR
Jesús Martínez Beatón 329

COLOMBIA, ÁFRICA Y LA COOPERACIÓN SUR-SUR
Pío García 337

BIBLIOGRAFÍA 349

LOS AUTORES 371

Agradecimientos

A los patrocinadores FODESEP (Fondo de Desarrollo de la Educación Superior), Ministerio de Relaciones Exteriores, AVIATUR, AVIANCA, e ICETEX, por creer en nuestro proyecto.

A Roberto Hinestrosa, decano de la Facultad de Finanzas, Gobierno y Relaciones Internacionales, por su apoyo incondicional.

Al equipo del Centro de Investigaciones y Proyectos Especiales (CIPE) de la Universidad Externado de Colombia, y un especial agradecimiento para la Doctora Wilma Zafra, coordinadora del CIPE, por sus valiosas orientaciones.

Al comité Organizador del Simposio: Jerónimo Delgado, Andrea Almánzar, Beatriz Rodríguez, Fabián Cepeda, Daniel Rodríguez –estudiantes de la Facultad– por su dedicación en la realización del evento.

Al equipo de apoyo: Carlos Alberto Hernández, Claudia Lara, Ana Maria Lara, Bernardo Romero, Luis Guillermo La Rotta por su valiosa colaboración en el éxito logístico del simposio.

A todos gracias.

Prólogo

La Facultad de Finanzas, Gobierno y Relaciones Internacionales y el Centro de Investigaciones y Proyectos Especiales, CIPE, de la Universidad Externado de Colombia presentan a la comunidad académica y al público en general las memorias del Simposio Internacional "Procesos de Paz en África: Una Experiencia para Colombia". Quizá este es el primer texto de recopilación y el primer encuentro académico sobre África realizados en el país.

El vacío bibliográfico y académico sobre los asuntos africanos y las escasas y débiles relaciones que nuestro país ha establecido con las naciones de ese continente demuestran que nuestros conocimientos del mundo no son integrales. Ese desconocimiento puede ser el resultado de una actitud "oportunista" del Estado colombiano en la interpretación de la profesora e investigadora Madeleine Alingué. En lo internacional, y en especial en África, la imagen de Colombia depende de situaciones coyunturales o presiones externas, según el grado de aceptación del mandatario de turno, que de la existencia de políticas exteriores consecuentes.

Nuestro acercamiento al continente se hace a través de imaginarios y no de realidades. Por ello, la facultad de Finanzas, Gobierno y Relaciones Internacionales ofrece una publicación donde se encontrará una fuente de análisis ágil, seria y novedosa sobre experiencias africanas de resolución de conflictos que seguramente aportará al conocimiento y a la praxis de la construcción de una nueva sociedad.

Los objetivos planteados en nuestra tarea educativa se resumen en dos puntos:

Primero, romper los esquemas tradicionales de conocimiento sobre asuntos internacionales integrando la variable África. En este sentido, la Facultad de Finanzas, Gobierno y Relaciones Internacionales ofrece desde 1997 seminarios sobre las diferentes coyunturas africanas, pues el África es plural en sus desenvolvimientos.

Segundo, propiciar a partir de esta apertura hacia el continente africano la realización de estudios comparados. En este contexto, una de las líneas de investigación analiza los conflictos en regiones del Tercer Mundo para identificar mecanismos internos y modelos de intervención internacional que permitan homologar dinámicas y fórmulas de solución.

El presente texto hace tres aportes que cuestionan nuestra percepción de África, los cuales se desarrollan en sendos capítulos.

El primero resalta la discusión alrededor de la "invención del otro" y nos permite identificar el sistema cerrado de nuestros cánones de conocimiento que ha generado la "invisibilidad" de la historia africana y minimizado su aporte al conocimiento universal.

En una segunda parte se debaten las diferentes formas de implementación del Estado en África postcolonial para analizar las fuentes del conflicto en ese continente.

Y, por último, dado que muchos países de América latina han diseñado políticas coherentes frente al continente africano, se plantea a título comparativo el comportamiento no uniforme del Estado colombiano frente a realidades económicas, culturales, sociales y políticas de las naciones del África.

Nuestra publicación pretende ser una contribución al conocimiento, para ampliar los horizontes de nuestra comunidad académica, y servir como punto de partida para la generación de investigaciones y espacios de reflexión. Con el fin de destacar el carácter internacional del análisis, la publicación conserva los textos en la lengua original de sus ponentes (portugués, inglés, español y francés).

La Facultad de Finanzas, Gobierno y Relaciones Internacionales procurará profundizar el análisis de la compleja situación africana y promoverá estudios comparados de Colombia y regiones africanas con el empeño de asegurar la continuidad de este proceso investigativo.

Roberto Hinestrosa Rey
Decano Facultad de
Finanzas, Gobierno y
Relaciones Internacionales

Introducción

Los dirigentes africanos no han cumplido con su obligación con los pueblos de África, la comunidad internacional no ha cumplido con ellos, las Naciones Unidas no han cumplido con ellos. No hemos cumplido porque no hemos abordado de forma apropiada las causas del conflicto; y porque no hemos hecho lo suficiente para lograr la paz; y porque no hemos sido capaces de crear las condiciones para el desarrollo sostenible.

Kofi Anann

Entre las décadas de los 60 –década de independencia para el África Sub-Sahariana (Ass)– y la década de los 90 –década de los procesos democráticos y la eliminación del colonialismo institucional y racial (apartheid), se produjeron más de 80 cambios violentos de gobierno en la región. Cada uno de los países se vio involucrado en revueltas, conflictos o guerras internas. Por estas cuatro décadas, el África negra representa un continente en guerra. Si bien África no tiene el monopolio de los conflictos en el mundo, causaron más de la mitad de las muertes relacionadas con actos de guerras en todo el mundo y, generaron más de 8 millones de refugiados, repatriados y desplazados. Cabe, entonces, preguntarse, ¿por qué ha habido tantos cambios de gobierno en África?

Los conflictos en África no pueden reducirse a percepciones unificadoras y generalizantes, tales como las expresadas en la literatura o los medios de comunicación, pues África es un continente vasto y variado (31 millón de km cuadrados; 865 millones de habitantes y 53 países), los países africanos tienen historias y condiciones diversas, se encuentran en diferentes etapas de desarrollo económico y presentan tipos de políticas públicas y modelos de interacción nacional e internacional específicos. Esta diversidad y complejidad se refleja en los conflictos. Algunas causas de conflicto son internas, otras corresponden a la dinámica de una determinada subregión y otras tienen importantes dimensiones internacionales. No obstante, estos conflictos se encuentran interrelacionados por varios elementos y experiencias comunes.

Primero, ya es comúnmente admitido que la *delimitación arbitraria y artificial* de las fronteras nacionales africanas –ratificada por los fundadores de la Organización para la Unidad Africana (OUA) a través de la ley de intangibilidad de 1963- ha jugado en ciertos casos un papel importante en los conflictos ínter-estatales de los años 60 y 70 particularmente entre Ghana –Togo, o Mali– Burkina Faso y Tanzania– Uganda.

A la "necesaria" construcción de la unidad nacional, en lugar de fomentar la participación ciudadana, se concibió por los nuevos líderes africanos, como una fuerte centralización del poder político y económico, y la supresión del pluralismo político. Previsiblemente, los monopolios políticos generaron a menudo altos niveles de corrupción, nepotismo, auto-satisfacción y abusos de poder que propiciaron graves conflictos fronterizos en África.

Segundo, el perfil de los conflictos en Angola, Mozambique y en el Cuerno de África demuestran que la guerra fría generó escenarios de tensión expresados a través del enfrentamiento bélico. Las exigencias de la guerra fría llevaron las dos superpotencias a apoyar regímenes represivos para el control ideológico de las regiones, como el apoyo norteamericano a Said Barre (Somalia) y simultáneamente el apoyo soviético a Mengistu Haile Mariam (Etiopía). En todo el continente existieron regímenes escasamente democráticos apoyados y mantenidos por las superpotencias enfrentadas. Así, África respondió a los intereses generales de la dinámica internacional y a pesar de la inestabilidad africana, durante la guerra fría, los intentos exteriores por promover o socavar algunos gobiernos africanos fueron una característica común de la competencia bipolar. Al terminar el enfrentamiento Este-Oeste, la intervención externa ciertamente ha disminuido, pero no ha desaparecido. Los intereses ajenos a África que compiten por el petróleo y por otros recursos preciosos del continente, continúan desempeñando un papel importante y a veces decisivo, tanto en la supresión de los conflictos como en su mantenimiento.

A nivel económico, los países africanos en guerra demuestran que a mayor violencia en el conflicto, el nivel de desarrollo es cada vez más negativo. Según Vesna Pesic[1], en las tres últimas décadas entre 1960 y 1994, en los 18 países[2] en conflicto en el ASS se evidenciaron importantes variaciones en su Producto Interno Bruto. En términos generales se pueden repartir en los siguientes periodos: entre 1960-1975, seis de estos estados poseen déficit en su PNB; entre 1975-1985, aumenta a 11; y entre 1985-1994, más de 15 se encuentran en déficit. Adicionalmente, tanto las inclemencias y devastaciones medioambientales (sequías) como la economía internacional han condicionado

---

1. Vesna Pesic, remarks to the Institute on Global Conflict and Cooperation (IGCC), Working group on the International Spread and Management of Ethnic Conflict, 1 october 1994.
2. Angola, Brundi, Repíblica Centroafricana, Congo (Brazaville), Rep. Democratica del Congo (ex Zaire), Eritrea, Etiopía, Guinea Bissau, Kenya, Lesotho, Liberia, Rwanda, Senegal, Sierra Leone, Somalia, Sudan, Chad, Uganda.

fuertemente la inclusión de las economías africanas en el mercado internacional.

Los desequilibrios estructurales a nivel humano y social generados por el conflicto armado son enormes. El informe de Desarrollo Humano del PNUD[3] del año 1997 informa que mientras los niveles de productividad decrecen, la tasa demográfica se eleva lo cual aumenta la dependencia de la importación de alimentos. Las expectativas de vida en las regiones en conflicto son de 40 años en Sierra Leona, Rwanda, Etiopía, Burundi o Angola para citar solamente algunos. Asimismo, las actividades económicas presentan una fuerte tendencia hacia las industrias extractivas y la exportación de productos primarios, lo cual no permite inversiones constantes y generalizadas en el campo tales como educación, formación y capacitación de la fuerza de trabajo.

Paralelamente, el juego político en ASS está caracterizado por una estructura que favorece principalmente la apropiación de los canales institucionales de la economía nacional en beneficio de una u otra facción, lo cual reduce sus capacidades de redistribución.

Así, el vacío de poder benefició a otros sectores como los comerciantes internacionales de armas y los propios actores del conflicto; el control y la explotación de los recursos naturales en el caso de Liberia (diamantes, madera y otras materias primas) ha sido y es uno de los objetivos principales de las facciones beligerantes. En muchos casos la prolongación del conflicto es factible solo gracias a los apoyos económicos.

En el plano político, la mayoría de los del ASS han fracasado en sus intentos de construcción de Estado-Nación, es decir, de integración de las diferentes fuerzas nacionales. Los propios africanos coinciden en buscar más allá de su pasado colonial las causas de los conflictos actuales cuestionando las formas tradicionales de organización y gestión pública. La "política del vientre" de J.-F. Bayart demuestra como los canales de poder funcionan sobre la base de las afiliaciones y de las alianzas. Por ejemplo, es frecuente, la consideración de que la victoria política adopta una forma en que el vencedor considera patrimonio exclusivo la riqueza y los recursos, las prebendas, el prestigio y las prerrogativas del cargo, de manera que el control político adquiere una importancia excesiva. Esta situación se agudiza cuando el Estado y el gobierno son los únicos empleadores y en la medida en que los partidos políticos tienen una base marcadamente regional o étnica. Estos elementos, entonces se politizan a menudo con violencia: como en el caso del conflicto rwandés, donde la movilización en torno a discursos racistas han incrementado los niveles de tensiones entre los Hutus y los Tutsi.

En tales condiciones, el carácter multiétnico de la mayoría de los estados africanos hace que el "conflicto", en la actual situación, sea aún más probable y parezca "innegociable".

A nivel internacional, después del fin de la guerra fría, la comunidad internacional en el "afán" de aplicar su nueva capacidad de adoptar decisiones colectivas, puso en marcha en 1990, por medio del Consejo de Seguridad de las Naciones Unidas, una serie de iniciativas de mantenimiento de la paz en África y en otros continentes. Sin embargo, la incapacidad para restablecer la paz en Somalia menoscabó la labor internacional de la intervención en situaciones de conflicto y precipitó la rápida retirada de la comunidad internacional de las tareas de mantenimiento de la paz en todo el continente africano. Una consecuencia temprana y directa de esa retirada, incluida la Organización de las Naciones Unidas, fue la no-intervención para impedir la guerra en Rwanda.

Sobre la naturaleza conflictiva de los pueblos africanos, queda una duda o más bien una hipótesis, presente y en filigrana: las crisis actuales en África, lejos de ser solamente un síntoma negativo de una descomposición, pueden ser una prueba de que las cuentas se están pagando, después de la larga glaciación de la era poscolonial y de la guerra fría, los equilibrios han empezado a evolucionar. Reequilibrios étnicos después de las perturbaciones introducidas por la historia colonial y la descolonización; crisis del estado importado y de su ineficiente modelo de organización en un marco cultural, económico, político, histórico social etc. diferente; crisis también de los "dogmas" del desarrollo y la reinvención de los modelos de funcionamiento de la economía; tales parecen ser las líneas principales de fuerza de la recomposición política, económica y estratégica del África de la posguerra fría.

A partir de estas aproximaciones, la dinámica de los conflictos experimentada por el continente africano no deben irremediablemente ser consideradas como tragedias. Son ciertamente tragedias humanas, y el respeto a las víctimas lo debe recordar. Sin embargo, más allá del aspecto humanitario, ¿qué grupo social o unidad social podría generar una manera más democrática en su respuesta al conflicto? La guerra se vuelve, entonces, más que en otros continentes un modo de producción de lo político –como lo subraya J.-F. Bayart–.

La liberalización de los canales de conocimiento nos permite indagar las formas como ciertos estados africanos se han comprometido en la resolución y eliminación del conflicto. Estas son las experiencias que recopila esta publicación, resultado del primer simposio internacional "Procesos de paz en África: una experiencia para Colombia", organizado por la facultad de Finanzas, Gobierno y Relaciones Internacionales de la Universidad Externado de Colombia el 8 y 9 de mayo de 2000.

En el capítulo primero, Emmanuel Eze cuestiona la noción "filosófica" de la raza y plantea la evolución "histórica" del concepto. Su presentación permite visualizar los imaginarios sobre lo negro y medir el alcance del rechazo y la negación de África. Santiago Castro-Gómez busca establecer algunas relaciones entre el establecimiento de lo que Foucault llamase la "sociedad disciplinaria" y la consolidación del colonialismo europeo en ultramar. El punto de encuentro entre ambos fenómenos es el problema de la "invención del otro". Tanto la consolidación de los estados nacionales (en Europa y América) como las prácticas colonialistas buscaron generar un perfil de subjetividad acorde con las necesidades expansivas del capital. Todos aquellos elementos que no se adaptaran a este perfil eran excluidos del ámbito de la racionalidad (como lo "otro de la razón") y debían, por tanto, ser disciplinados, terapizados o incluso exterminados en tanto distinto del sujeto moderno occidental.

El segundo capítulo pretende mostrar de modo global la realidad cuantificada del África actual. Nigel Gibson nos presenta los desequilibrios africanos y los alcances políticos, económicos, sociales de los conflictos y critica el fracaso del "desarrollo" en África. Sobre la connotación étnica de los conflictos africanos, Madeleine Alingué presenta cómo el elemento étnico fue utilizado por las potencias coloniales para regir las diferentes comunidades y poner en aplicación la administración colonial. Los análisis de las intervenciones internacionales en África por Patti Londoño, Antonio Maldonado y Eric Lair, resaltan la complejidad de las situaciones encontradas y la confusión en la toma de decisión cuando de mantenimiento de la paz se trata.

A través del concepto de "buen gobierno", Patti Londoño problemátiza la acción de la Organización de las Naciones Unidas en África en procesos de mantenimiento de la paz y lo asocia con la pérdida de autonomía de las decisiones gubernamentales, que cada vez más son condicionadas y condenadas por la comunidad internacional.

Paralelamente, Antonio Maldonado presenta una interesante relación entre "soberanía e intervención humanitaria" como problemática recurrente en los conflictos en África.

Eric Lair parte del hecho que la guerra es un fenómeno "societal" que desestructura el tejido social y familiar de numerosos espacios a cargo de los actores humanitarios cuyas funciones tienden cada vez más a ampliarse. Su análisis permite reflexionar sobre la diversificación social producida por la guerra y las intervenciones humanitarias.

El tercer capítulo, presenta los esfuerzos realizados en el ámbito regional por Nigeria en el marco de la Cooperación Sur-Sur en materia de mantenimiento de la paz. América Latina está igualmente presente en los conflictos africanos. Los casos de Cuba o Brasil demuestran la posibilidad de romper con los esquemas tradicionales de relaciones Norte Sur con miras a generar interpretaciones y acciones directas en África.

El seminario internacional "Procesos de Paz en África: una experiencia para Colombia" ha permitido demostrar que la cooperación sur-sur (en los campos donde se ejecuta) tiene una serie de ventajas para los que se benefician de ella. Las similitudes históricas, políticas, económicas, sociales y culturales existentes entre los diferentes estados del llamado "Sur" permiten generar respuestas factibles para los propios protagonistas. El ejemplo decisivo puede ser la propuesta Sudafricana al posconflicto con experiencias como la conformación de la Comisión para la Verdad y la Reconciliación, creada y diseñada sobre la base de instrumentos legales desarrollados en otros contextos, como en países de América Latina –Chile, Argentina y Salvador–.

Por ello, Belinda Eguis analiza el equilibrio entre las expectativas generadas y los resultados obtenidos durante el proceso de reconciliación y perdón colectivo, así como sobre las relaciones entre verdad y justicia como bases para la construcción de un destino común. En el Ubuntu (concepto africano del humanismo), Nelson Mandela y el Arzobispo Desmund Tutu (premios Nobel de la Paz en 1993 y 1984) para lograr una reconciliación nacional hacia el futuro, recuperan lógicas locales de construcción de sociedad a través de los símbolos del perdón y la reconciliación.

Los conflictos pueden ser superados solo y únicamente si son comprendidos. Las experiencias africanas de resolución de conflictos pueden servir de ejemplo a Colombia, por el entendimiento de los mecanismos de acción de los organismos internacionales, por las repercusiones sociales de las crisis humanitarias, y la experiencia Sudafricana nos recuerda que la superación del conflicto y el posconflicto requieren de conciliación y justicia para tener la posibilidad de generar un desarrollo sostenible.

Madeleine Andebeng L. Alingué

ÁFRICA

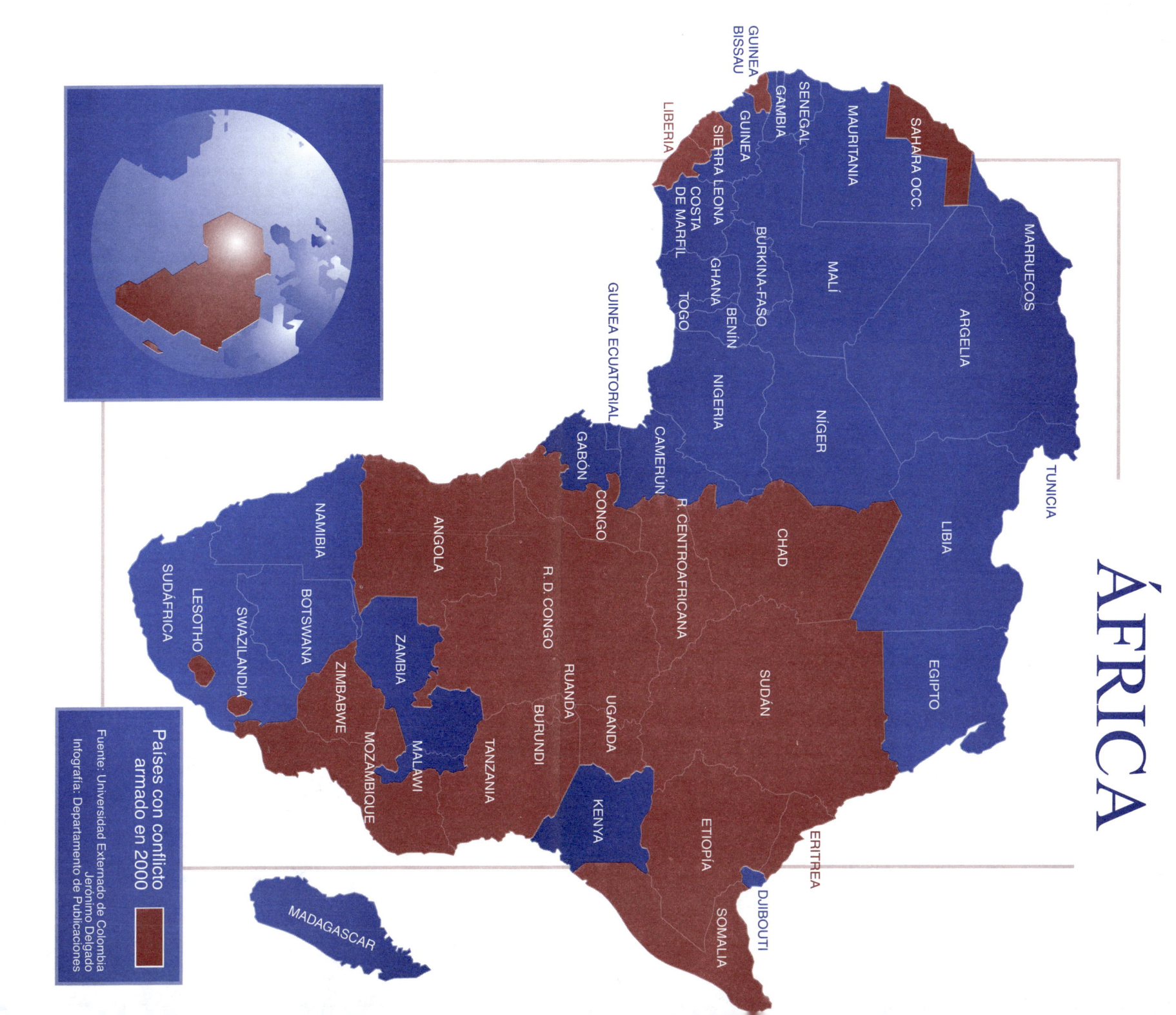

Países con conflicto armado en 2000

Fuente: Universidad Externado de Colombia
Jerónimo Delgado
Infografía: Departamento de Publicaciones

# PRIMERA PARTE

LA INVENCIÓN DEL ÁFRICA

"RACE": A HISTORICAL CRITIQUE OF THE CONCEPT

E. Chukwudi Eze
Profesor at the Department of Philosophy,
DePaul University, Chicago, USA.

It is now generally accepted that "Race" is a social construct. This is a conviction informed by results of deconstructive works that have been successfully carried out in the studies of sexuality as well as of gender. In fact, the idea that the concept of race, and the reality of racial identities, are socially constructed has captured not only the imaginations of scholars in the academy but also the attention of the larger literate culture. In a recent study, *Invisible No Longer: Afro-Latin Americans Today*, published by progressive activists at the Minority Rights Group based in London, Alan Phillips, the Director of the study, noted that "race" and etnicity are a social construct rather than a biological fact, particularly in the case of Latin America, where people of African, European and indigenous ancestry have intermixed through the generations to an enormous degree".

What I wish to explore here however is a complementary hypothesis: race is also a historically constructed –the word "historical" being used both to capture the idea of the historicity implicit in the social presents as well as a genealogical perspective. There were and are places where there were and are no races, either because the functions fulfilled by the idea of race, where races exist, is accomplished otherwise; or there could be no races because in those places where this is the case the need to accomplish the kinds of things done by and under the name of race do not arise, or are socially trivial. It would be erroneous, for example, to think that where-ever and whenever there have been different-looking individuals, there have also been "races," whether the "different-looking" is in terms of skin color or texture of hair, or even genetic differences. This is clear when we consider we usually call the "oriental" race or the "black" race, or the "white" race are hardly homogenous even in looks. What does the American philosopher Adrian Piper have in looks that makes her "black" along with, say, the Congolese hunter gatherer Ntima Mukonkole who, an anthropologist always remembers to remind me, is a bushiman? –What makes the Yoruba, the Akan, the Tigrinya, the Oromo, etc. "black"? The answer, in large part, is that these peoples have been so classified, with the intent to produce specific "racial" ends.

When I first arrived to the United States I had to obtain a social security number. In the form I was required to complete at a County Office, I was asked to check which race I belonged to. I searched for "Igbo," as I had been known, but in vain. Instinctively, I flipped the form, looking for instructions as to a larger category under which the Nigerian Igbos may have been subsumed. But nothing prepared me for what I found: Nigerians are black all right, but not Algerians, who were classified as white. Likewise, the Sudanese are black, but not Egyptians. And while the Zanzibarians of Tanzania are black, Libyans are white, and so forth. This table of classification would make sense to me only a few years later, when I encountered that dramatic passage at the beginning of Foucault's *The Other of Things*.

The opening pages of that book, you recall, begin by describing a "certain Chinese encyclopedia," drawn from a story by Borges, in which it is written that animals are divided into a) belonging to the Emperor, b) embalmed, c) tame, d) sucking pigs, e) sirens, f) fabulous, g) stray dogs, h) included in the present classification, i) frenzied, j) innumerable, k) drawn with a very fine carnelhair brush, l) etcetera, m) having just broken the water pitcher, n) that from a long way off look like flies.

"In the wonderment of this taxonomy", Foucault observed, "the thing we apprehend in one great leap, the thing that, by means of the fable, is demonstrated as the exotic charm of another system of thought, is the limitation of our own, the stark impossibility of thinking that".

How does own think the limits of one's own systems of thought? For Foucault the encounter with that which is other forces one to rethink, most insistently, not so much the formalities and customs beloved to anthropological speculation as the little things: it invites one to discover those patternings of mind so naturalized and automatic that we never think about them at all[1]. Foucault's project, accordingly, raises the issue of how one's knowledge of various things is constituted; so that the *Order of Things* is a work of archeological epistemology.

My interests are more historical than epistemological. I ask, for example, how has the concept of race been historically used? If we need not always have races, either in its present conceptual grid and classifications, or in the current social and political formations that define various forms of racial identites and race relations, how did race, at least in our times, come to be –"be" in terms of acquiring

---

1. Minority Rights Group (ed.). *Invisible No More: Afro-Latin Americans Today*, London Minority Rights Group, 1995, p. vii.

33

the significances –scientific, social, political and juridical –that it currently enjoys throughout the civilized world?

I. Race in the History of Western philosophical Thought

In a book that I have just completed, tentatively entitled "Achieving our Humanity: After Race and Philosophy" (tentative because I have also sometimes thought of calling it, simply, "Race and Modernity," but also tempted to reserve this title for a collection of essays that would be my next project), in the first chapter, I argued that in the works of Descartes, Hume and Kant we see a consistent modern preoccupation to define the meaning of "man". This is obvious from Descartes' Cogito passages, where, at the end of a chain of logical demonstrations, he dramatically paused to ask: what is the thing that "thinks"? The philosophico-anthropological nature of the passages in question confirm what Descartes had earlier written to the members of the faculty of theology in Paris. 'I have always thought that the two questions, of *God and the soul*", he wrote, "were the principal questions among those that should be demonstrated by rational philosophy"[2]. This first philosophy would be a philosophy of the soul, a philosophy of mind, since the thinking "thing" is indeed "man" understood as the person of reason. The aspirations of modernity was for Descartes, therefore, represented primarily in the projects and achievements of science, the expansion of knowledge and the human mastery of nature through the power of reason.

---

2. Catherine Bates. "Cleaning Up Caliban", *Times Literary Supplement*, November 19, 1999, p. 18.

The anthropological element in Descartes' thought, and its relations to the scientific, social, and cultural projects of modernization is retained, and in fact amplified, in Hume. This is obvious when we consider some of the titles of Hume's major works: *Treatise on Human Nature*, for example. For Hume, "it may be safely affirmed that almost all the sciences are comprehended in the science of human nature, and are dependent on it[3],[4]". Hume also lamented: "Human nature is the only science of man; and yet has been hitherto the most neglected. It will be sufficient for me, if I can bring it a little more into fashion" (*Ibid.*). One of the questions I raise in the manuscript is: Why did the return to the study of human nature acquire *this* urgency in the writings of the philosophers in the two centuries that span Descartes' *Meditations on First Philosophy*, 1461, and Hume's *Treatise on Human Nature*, in the 1740s?

I recognized that the re-turn to efforts to discover the "essence of man" –and that was the language of the time– has its roots in the Renaissance.

Historians of modern philosophy are correct to argue that the Renaissance represented a series of profound revolutions in science and culture, the revolutions having occurred, roughly, between 1300 and 1500, a period that adequately envelopes Descartes and his works. According to Vincent Potter: "As a result of the rebirth of culture [hence the "Renaissance"], which took place mainly in Italy through the discovery of Classical civilization, man and things human became the center of attention." From this perspective modern philosophy, for exarnple, was interested in determining the nature of the human mind in

---

3. Descartes, "Letter of Dedication", *Meditations on First Philosophy* [1461], trans. Lawrence J. Lafleur, New York, Library of the Liberal Arts, Macmillan Publishing Company, 1951; pp. 3 and 5. Italics added.
4. Hume. *Treatise on Human Nature* [1739-40], ed. Selby-Bigge, Oxford, Clarendon Press, 1978, p. 273.

order to establish and advance the projects of modern science, both in terms of adequate methods and in terms of the fields of nature that needs to be scientifically accounted for, and technologically mastered. In this context, more specifically, Descartes' conception of man as "a substance whose whole essence ... was merely to think" would be not simply an attempt at description but also a paen to what Potter calls "the competence of human reason for handling human affairs and for solving human problems." Under this reading of the history of the Renaissance recovery of the Classics –i.e., the Greek antiquity– in the Italian terrain, the Renaissance constituted the roots of other later scientific and cultural movements in France, England, and Germany –culminating in the Enlightenment movements of the seventeenth and the eighteenth centuries.

I mention Germany because, in addition to Descartes and Hume, Kant, too, was profoundly interested in philosophical anthropology. In the diverse compositions that he would publish under the title *Logic*, we see that Kant classified the problems of philosophy into four:

1. What can I know?
2. What ought I to do?
3. What may I hope?
4. What is man?

He comments, however, that whereas the first question belongs to the domain of metaphysics, the second to morality, the third to religion, and the fourth to anthropology, "at bottom [all the questions] could be reckoned to *anthropology*, because the first three questions relate to the last." Like Descartes, Kant believed that the ultimate problem for philosophy is to determine what man is[5].

---

5. Immanuel Kant. *Logic*, trans. Robert S. Hartman and Wolfgang Schwarz, New York, The Library of Liberal Arts, Bobbs-Merrill Company, 1974; italics added.

The centrality of this question in Kant's other philosophical works cannot be overestimated. In *Anthropology from a Pragmatic Point of View*, a book that was published in two editions (1798, 1800) during Kant's life (he was working on the third edition shortly before he died), Kant expressed the view that "the aim of every step in the cultural progress which is man's education is to assign this knowledge and skill he has acquired to the world's use. But *the most important object in the world to which he can apply them is* man, because man is his own final end"[6]. The *Anthropology* was accordingly intended to explain the inner and outer nature of the "earthly being endowed with reason" and to be a "systematic treatise comprising our knowledge of man"[7].

My work supplements Potter's and other's classical account of the rise of modern interests in, and actual programs of inquiry on, human nature, from sources other than the Italian connection –or re-connection– with Greece. Both the early and later stages of the Renaissance were not only looking back, chronologically, they were also looking out, horizontally.

For example, the Renaissance transformations in geographical and anthropological knowledge are to be credited for more than just a rediscovery of the Greeks, as one-sidedly argued by the classicists, and increasingly implausibly maintained by their defenders. The forces that made the Renaissance transformations possible –and consequently influenced the choice of not only methods but also objects that were constituted as worthy, interesting, or useful subjects of philosophical inquiry– reach beyond the Greeks to other more immediate and more contemporary developments, such as the revolutions in travel and

---

6. Immanuel Kant. *Anthropology from a Pragmatic Point of View,* trans. Mary J. Gregor, The Hague, Martinus Nijhoff, 1974, p. 3.
7. *Ibid.*

travel technologies. Two centuries before Columbus set sail to the Americas and to the "discovery" of the Indians, the Venetian Marco Polo (1254-1324) had also "discovered" China. Likewise, the Portuguese Henry the Navigator (1394-1460) is known to have commissioned ships southward along the West African coast, in the hope of finding India and gold. And Bartolomeu Dias (c. 1450-1500) had reached the Cape of Good Hope, having circled Africa, by 1485. The ethnographic knowledge made possible by these "discoveries" of peoples of China, sub-Saharan Africa, and of course the Americas, cannot be decoupled from the Renaissance construction of a worldviews that became radically different from that of the earlier medieval centuries. If it is the rediscovery of the Greeks that made possible these geographical and ethnographic development, then, the Renaissance self-understanding were not constituted from standpoints unaware of these cultural encounters with non-European peoples. With the knowledges gained of others, the Renaissance and early modern thinkers, in their philosophical and scientific projects, suceeeded in constructing a worldview and a modern culture whose lines of opposition were distinctive.

In the Middle Ages, culturally and morally relevant oppositions were between the Latin and the Barbarians, or between the Christian and the Infidel. In the Modern the equally culturally and morally significant oppositions would henceforth be transformed, beginning in the Renaissanee and the subsequent Enlightenment movements, into the Civilized versus the Savage, the Historical versus the Primitive, the Progressive versus the Archaic. The Renaissance transformations made possible a new sense of history, and a new meaning of truth. This new sense of History and new requirements for conditions of Truth –represented by Progress and Science– could hardly be fully accounted for without taking into consideration the shock of the discovery of peoples and cultures perceived as racially different and, apparently, inferior. It is hard to imagine the question about "Man", a question conceptually articulated and practiced around the idea of "Progress", as formulated without regard to the encunters between Europeans and the non-Europeans peoples of Africa, Asia and the Americas.

My thesis, then, can be simply stated: The challenge of understanding the meaning and significance of human varieties was a major contributing factor to the need to scientifically determine the "essential" nature of the human being –as opposed to its accidental qualities. In addition to, and along with Renaissance discovery of the classical greek civilization with its focus on "man and human things", there elearly was another kind of Renaissanee discovery: the discovery of the Savage. The idea of "race", i argue, was one of several handles devised both by science and political relations to account for –i.e., classify, categorize and administer– the "varieties of men"[8].

---

8. Think for a moment of some of Shakespeare's plays and precisely about the functions of the idea of the foreign in those plays that deal with issues of cultural difference -*Othello, Anthony and Cleopatra*, and *The Tempest*, for example. Critics have shown how these plays, among others of its period, got its audience "to *see* [them]selves" through an experience of finding something culturally unexpected, something culturally different. Shakespeare's works embody, clearly, the idea that encounter with the unexpected creates a jolt of self-questioning and self-recognition. This is so because in the encounter "the familiar contours of a human or cultural outline reveal something we didn't know, something *unheimlich,* rich and strange." Catherine Bates studied this strand in Shakespeare's work, and according to her: "In the decades before Shakespeare was born", she wrote, "tanned and briny adventurers were coming back to Europe with tales of a whole new world, quite unknown to the Ancients –news that would have been as staggering to the early modern imagination as the discovery of life on Mars would be to our own. As the sixteenth century absorbed the impact, Shakespeare variously revisioned, transacted, interrogated [and] appropriated (...) the experience of cultural difference in his plays [so that] Eurocentric culture and customs are held up to quizzical and critical view." Included in the objects subjected to this "critical view" was the very idea of "man" and humanity.

On Modern Philosophy and race[9].

II. The Discovery of the "Savage": The Medieval Background

The "Savage" of the Renaissance and, subsequently, the Enlightenment is a category parallel to, but quite different from that of the "Barbarian" or the "Gentile" prevalent in preceding medieval centuries. The Barbarian or the Gentile

---

9. Philosophy and the "Varieties of Men": To fruitfully ponder the history of modern philosophy in conjunction with the history of "savage" peoples and press modern philosophy to yield, so to speak, the savage structures through which it framed its most intimate questions about man, require some new ways of looking at old things. First, we would certainly have to overcome the disciplinary prejudices that currently, often airtightly, separate cultural anthropology and philosophy. But the distinction between the two domains of inquiry was not always so narrow; it may well be that the need to see modern philosophy as "pure" and concerned with only knowledge in itself led many to forget that the most accomplished figures in philosophy also produced (and, in some cases, still do produce) large bodies of work which, today, are routinely classified as anthropology. In Hume, for example, such works bear titles as clear as "Of National Characters," "Of some Remarkable Customs," "Of Love betwixt the Sexes", "Of Love and Marriage", "Of Chastity and Modesty", "Of the Effects of Custom" and so forth (David Hume, *Essays Moral, Political, and Literary* [1777], ed. by Eugene F. Miller, Indianapolis, Liberty Fund, 1987).

In Kant, too, we find essays and books of similar titles and concerns, including: "On the Different Human Races, by Way of Announcing the Lectures on Physical Geography for the Summer Semester 1775"; "On the Different Human Races"; "Conjectures on the Beginning of Human History"; *Anthropology from a Pragmatic Point of View*; and, of course, the lectures gathered in *Physical Geography*. (Kant's "Reviews of Johann Gottfried Herder's *Ideas on the Philosophy of the History of Mankind*" or *Observations on the Feeling of the Beautiful and Sublime* easily belongs to this category. For a bibliographic guide on Kant's anthropological writings, see Howard Caygill, *A Kant Dictionars*, Oxford, Blackwell, 1995, pp. 418-427). These and other works by Hume and Kant are rich sources of comparative observations and theories about the physical attributes, moral character, and customs of Europeans, Africans, Americans, Chinese, Hindus, and Jews. The goal for both writers was to establish, through empirical comparative studies, a unitary idea of "Man" and, of course, a sense of the Progress of human history.

was, indeed, the "other" against which, respectively, the medieval Latin or the Christian civilization defined itself. The title alone of Thomas Aquinas's *Summa Contra Gentiles*, influential throughout the twelfth century and into the thirteenth, easily testifies to this. Barbarians, on the other hand, were so because they lived outside of the Latin culture; as one commentator put it, "their languages sounded so much bar-bar to the Latin ears"[10].

For the medieval Latin or Christian, however, there was little historical content to this category of the other, and lack of travel and knowledge left ample room for imaginative speculation restrained only by the requi-

---

African Philosophy and racial experience: Could modern African philosophy possibly remain *African* if it ignores these universal issues of black history, black bondage, and black freedom? Like modern black music, modern African philosophy must, I think, find ways to express the distinctly modern "black" experiences of African and African-descended persons, in African and black idioms. African and Black music, for example, show a capacity both to "tell the story" of African lives as well as bear the extra-linguistic dimensions of what, in the case of African-Americans, Paul Gilroy called the "slave sublime." What, one must ask, in philosophical traditions, are the equivalents of Soukous and Reggae, Blues and Jazz? Could one be surprised if modern African and black philosophers draw from even the white masters' discarded, *mitumba*, instruments and from these bang and blow new songs of African and Black suffering and as well as of freedom? Does it matter if the tone and form and words of such this philosophy had never before been heard?

No one, I think, would be surprised to discover that modern African and black philosophy, like the music, may be born from colonial and postcolonial historical crises, including existential racial discomfort. Philosophy, in general, originates and develops out of contexts in which serious questions arise about the adequacy of one's most cherished sense of self, one's beliefs about oneself and about the world –including racial beliefs. Such beliefs do not concern merely the incidental facts about ourselves, like height and eye color; they are rather central to our moral identities, and involve issues that touch on personal relationships, the manner in which we regard ourselves and treat others, and the happiness and unhappiness that form the emotional contours of our practical lives. If philosophy's main task is to help us to ground our beliefs and justify them, then philosophy is a critical conceptual activity that ought to concern itself with the fabric of social orders, including the moral structures of our postcolonial and racial lives.

10. Patrick J. Ryan. "Sailing Beyond the Horizon", *America*, May 23, 1998, pp. 14-24.

rements of church Biblical teachings[11]. This medieval background is useful in understanding the worldview within which the "strangeness" of the African and other non-Europeans would emerge in the modern European scientific and cultural imagination.

The fabulous stories about unknown races which populated the medieval imaginings of the world beyond known Christendom –for example, in the works composed between 1209 and 1218 by the entertainer Gervase of Tilbury– do not command much historical authority as they do not pretend to be anything other than fables. But there were other, more serious speculations about varieties of humans, categorized under the general term "monstrosities." Monstrosities were believed to be abnormal beings presumed to populate faraway lands. But as John Block Friedman explains in *The Monstrous Races in Medieval Art and Thought*, those called by that name "were not monstrous at all. They simply differed in physical appearance and social practices from the person describing them." Furthermore, Friedman states:

> The monstrous races were always far away, in India, Ethiopia, Albania, or Cathay, places whose outlines were vague to the medieval mind but whose names evoked mystery. As geographical knowledge grew, and the

---

11. Determining the beginning and end of the "medieval period" is notoriously unpleasant business; for most people this is the period from the fifth century A.D. to 1350, though others would restrict the properly medieval to, much more narrowly but later than in the first case, 1100 to 1450 or 1500. I have reconciled these very diverging systems of dating by speaking of the "early" and "late" medieval period, and therefore spanning the fifth century A.D. to the twelfth century. From the end of the twelfth century onwards, I would rather speak of the Renaissance, until the Early Modern period in the 1500's and the 1600's. For more technical discussions see the sixth edition of Thomas Greer and Gavin Lewis's. *History of the Western World*, New York, Harcourt Brace, 1992, part two.

existence of many of these races began to appear unlikely, they were shifted to regions less well known –the Far North and ultimately the New World[12].

Of course, such far away places and peoples gripped writers' attention because they "fascinate and terrify"; they challenged the Christian's or Westemer's "understanding, showing the fragility of traditional conceptions of man"[13].

But I disagree with Friedman when he argues that the earlier medieval conception of man was more fragile and therefore more threatened by contact with "different" humans. In fact, it is far more likely that the opposite was the case, and *the greater portion* of Friedman's own findings contradicts his conclusions. Evidence abounds that scholastic theologians and the medieval world in general had a higher capacity to explain away what they considered "irregularities" in nature, whether these supposed irregularities were found in the human, other animal, or plant species. The elasticity of theological explanations in the work of the thirteenth-century Dominican Vincent Beauvais is a case in point. Faithful strictly to an Augustinean framework, Beauvais explained that monstrosities were acts of God and placed them in the same category as miracles. With monstrosities as with miracles, God from the time of creation, left Himself room to intervene when He desires in ways that confound or edify the faithful. Beauvais argued:

If God had chosen to set the nature of each creation at the first moment of its creation so that it would persist unchangeably in its order, nature would have come to

---

12. John Block Friedman. *The Monstrous Races in Medieval Arts and Thought*, Cambridge, MA Harvard University Press, 1981, p. 1.
13. *Ibid.*, p. 3.

direct herself and the works and power of God would be forgotten by man. That Nature often turns from her usual [i.e., the Christian, "normal" or "regular"] order, however, continually reminds men that God is the altisan of all natures and that He acted not once only, but does so each day[14].

As another example, St.Bonaventure, in *In Primum Librum Sententiarum* offers similar theological explications for miracles[15]. It was a clever and convenient way to explain change and difference, both geographical and cultural, and it remained an accepted formula throughout the Middle Ages.

Speaking of this period in Western thought, A. O. Lovejoy comments that Nature was given a "eulogistic coloring" as God allowed Himself to violate the "normal" order of things to show either vengance or pity[16]. While this explanation did not remove the anxiety and awe aroused by *monstra* and *miracala,* the theological story that offer such explanation rendered them intellectually and morally acceptable –or at least tolerable– as deep and impenetrable but respected acts of God.

During the Renaissance period, what constituted acceptable forms of explanation of Nature radically altered. Although appeals to Biblical revelation and theological arguments never completely disappeared, there was a dominant shift among serious scholars to the scientific and the secular paradigm. There were greater reliance on experiments and empirical observations, made possible by increased travel and a different, less baroque attitude to

---

14. Vincent of Neauvais, Speculum Naturale (Douai, 1624), 1.31.118, pp. 2387-2388. Cited in Friedman. *The Monstrous Races*, p. 3.
15. See St. Bonaventure, "In Primum Librum Sententiarum", *Opera Omnia*, vol. 1 (Florence, 1882), 45.6, pp. 811-815.
16. A. O. Lovejoy. *Essays in the History of Ideas*, Baltimore, 1965, p. 324.

the natural world. History, or the project of modernization as we know it, was being inaugurally enacted.

Consider, for example, that for St. Augustine, in A.D. 500, the Bible was unquestionably the ultimate judge of what was rational and irrational, not just in theological issues about the paths of salvation but also with regard to matters that would become dominated, in the Renaissance, by the nascent sciences of ethnography and geography. Augustine wrote:

> As to the fable that there are Antipodes, that is to say, men on the opposite side of the earth, where the sun rises when it sets to us, men who walk with their feet opposite ours, that is on no ground credible. And, indeed, it is not affirmed that this has been learned by historical knowledge, but by scientific conjecture, on the ground that the earth is suspended within the concavity of the sky, and that it has as much room on the one side of it as on the other; hence they say that the part which is beneath must also be inhabited. But they do not remark that, although it be supposed or scientifically demonstrated that the world is of a round and spherical form yet it does not follow that the other side of the earth is bare of water; nor even, though it be bare, does it immediately follow that it is peopled. For Scripture, which proves the truth of its historical statements by the accomplishment of its prophecies, gives no false information, and it is too absurd to say, that some men might have taken ship and traversed the whole wide ocean, and crossed from this side of the world to the other. and that thus even the inhabitants of that distant region were descended from one first man[17].

---

17. St. Augustine. "City of God", trans. Marcus Dods, *Works of Augustine*, Edinbough, 1934, II, 118-119; Bk. xvi, chap. 9.

By the Renaissance, however, with the advent of increased travels and thanks to the secular humanistic framework, the medieval worldview had come to an end, thanks to the works of more secular thinkers as Joachim of Flora. Augustine's unknown "opposite side" of the earth and his ideas about the descent of man and the condition of knowledge was disintegrated.

By the end of the twelfth century, explorers had indeed "taken ship and traversed the whole wide ocean". From then, rather than the Scripture and its prophecies as the authoritative sources of knowledge, it became incumbent in the new sciences of geography and ethnography, grounded upon a new cosmology, to describe and give an account of humans and the world, including the varieties in the species. We see examples of the new attitude in numerous places, including the major themes in Christopher Columbus's reports back to Europe once he reached the Americas. In the well-known *Letter to the Sovereigns*, for example, he describes the inhabitants of Guyana and makes sure to dispel at the soonest opportunity earlier beliefs that Europeans had about the Indians. "In this Island," he wrote, "I have so far found no human monstrosities, as many expected; on the contrary, among all these people good looks are esteemed... Thus I have found neither monsters nor have heard report of any, except ... a people ... who eat human flesh"[18].

H. F. Augstein, in her useful collection *Race: The History of an Idea*, states that race discourse "evolved without interruption from the 1750s to the 1850s"[19]. There is no question that, with or without interruptions during the

---

18. S. E. Morison. *Journals and Other Documents on the Life of Christopher Columbus*, New York, 1963, p. 65.
19. H. E. Augstein. *Race: The Origins of an Idea, 1750-1850*, Bristol, Thoemmes Press, 1996.

period stated, the sources of the discourse on race which dominated the human sciences by the 1750s had been gathering steam from as far back as the Renaissance humanistic transformations in science and culture. By 1735 Linnaeus, who wished to be considered the "Luther of science"[20], had published the acclaimed *Systema naturae*. Giambatista Vico's *Scienza Nuova*, a work clearly in the 'profane" historical modes that would only intensify in the social and cultural research programs of the Enlightenment, was already published by 1725; an outline of the arguments of the book had already been published as a conclusion to an earlier volume, *De constantia Jurisprudentia*, in 1721. In the formation of several modern and Enlightenment projects, the other cultures and peoples considered Savage[21] formed part of a surrounding and oppositional tradition and "Darkness" out of which the light of reason must make itself and shine. Historian John Burcke explains:

> The surprise of the explorers in encountering savages and *in determining whether they were indeed fellow humans* was undoubtedly compounded by the popular lore of the Middle Ages. Greek and Roman chroniclers, such as Diodorus Siculus and Pliny the Elder, had passed on tales of headless men whose eyes and mouths were located in their breasts; men with one, three, or four eyes; men with such large ears that they slept wrapped in them; men with feet growing from the backs instead of the fronts of their legs; men with feet shaped like those of geese; men with no mouths who survived solely by smell; and men with hairy bodies and dogs' faces. These fictions were recorded and illustrated in various encyclopedia and compendiums ...

---

20. *Ibid.*
21. "'Savage', from the late latin *silvaticus* ... is equivalent to marginality and, from a cultural nominative space, designates the uncultivated". (V. Y. Mudimbe. *The Idea of Africa*, Bloomington, Indiana University Press, p. 27).

of the Middle Ages and the Renaissance, and they had wide appeal[22].

The "Savage" might have been shrouded in the fantastic in medieval literature, but travels and explorations removed the shrouds and paved the way for stricter scientific interests. However, the question of "whether they were indeed fellow humans" marks an anxiety: Who are *we*? More neutrally: What does it mean *at all* to be human?

Where once there were fables, empirical investigations gave hope for greater and more reliable knowledge, in line with a new sense of history. In the introduction to *The Travels of Marco Polo*, R. E. Latham informs us that the classic was introduced to the reading public at the end of the thirteenth century as a "Description of the World" *(Divisament dou Monde)*. And it was, in fact, a description of an amazingly large part of the world: "From the polar sea to Java, from Zanzibar to Japan –and a surprisingly large part of it from first hand observation". Although Latham warns that "the book can be enjoyed by the modern reader ... as a vivid description of a fantastic world so remote from his own experience that it scarcely matters whether he thinks of it as fact or as fiction", his opinion is in accord with Polo's, on the most significant count: the work, each tells us, represents an unparalleled *historical* "development of human intercourse and knowledge"[23].

The problem created for philosophers by "human intercourse", such as that witnessed by Marco Polo or other travelers, is obvious: In light of the varieties of humans, is there one human nature? Are all races of equal historical worth? What would be the criteria for establishing

---

22. Burcke John (ed.). "The Wild Man's Pedigree", *The Savage Within,* p. 262.
23. Marco Polo. *The Travels of Marco Polo,* trans. R. E. Latham, New York, Penguin Classics, 1958, p. vii.

such theory of worth? In which direction is Progress? In the field of natural history, Linnaeus's *Systema naturae* is an attempt to fulfill this new mission of science. The work of Vico, in philosophy of history, also points to the crisis and the opportunities available to this new mission. These works are in continuity with the crises and the new directions that Descartes had earlier, more speculatively, both provoked and confronted; his work, at least from the point of view of the philosophic tradition, remains the ultimate marker of this scientific and cultural turn to the modern. Speaking of the historical and cultural sources of Descartes' doubts, Arendt, in *The Human Condition*, explained:

> Descartes' philosophy is haunted by two nightmares which in a sense became the nightmares of the whole modern age, not because the age was so deeply influenced by Cartesian philosophy but because their emergence was almost inescapable once the true implications of the modern world were understood. These nightmares are very simple and very well known. In the one, the reality of the world as well as of human life, is doubted; if neither common sense nor reason can be trusted, then it may well be that all we take for reality is only a dream. The other concerns the general human condition as it was revealed by the new discoveries... [U]nder these circumstances it seems, indeed, much more likely that an evil spirit, a *dieu trompeur*, willfully and spitefully betrays man than that God is the ruler of the universe[24].

Descartes' *cogito*, transformed in various ways by Hume and Kant, amounts to a new project for philosophy in the age of modern science; it signals the demise of one

---

24. Hannah Arendt. *The Human Condition*, Chicago, University of Chicago Press, 1958, p. 277.

worldview and the pain of the birth of another. It signals above all both the possibility and the impossibility of man, the dilemma of the modern man, of whether "to trust his sense and reason"[25]. Descartes' doubt, evident in the questions asked by both Hume and Kant in their own works, is properly an anxiety about human nature, a concern which therefore structures the major stream of modern philosophy. It is an anxiety exacerbated by encounters with racial and cultural foreigners.

Contrary to the idea that the medieval conception of man was more fragile and therefore more prone to anxiety about the foreign, the truth is that medieval conceptions of man appeared to have been more elastic, accommodative, even if imaginatively extravagant, they also seem to have been generous in the extent to which they would go to imagine acceptable theological rationalizations of the foreign. It seems to me more accurate to think that the modern man –though not totally without God or theology but with nothing of these, to rival the medieval imaginative understanding of *mostra* and *miracula*[26]– was left on his own in a largely "disenchanted" subjective and objective world. In light of the limited knowledge of the different and the "strange", the worlds outside of familiar Europe must have appeared all the more dark and foreboding. Intellectually, part of the impetus to the Enlightenment and the modern development of the fields of anthropology and geography stems from the need to "enlighten" not just Europe but these other "darker" places and peoples. In political and economic terms, the colonial projects were rationalized as efforts to bring light to the races in darkness,

---

25. *Ibid.*
26. Notice that in his "Letter to the Faculty of Paris", Descartes explains that he thought natural philosophy, not theology, should henceforth deal with questions about "God and the soul".

and to bring order to the primordial chaos assumed to rule the world outside Christendom.

The discourses about the humanity of non-European people during the Enlightenment and the modern break with the "Dark Ages" were radical yet not radical enough[27]. The mythical, supplemented images of the Primitive and the Dark Continent replaced the "unknown" places infested with monsters; but these "other" places and peoples continued to function as backgrounds through and against wich Europe would work to carve out its Reason and Progress. Whereas the Savage of the Renaissance and the Enlightenment anthropology structurally conceptually and morally replaced the "pagan," the position of superiority enjoyed by the Christian was transferred, untransformed, to the "Civilized." While the Civilized was considered historical and Progressive and, invariably, European and white, The savage, in contrast, was known as static and backward. The Savage was often thought to represent a stage out of which the European had been delivered by Providence or Reason, either of which acted just as miraculously and efficaciously as God had done for the Christian in earlier centuries. Implicit is the understanding that, whether in the name of Christ or in the name of Reason, it was the duty of the European (the elect) to colonize, govern, and, where possible enslave the Savage. As Friedman notes, "Though the moral defects of the savage men were more often implied than spelled out,

---

27. There were the obvious cases of resistance among intellectuals to developing new images to replace the medieval imaginings. A case in point is the playwright Giuliano Dati, who is reported to have skillfully retained the romantic streak in his work against what he considered the disenchanted "current of Renaissance humanism", he preferred "the older Plinian anthropology". (See Leonardo Olschiki. "I 'Cantari dell' India' de Giuliano Dati", *La Bibliofilia* 40 (1938), pp. 291-295). But it is clearly not this predictable reactionary tendency that I have in mind.

these were clearly uppermost in the minds of those who set out to conquer or to 'civilize' them"[28].

III. The "Black" Experience of Race

W. E. B. Du Bois, who called his autobiography the "biography of a race", wrote that in the modern imagination to be considered racially black is to be equated to a problem. He explained:

> Being a problem is a strange experience ... It is in the early days of a rollicking boyhood that the revelation first burst upon [me] ... when the shadow swept across me. I was a little thing, away up in the hills of New England, where the dark Housatonic winds between Hoosac and Taghkanic to the sea. In a wee wooden schoolhouse, something put it into the boys' and girls' heads to buy gorgeous visiting cards –ten cents a package– and exchange. The exchange was merry, till one girl, a tall newcomer, refused my card –refused it peremptorily, with a glance. Then it dawned on me with a certain suddenness that I was different from the others' or like, mayhap, in heart and life and longing, but shut out from their world by a vast veil. I had thereafter no desire to tear down that veil, to creep through; I held all beyond it in common contempt, and lived above it in a region of blue sky and great wandering shadows. That sky was bluest when I could beat my mates at examination-time, or beat them at a foot race, or even beat their stringy heads"[29].

---

28. Friedman. *The Monstrous Races*, p. 41.
29. Du Bois, *Souls of Black Folk*, New York, Signet Classic, 1969, p. 44.

It would be misleading, I think, to read too much more than race into this experience of "rejection", in light of Du Bois's own account. Besides, as also evident in this autobiography, Du Bois survived the reality of being considered a problem in the United States, though later in life he resigned the American citizenship and adopted the citizenship of Nkrumah's newly independent Ghana. But we know that the lives of many black men and women, including some of Du Bois's own friends, were not so successfully adventurous and colorful. For these, "the strife was not so fiercely sunny" because their youth shrunk into tasteless sycophancy, or into silent hatred of the pale world about them and mocking distrust of everything white; or wasted itself in a bitter cry. Why did God make me an outcast and a stranger in mine oti house? The shades of the prison-house closed round about us all: walls strait and stubborn to the whitest, but relentlessly narrow, tall, and unscalable to sons of night who might plod darkly on in resignation, or beat unavailing palms against the stone, or steadily, half hopelessly, watch the streak of the blue above[30].

The writings of James Baldawin, Langhston Hughes, Richard Wright, Toni Morrison, AliceWalker, Zora Neale Hurston, and so forth, give testimonies to lives of countless black individuals and groups whose histories would qualify for a title similar to the one chosen by Du Bois, the "biography of a race".

In continental Africa, Chinua Achebe recounts what we might call his racial coming of age, a veritable Du Boisian moment of racial *prise de conscience*:

> I went to a good school modeled on British public schools. I read lots of English books there. I read *Treasure Island* and

---

30. *Ibid.*, p. 44.

Gulliver's Travels and *Prisoner of Zenda,* and *Oliver Twist* and *Tom Brown's School Days* and such books in their dozens. But I also encountered Ryder Haggard and John Buchan and the rest, and their "African" books.

I did not see myself as an African to begin with. I took sides with the white men against the savages. In other words I went through my first level of schooling thinking I was of the party of the white man in his hair-raising adventures and narrow escapes. The white man was good and reasonable and intelligent and courageous. The savages arrayed against him were sinister and stupid or, at the most, cunning. I hated their guts.

But a time came when I reached the appropriate age and realized that these writers has pulled a fast one on me! I was not on Marlowe's boat steaming up the Congo in *Heart of Darkness*. I was one of those strange beings jumping up and down on the river bank, making horrid faces. Or, if I insisted on the boat-ride, then I has, to settle perhaps for that "improved specimen", as Conrad sarcastically calls him, more absurd than a dog in a pair of breeches trying to make out the witchcraft behind the ship's water-gauge"[31].

Achebe would continue this reflection on race and literature in an expanded, controversial essay, "Racism in Conrad's *Heart of Darkness*"[32].

During the colonial period in Africa, even otherwise apolitical individuals were easily aroused by blatant racial inequalities that were the order of the day. In Congo, horrific racial acts were part of the normal processes of

---

31. See Achebe. "African Literature as Restoration of Celebration", *Chinua Achebe: A Celebration*, Oxford, Heinemann, 1990, p. 7.
32. See Achebe. *Hopes and Impediments*, New York, Heinemann.

"pacification" of the natives, and it is widely believed that Kurtz, the lead character in the *Heart of Darkness,* was indeed a murderous head collector and an intellectual, an emissary of science and progress, a painter, a poet and a journalist, and an author of a 17 pages report to the International Society for the Suppression of Savage Customs, at the end of which he scrawls in shaky hands: "!Exterminate all the brutes"[33]. Adam Hochschild's recent biography of the King Leopold II shows that Kurtz was, in fact, Leon Rom. Born in Mons in Belgium and poorly educated, Rom joined the Belgian army at age 16, and mere nine years later he found himself a Commissioner at Matadi, and in charge of the King's notorious squad, the *Force Publique*. Rom's leadership of this brutal army and the cruelty he directly ordered to be visited upon the Africans shook even his supervisors, and prompted one of them to report to the King that Rom had "the reputation of having killed masses of peoples for petty reasons", and from the spoils had "rigged with human heads" his flower beds. Rom, the butcher in Congo, the report noted, "kept a gallows permanently erected in front of the station"[34].

The inspiration for *Heart of Darkness* comes from Conrad's voyage to the Congo in 1890, at the time Rom was committing his atrocities. This is why Hochschild thinks that "the moral landscape [of the novel] and the shadowy figure at its centre are the creations not just of a novelist but of an open-eyed observer who caught the spirit of a time and a place with piercing accuracy". At Congo's independence when African soldiers, through the instruments of the United Nations, worked to halt further destructions, a young Nigerian military engineer stationed in the Bukavu explained how the mood of nationalism that was sweeping

---

33. Hochschild.
34. *Ibid.*

through many parts of Africa at the time had inspired them to work to uplift the continent and the condition of the black race. That young man, the current president of the Republic of Nigeria, records:

> We were not satisfied with the second-class status that [the black race] had almost everywhere, including the continent of his birth. We believed then, just as I do now, that the black man everywhere had to struggle and indeed fight to break the shackles of oppression and exploitation, and lift himself above the sub-human level he had been kept for so long[35].

Women as men, in Africa as in the Diaspora, left us records of their experiences of the reality modern racial blackness. Recall the courageous woman, Sojoumer Truth, who famously demanded:

> The man over there says women need to be helped into the carriages and lifted over ditches, and to have the best place everywhere. Nobody ever helps me into carriages, and lifted over ditches, or over mud-puddles, or gives me any best place! And ain't I a woman? Look at me! Look at my arm! I have ploughed, and planted, and gathered into barns, and no man could head me! And ain't I a woman? I could work as much and eat as much as a man –when I could get it– and bear the lash as well! And ain't I a woman? I have born thirteen children and seen most of all sold off to slavery, and when I cried with my mother's grief, none but Jesus heard me! And ain't I a woman?[36].

---

35. Obasanjo. *Nzeogwu*, Ibadan, Spectrum Books, 1987, p. 2.
36. Sojourner Truth. "I ain't I a Woman?", *Reflections: An Anthology of African American Philosophy*, eds. James A. Montmarquet and William H. Hardy, Belmont, CA, Wordsworth, 1999, p. 137. None of the current controversy about

More recent black women voices assert their rights to reconstruct black women herstories, a critique of history that involves coming to terms with not just invisibility but also explicitly destructive stereotypes. "We have ... been outraged by the ways in which [history] has made us visible, when it has chosen to see us. History had constructed our sexuality and our femininity as deviating from those qualities with which white women, as the prize object of the western world, have been endowed. We have also been defined in less than human terms[37].

In its diversity across place and time and gender, there *are* indeed modes of a distinctively *black* experience of race in the modern times, involving highly specific encounters with anti-black racism, in theory and in practice. Literary authors, politicians, soldiers and farmers evoke from their various lives and professions references that lead to this conclusion. The defining moments of this modern racial encounter embody themselves in events that must include not only the racial dimensions of African colonization but also the uprooting of Africans from Africa to America into plantation slavery, the subsequent struggles against social and political surbodination, and the present extraordinary yet finirherl African and black achievements of freedom.

IV. Perspectives on the Future: Transcending Traditions

At a recent conference at the University of Pennsylvania,

---

whether or not a white abolitionist helped Truth to polish this speech detracts from its rootedness in the racial experiences of this, and many, Black women".
37. Hazel Carby. *Cultures in Babylon,* pp. 67-68. The end of the passage cited included: "We cannot hope to reconstitute ourselves in all our absences, or to rectify the ill-conceived presences that invade herstory from history, but we do wish to bear witness to our own herstories ... What we will do is to offer ways in which the 'triple' oppression of gender, race and class can be understood, in its specificity, and also as it determines the lives of black women".

provocatively entitled: "Transcending traditions: African, African-American, and Afro Caribbean studies in the 21st century", and knowing that this conference would be happening only a few weeks later, I longed to have seen included in the theme of the U.S. gathering "Afro-Latin American" studies. Two weeks earlier, Rutgers' Center for African Studies held a symposium on "Progressive Pedagogies: Teaching/Studying/Rethinking Africa in American Universities". Again, teaching/studying/rethinking Afro-Latin America could have easily found congenial audience at this meeting, since papers presented at that conference included titles such as "Re-Configuring the Study of Africa", "Telling the Truth about Africa in America," and "Taking Risks: Innovative Approaches to Teaching About Africa". They are precisely the type of re-thinking that Latin American countries and cultures would require if the concerns of its African and African-descended constituencies are to receive the attention and intellectual analysis they demand[38].

The idea of trans-national and trans-Atlantic Africa and africanity, linked by the cultures and the politics of peoples of Africa and of African descent everywhere, is an attractive one. Currentt efforts at this goal are quite reminiscent of the 18th and 19th century worlds, when intellectuals and activists from Delaney and Garvey and Blyden to DuBois, Padmore, Nkrumah and Carmicheal sought to establish cultural and political institutions that

---

38. These academic conferences also came at the heel of more politically-oriented assemblies of Africans and African descended peoples in the United States, such the Washington Summit on Africa, an event that drew alike traditional and non-traditional African activists, from the likes of Randal Robinson to vote-hunters like Al Gore and George W. Bush. "Africa", clearly, is on our minds: It seems that we wish to envision, if we haven't done so already, new meanings of and for Africa, meanings constructed and imbued with more progressive metaphors and images for action and social transformations. Could this be one of the explanations of our yeamings for transcendence?

would transform and transcend not just the imperial and colonial limitations impposed on life on the contienent but also the constraints of the systems of slavery and racism imposed life on the on black lives in Europe, the United States and the Caribbean. Current efforts are however animated as much by black suffering as by hopes and opportunities available now in a world that has become, beyond what could have been imagined 200 years ago, increasingly more globally culturally creolized, politically and economically integrated and, it seems, genuinely inter-dependent. The existence of these opportunities and new rooms for re/constructions of personal and social identities are reflected in the U.S. academia –judging by the number of departments devoted to Africana Studies, the number of University Presses and trade publishing houses devoting series either exclusively to Africana thought, or more generally to studies of postcolonial conditions in Africa and other parts of the world. Some of the most thematic statements on this development and the driving idea, in addition to Paul Gilroy's *The Black Atlantic,* include Hazel Carby's *Cultures in Babylon: Black Bntain and African America* and Paget Henry's *Caliban's Reason,* a work more regional in focus but revealing how the Caribbean in itself embodies both the conflicts and the opportunities for transnational identities –the *sorts* that black cultures have promoted and represented in modernity. The books mentioned share points of views on Africa and the black experience that position them against what Manthia Diawara might have called African or American particularity. They share a new temper that would re-position "Africa" and black cultures in a field richer than and beyond mere geographic reference, to include Afro-Americans, Afro-Latin Americans, Afro-Caribbean, and Afro-Europeans. Modern African identities and modern black experiences, the authors argue, were forged as hybrid, creole, multiple and ever-changing. What needs to be transcended, from the points of view of the authors, might be seen as the kinds of Afronationalisms that prevents one from affirming the intrinsically mobile and dispersal reality of what it means to be culturally African and racially modern and black.

Cultures in Babylon notes, for example, that the essays collected under its title span[s] eighteen years of ... transatlantic journeying from the United Kingdom to the United States. "I arrived in America as a black Briton of Welsh and Jamaican parentage searching for an audience for the *The Empire Strikes Back: Race and Racism in Seventies Britain,* written while I was a member of the Race and Politics group at the Centre for Contemporary Cultural Studies in Birmingham, England. The response was not gratifying. The irrational rationale of publishing companies was patiently explained to this obviously ignorant European: the majority of African Americans were totally unaware of the existence of black communities in the UK, those who might be interested in such phenomenon would be African American; but African Americans did not constitute a sufficient reading public to warrant the publication of *Empire* in the USA"[39].

"The response from the black American intellectual establishment to the concerns of this eager and aggressively feminist 'black Brit," she continued, "was mixed", "It is strange".

Carby admits "to write these words while being Chair of African American Studies at Yale University because the occupant of that position then was Charles Davis, the man most responsible for my coming to America. Professor Davis was a 'founding father' of the field of African

---

39. Hazel V. Carby. *Cultures in Babylon: Black Britain and African America,* London, Verso, p. 31.

American Studies, his intellectual vision was broad and internationals".

The question, then, is how to cultivate "broad and international" points of view in African and Black Studies. Where and how can one cultivate and multiply such visions? It seems to me that this is not merely an intellectual, narrowly academic question. It is also a political imperative. A broad and international vision in the study of Africa, African America, Afro-Latin Arnerica and Afro-Caribbean, or the experiences of African and African-descended peoples in Europe is crucial to counter-balancing the nativistic and nationalistic tendencies that prevent one from realizing the full scale of our modern experiences, and in the processes helms in our politics, thwarting the freedom to creatively construct more relevant identities. But does there exist now an adequately universal perspective that would be able to encompass the hybrid, creolized, and dynamic character *of the exilic African and black cultures –cultures without "home" cultures in Babylon?*

V. ENVISIONING THE BLACK ATLANTIC, AFFIRMING THE LOCAL

Ironically, to successfully think globally or internationally requires one to think, quite consistently, locally. To have a broad or international view, in this case, could not mean to adopt a view from nowhere; it is rather an invitation to pay close attention to particulars, or a series of particulars. The idea of race and racism born and suffered by Africans, for example, would be thought of not in terms of one category that captures all experience of racism or racial identities, but rather to think of race and racisms in the plural. It is also to pay attention to the always changing nature of both racial experiences as well as African and afro-identities. Pan-Africanism may be, as commentator put it, "a cultural and political phenomenon that regards Africa, Africans, and African-descendants abroad as a unit[40], "but one must also recognize the different local historical contexts of, say, Nkrumah's "independence of Ghana would be meaningless unless it was linked with the total liberation of the continent" in contrast to Garvey's first New York meeting of the then Jamaica-based Universal Negro Improvement Association, at which a "Declaration of Right of the Negro Peoples of the World" was adopted. The relative independence of the Pan-Africanism of the Diaspora from the Pan-Africanism of the continent, for example, is something that could hardly be ignored.

In most recent examples, Gilroy explained:

> In opposition to both ... nationalist or ethnically absolute approaches [to black experience], I want to develop a suggestion that cultural historians could take the Atlantic as one single, complex unit of analysis in their discussions of the modern world and use it to produce an explicitly transnational and intercultural perspective.... [S]hips were the living means by which the points within that Atlantic world were joined. They were mobile elements that stood for the shifting spaces in between the fixed places that they connected[41].

In relation to this quest for "one, single," –even if "complex" point of view, consider the following observations by V. Y. Mudimbe:

> A space is a construct. It is a theoretical articulation that claims to render present operations or, put simply, the

---

40. P. Olisanwuche Esedebe. *Pan-Africanism*, Washington, D. C., Howard University Press, 1994, p. 5.
41. Paul Gilroy. *The Black Atlantic: Modernity and Double Consciousness*, Cambridge, MA, Harvard University Press, 1993, p. 16.

reality of a place ... A space is, to say the least, a second order practice of life and human experience. This second degree organization, by its very being, considerably alters and transforms the primary logic in which it claims to root itself[43] ".

How does one construct new spaces and places without effecting, to use a cliché, "black on black" violence?

There are lessons from the past –and indeed not too distant past. When he explained his work in and for Africa, Blyden wrote:

> Where now stand unbroken forests would spring up towns and villages, with their schools and churches –that the natives would be taught the arts of civilization –that their energies would be properly directed –that their prejudices would disappear -that their would be rapid and important revulsion from the practices of heathenism, and a radical change in their social condition –the glorious principles of the Christian civilization would diffuse themselves throughout those benighted communities. Oh! that our people will take this matter into serious consideration, and think of the great privilege of kindling in the depths of the moral and spiritual gloom of Africa a glorious light –of causing the wilderness and the solitary place to be glad –the desert to bloom and blossom as the rose –and the whole land to be converted into a garden of the Lord"[43].

Blyden seems to have seen in Africa no villages and towns, only forests; the prejudices he saw were only African

---

42. V. Y. Mudimbe. "Finale", *The Surreptitious Speech,* p. 435.
43. Edward Wilmot Blyden. "The Call of Providence to the Descendants of Africa in America", in Howard Brotz. *Negro Social and Political Thought, Representative Texts, 1850-1920,* pp. 112-139, 125.

prejudices; and the glory and light that would descend on the new Africa are of only European origins. Martin Delaney, another influential cultural worker in and for Africa, also thought to "look up" only to Europe. "To England and France", he wrote, "we should look for sustenance, and the people of these two nations –as they would have everything to gain from such an adventure and eventual settlement of the Eastern Coast of Africa– the opening of an immense trade being the consequence"[44]. More than Blyden, Delaney suggests more explicit reasons why England and France wished that Africa looked up to them. My point, however, is not to inventory the easily verifiable costs to Africa of its various "trades" with European countries over five centuries –trades that are political, economic, and cultural. But it is useful to remind ourselves, cultural and intellectual workers that we are, of Wole Soyinka's counsel, in his dated but still useful *Myth, Literature, and African World*: "There is nothing to choose ... between the colonial mentality of an Ajayi Crowther, West Africa's first black bishop, who groveled before his white missionary superiors in a plea for patience and understanding of his 'backward, heathen, brutish' brothers, and the new black ideologues who are embarrassed by statement of self apprehension by the next "ideologically backward" African. Both suffer from externally induced fantasies of redemptive transformation in the image of alien masters. Both are victims of the doctrine of self-negation[45]. "Whether therefore in a Mudimbe or a Soyinka, what one notices is not an argument for a pernicious particularism. It is the

---

44. Martin Delany. "Appendix A: Manner of Raising Funds" for "A Project for an Expedition of Adventure to the east Coast of Africa"; "The Condition, Elevation, Emigration, and Destiny of the Colored People of the United State", in Brotz. *Negro Social and Political Thought*, pp. 37-111, 99.
45. Wole Soyinka. *Myth, Literature and the African World*, Cambridge, Cambridge University Press, 1972, p. xii.

issue of determining whether or not the primary visions and the ideologies that underwrite our global and transnational aspirations are truly less prejudicial and less antiblack than previously proposed by European intellectuals who wanted us, like children and devils, to look up to their supposed maturity and divinity[46].

VII. TRANSCENDING THE BINARIES

Forest/schools, heathen/christian, natives/foreign, barbarism/civilization, prejudices/knowledge, moral and spiritual gloom/glorious enlightenment, desert/the garden of the Lord –all of which are synonyms for the primordial binary: Africa/Europe. These binaries structure African and black identities in different ways at different placess. In the Caribbean. for example, Henry explains:

> the process of racialization turned Africans into blacks, Indians into browns, and Europeans into whites. The process was most extreme between blacks and whites. In the origin narratives, stories of conquest, civilizing missions, and other legitimizing discourses of European imperialism, the blackness of the Africans became their defining feature. In these narratives, color eclipsed culture. The latter became more visible as Africans were transformed into negroes and niggers in the minds of Europeans. This racial violence shattered the cultural

---

46. This should be kept in mind when we read about the ideologies of *blanqueamiento* and *mestizaje* in Latin America, about which the Minority Rights Group reported: "Latin American nations have long associated the loss or 'dilution' of African physical and cultural characteristics with the idea of 'progress'; hence Latin Americans have tended, both individually and collectively, to deny what is African in themselves and their cultures. In numerous cases, too, countries in the region adopted policies specifically designed to achieve a physical and cultural whitening of the population" (p. vii).

foundations of the African self causing the latter to implode. Race became the primary signifier of Europeans and Africans and the differences between them[47].

As a result of this process of racialization of cultures, white and black Caribbean identities became rigidly bounded. The binary white/black generates and sustains other purported qualitative differences: rational/irrational, mind/body, spirit/flesh, etc.

The historical effects of the myth and stereotype of the "wild" African, and their scars in the psyche of Afro-Caribbean, African Americans, or Afro-Europeans cannot be over-estimated. Some of our best minds have been thrown into panic and anxiety and felt as it well morally frozen in an inability to imagine a positive identification with Africa and things African. Consider that James Baldwin never successfully overcame what he liked to call his "African conundrum", an affliction that could possibly elicits only pity. As he describes it:

> I know, in my case, that the most crucial time in my own development came when I was forced to recognize that I was a kind of bastard of the West; when I followed the line of my past I did not find myself in Europe, but in Africa. And this meant that in some subtle way, in a really profound way, I brought to Shakespeare, Bach, Rembrandt, to the stones of Paris, to the cathedral at Chartres and to the Empire State Building, a special attitude. These were not really my creations, they did not contain my history; I might search in them in vain for ever for any reflection of myself; I was in interloper, at the same time I had no other heritage which I could possibly hope to use. I had certainly been unfitted for the jungle or the tribe[48].

---

47. Paget Henry. *Caliban's Reason: Introducing Afro-Caribbean Philosophy*, New York, Routledge, 2000, p. 11.

Would it appear too cruel to explain to Baldwin that his conundrum exists because he had overlooked contrary historical evidence and interpretative positions, such as articulated in a sermon by the Reverend Dr. Palmer of New Orleans in the 18th century: "The enriching commerce which has built the splendid cities and marble palaces of England as well as America, has been largely established upon the products of Southern soil; and the blooms upon Southern fields, gathered by black hands, have fed the spindles and looms of Manchester and Birmingham not less than that of Lawrence and Lowell"[49]. As Thabo Mbeki recently remarked, much is known –though rarely talked about– of the economic benefits to the USA and to Eurpoe from more than three centuries of their involment in the African slave trade[50]. King Leopold II, for example, rendered the small country of Belgian, literally, monumental thanks to Congolese rubber and a brutally enforced use of uncompensated labor[51]. Eric Williams, Walter Rodney, as well as Bristish and European colonial workers themselves, up to as recently as Frederick Lugard[52], document the modern phenomenon of Europe's and America's historical self– enrichement on the black of African natural and human resources.

Conclusion

In re-thinking Africa, African America, Afro-Caribbean

---

48. James Baldwin. *Notes of A Native Son*, New York, 1964, p. 14.
49. Quoted by Blyden. "The Call of Providence," in Brotz, *Negro Social and Political Thought*, pp. 116-17, footnote.
50. Mbeki. "African Renaissance", *African Philosophy*, vol. 12, N° 1, pp. 5-10.
51. See for example, Adam Horchschild, *King Leopold's Ghost: A Story of Greed, Terror, and Heroism in Colonial Africa*, New York: Houghton Mifflin, 1998.
52. Lord Luggard. *The Dual Mandate in Tropical Africa*, 5th ed., London, Archon Books, 1965.

and Afro-Latin America, and Afro-Europe, it makes sense, for obvious reasons, to refuse the invitation to render Africa and blackness even more invisible. It is easy to say, today, that race is a "social construct"; but it is harder to remember a complementary truth: race is a also *historical* construct. It might take longer to dismantle the historical implications of the negative enframings of our africanity than it is to aesthetically re-arrange its black present. It would be hard to measure with any certainty the impact that centuries of the denial of African humanity and contempt the color black by many around the world have had on the idea of the Afro. But we can build bridges of strength and resistance across the diversity even of our African and black experiences. Coalitions of identities are fragile but always infinitely possible: possible because Africanity is a notion embedded in exile and migrancy, it the idea of identity as always a work-in-process. The Afro identity is also fragile because is composed of groups and individuals who agree as much as disagree even about key issues, but always in fruitful modes of opposition and engagement and in life– enhancing exchanges. We owe no less to ourselves and to others in light of the regular insults and the no-end-in-slight threats to our common humanity.

Ciencias sociales, violencia epistémica y el problema de la "invención del otro"

Santiago Castro-Gómez
Instituto de Estudios Sociales y Culturales Pensar,
de la Pontificia Universidad Javeriana, Bogotá.

Durante las últimas dos décadas del siglo XX, la filosofía posmoderna y los estudios culturales se constituyeron en importantes corrientes teóricas que, adentro y afuera de los recintos académicos, impulsaron una fuerte crítica a las patologías de la occidentalización. A pesar de todas sus diferencias, las dos corrientes coinciden en señalar que tales patologías se deben al carácter dualista y excluyente que asumen las relaciones modernas de poder. La modernidad es una máquina generadora de alteridades que, en nombre de la razón y el humanismo, excluye de su imaginario la hibridez, la multiplicidad, la ambigüedad y la contingencia de las formas de vida concretas. La crisis actual de la modernidad es vista por la filosofía posmoderna y los estudios culturales como la gran oportunidad histórica para la emergencia de esas diferencias largamente reprimidas.

A continuación mostraré que el anunciado "fin" de la modernidad implica ciertamente la crisis de un dispositivo de poder que construía al "otro" mediante una lógica binaria que reprimía las diferencias. Con todo, quisiera defender la tesis de que esta crisis no lleva al debilitamiento de la *estructura mundial,* al interior de la cual operaba tal dispositivo. Lo que aquí denominaré el "fin de la modernidad" es tan sólo la crisis de *una configuración histórica del poder* en el marco del sistema-mundo capitalista, que sin embargo ha tomado otras formas en tiempos de globalización, sin que esto implique la desaparición de ese mismo sistema-mundo. Argumentaré que la actual reorganización global de la economía capitalista se sustenta sobre la producción de las diferencias, y que, por tanto, la afirmación celebratoria de éstas, lejos de subvertir al sistema, podría estar contribuyendo a consolidarlo. Defenderé la tesis de que el desafío actual para una *teoría crítica de la sociedad* es, precisamente, mostrar en qué consiste la crisis del proyecto moderno y cuáles son las nuevas configuraciones del poder global en lo que Lyotard ha denominado la "condición posmoderna".

Mi estrategia consistirá primero en interrogar el significado de lo que Habermas ha llamado el "proyecto de la modernidad", y que busca mostrar la génesis de dos fenómenos sociales estrechamente relacionados: la formación de los estados nacionales y la consolidación del colonialismo. Aquí pondré el acento en el papel que cumple el *conocimiento científico-técnico,* y en particular por el conocimiento que brindan las ciencias sociales en la consolidación de estos fenómenos. Más tarde, mostraré que el "fin de la modernidad" no puede ser entendido como el resultado de la explosión de los marcos normativos en donde este proyecto jugaba taxonómicamente, sino como una nueva configuración de las relaciones mundiales de poder, esta vez ya no basada en la represión sino en la producción de las diferencias. Finalizaré con una breve reflexión sobre el papel de una teoría crítica de la sociedad en tiempos de globalización.

I. El proyecto de la gubernamentabilidad

¿Qué queremos decir cuando hablamos del "proyecto de la modernidad"? En primer lugar, y de manera general, nos referimos al intento fáustico de someter la vida entera al control absoluto del hombre bajo la guía segura del conocimiento. El filósofo alemán Hans Blumemberg ha mostrado que este proyecto demandaba, a nivel conceptual, elevar al hombre al rango de principio ordenador de todas las cosas[1]. Ya no es la voluntad inescrutable de Dios la que decide sobre los acontecimientos de la vida individual y social, sino que es el hombre mismo quien, sirviéndose de la razón, es capaz de descifrar las leyes inherentes a la naturaleza para colocarlas a su servicio. Esta rehabilitación del hombre viene de la mano con la idea del dominio sobre la naturaleza mediante la ciencia y la técnica, cuyo verdadero profeta fue Bacon. De hecho, la naturaleza es presentada por Bacon como el gran "adversario" del hombre, como el enemigo al que hay que vencer para domesticar las contingencias de la vida y establecer el *regnum hominis* sobre la tierra[2]. Y la mejor táctica para ganar esta guerra es conocer el interior del enemigo, auscultar sus secretos más íntimos, para luego, con sus propias armas, someterlo a la voluntad humana. El papel de la razón científico-técnica es precisamente acceder a los secretos más ocultos y remotos de la naturaleza con el fin de obligarla a obedecer nuestros imperativos de control. La inseguridad ontológica sólo podrá ser eliminada en la medida en que se aumenten los mecanismos de control sobre las fuerzas mágicas o misteriosas de la naturaleza y

---

1. Cfr. H. Blumemberg. *Die Legitimität der Neuzeit*, Frankfurt, Suhrkamp, 1997, parte II.
2. Cfr. F. Bacon. *Novum Organum* N° 1-33, p. 129.

sobre todo aquello que no podemos reducir a la calculabilidad. Max Weber habló, en este sentido, de la racionalización de Occidente como un proceso de "desencantamiento" del mundo.

Quisiera mostrar que cuando hablamos de la modernidad como "proyecto" nos referimos también, y principalmente, a la existencia de una *instancia central* a partir de la cual son dispensados y coordinados los mecanismos de control sobre el mundo natural y social. Esa instancia central es el Estado, garante de la organización racional de la vida humana. "Organización racional" significa, en este contexto, que los procesos de desencantamiento y desmagicalización del mundo a los que se refieren Weber y Blumemberg empiezan a quedar reglamentados por la acción directriz del Estado. El Estado se entiende como la esfera en donde todos los intereses encontrados de la sociedad pueden llegar a una "síntesis", esto es, como el *locus* capaz de formular metas colectivas, válidas para todos. Para ello se requiere la aplicación estricta de "criterios racionales" que permitan al Estado canalizar los deseos, intereses y emociones de los ciudadanos hacia las metas definidas por él mismo. Esto significa que el Estado moderno no solamente adquiere el monopolio de la violencia sino que usa de ella para "dirigir" racionalmente las actividades de los ciudadanos, de acuerdo con criterios ya establecidos científicamente.

El filósofo social norteamericano Immanuel Wallerstein muestra cómo las ciencias sociales se convirtieron en una pieza fundamental para este proyecto de organización y control de la vida humana[3]. El nacimiento de las ciencias sociales no es un fenómeno *aditivo* a los marcos de

---

3. Cfr. I. Wallerstein. *Unthinking Social Science. The Limits of Nineteenth-Century Paradigms*, Londres, Polity Press, 1991.

organización política definidos por el Estado-nación sino *constitutivo* de los mismos. Era necesario generar una plataforma de observación científica sobre el mundo social que se quería gobernar[4]. Sin el concurso de las ciencias sociales el Estado moderno no se hallaría en la capacidad de ejercer control sobre la vida de las personas, definir metas colectivas a largo y corto plazos, ni de construir y asignar a los ciudadanos una "identidad" cultural[5]. No sólo la reestructuración de la economía, de acuerdo con las nuevas exigencias del capitalismo internacional, sino también la redefinición de la legitimidad política, e incluso la identificación del carácter y los valores peculiares de cada nación, demandaban una representación científicamente avalada sobre el modo como "funcionaba" la realidad social. Solamente sobre la base de esta información era posible realizar y ejecutar programas gubernamentales.

Las taxonomías hechas por las ciencias sociales no se limitaban, entonces, a la elaboración de un sistema abstracto de reglas llamado "ciencia" –como ideológicamente pensaban los padres fundadores de la sociología–, sino que tenían consecuencias prácticas en la medida en que eran capaces de legitimar las políticas regulativas del Estado. La matriz práctica que dará origen al surgimiento de las ciencias sociales es la necesidad de "ajustar" la vida de los hombres al aparato de producción. Todas las políticas y las instituciones estatales (escuela, constituciones, derecho,

---

4. Las ciencias sociales son, como bien lo muestra Giddens, "sistemas reflexivos", pues su función es observar el mundo social desde el que ellas mismas son producidas. Cfr. A. Giddens. *Consecuencias de la modernidad*, Madrid, Alianza Editorial, 1999, pp. 23 y ss.
5. Sobre este problema de la identidad cultural como un constructo estatal me he ocupado en el artículo "Fin de la modernidad nacional y transformaciones de la cultura en tiempos de globalización", en J. Martín-Barbero, F. López de la Roche, Jaime E. Jaramillo (eds.). *Cultura y Globalización*, Ces, Universidad Nacional de Colombia, 1999, pp. 78-102.

hospitales, cárceles, etc.) vendrán definidas por el imperativo jurídico de la "modernización", es decir, por la necesidad de disciplinar las pasiones y orientarlas hacia el beneficio de la colectividad a través del trabajo. De lo que se trataba era de ligar a todos los ciudadanos al proceso de producción mediante el sometimiento de su tiempo y de su cuerpo a una serie de normas que venían definidas y legitimadas *por el conocimiento*. Las ciencias sociales enseñan cuáles son las "leyes" que gobiernan la economía, la sociedad, la política y la historia. El Estado, por su parte, define sus políticas gubernamentales a partir de esta normatividad científicamente legitimada.

Ahora bien, este intento de crear perfiles de subjetividad estatalmente coordinados implica el fenómeno que aquí denominamos "la invención del otro". Al hablar de "invención" no nos referimos solamente al modo en que un cierto grupo de personas se representa mentalmente a otras, sino que apuntamos, más bien, hacia los dispositivos de saber/poder, a partir de los cuales esas representaciones son *construidas*. Antes que como el "ocultamiento" de una identidad cultural preexistente, el problema del "otro" debe ser abordado en forma teórica desde la perspectiva del *proceso de producción material y simbólica* en el que se vieron involucradas las sociedades occidentales a partir del siglo XVI[6]. Quisiera ilustrar este punto con apoyo en los análisis de la pensadora venezolana Beatriz González Stephan, quien ha estudiado los dispositivos disciplinarios de poder en el contexto latinoamericano del siglo XIX y el modo como, a partir de estos dispositivos, se hizo posible la "invención del otro".

---

6. Por eso preferimos usar la categoría "invención" en lugar de "encubrimiento", como hace el filósofo argentino Enrique Dussel. Cfr. E. Dussel. *1492: El encubrimiento del otro. El origen del mito de la modernidad*, Bogotá, Ediciones Antropos, 1992.

González Stephan identifica tres prácticas disciplinarias que contribuyeron a forjar los ciudadanos latinoamericanos del siglo XIX: las *constituciones*, los *manuales de urbanidad* y las *gramáticas de la lengua*. Si consultamos al teórico uruguayo Angel Rama, Beatriz González comprueba que estas tecnologías de subjetivación poseen un denominador común: su legitimidad descansa en la *escritura*. Escribir era un ejercicio que en el siglo XIX respondía a la necesidad de ordenar e instaurar la lógica de la "civilización" y que anticipaba el sueño modernizador de las elites criollas. La palabra escrita construye leyes e identidades nacionales, diseña programas modernizadores, organiza la comprensión del mundo en términos de inclusiones y exclusiones. Por eso el proyecto fundacional de la nación se lleva a cabo mediante la implementación de instituciones legitimadas por la letra (escuelas, hospicios, talleres, cárceles) y de discursos hegemónicos (mapas, gramáticas, constituciones, manuales, tratados de higiene) que reglamentan la conducta de los actores sociales, establecen fronteras entre unos y otros y les transmiten la certeza de existir dentro o fuera de los límites definidos por esa legalidad escrituraria[7].

La formación del ciudadano como "sujeto de derecho" sólo es posible dentro del marco de la escritura disciplinaria y, en este caso, dentro del espacio de legalidad definido por la Constitución. La función jurídico-política de las constituciones es, precisamente, *inventar la ciudadanía*, es decir, crear un campo de identidades homogéneas que hicieran viable el proyecto moderno de la gubernamentabilidad. La Constitución venezolana de 1839 declara, por ejemplo, que sólo pueden ser ciudadanos los varones casados, mayores de 25 años, que sepan leer y escribir, que sean dueños de

---

7. B. González Stephan (comp.). "Economías fundacionales. Diseño del cuerpo ciudadano", *Cultura y Tercer Mundo. Nuevas identidades y ciudadanías*, Caracas, Edit. Nueva Sociedad, 1996.

propiedad raiz y que practiquen una profesión que genere rentas anuales no inferiores a 400 pesos[8]. La adquisición de la ciudadanía es, entonces, un tamiz por el que sólo pasarán aquellas personas cuyo perfil se ajuste al tipo de sujeto requerido por el proyecto de la modernidad: varón, blanco, padre de familia, católico, propietario, letrado y heterosexual. Los individuos que no cumplen estos requisitos (mujeres, sirvientes, locos, analfabetos, negros, herejes, esclavos, indios, homosexuales, disidentes) quedarán por fuera de la "ciudad letrada", recluidos en el ámbito de la ilegalidad, sometidos al castigo y la terapia por parte de la misma ley que los excluye.

Pero si la Constitución define formalmente un tipo deseable de subjetividad moderna, la pedagogía es el gran artífice de su materialización. La escuela se convierte en un espacio de internamiento donde se forma ese tipo de sujeto que los "ideales regulativos" de la Constitución estaban reclamando. Lo que se busca es introyectar una disciplina sobre la mente y el cuerpo que capacite a la persona para ser "util a la patria". El comportamiento del niño deberá ser reglamentado y vigilado, sometido a la adquisición de conocimientos, capacidades, hábitos, valores, modelos culturales y estilos de vida que le permitan asumir un papel "productivo" en la sociedad. Pero no es hacia la escuela como "institución de secuestro" que Beatriz González dirige sus reflexiones, sino hacia la función disciplinaria de ciertas tecnologías pedagógicas como los manuales de urbanidad, y en particular del muy famoso de Carreño, publicado en 1854. El manual funciona dentro del campo de autoridad desplegado por el libro, con su intento de reglamentar la sujeción de los instintos, el control sobre los movimientos del cuerpo, la domesticación de todo tipo

---

8. *Ibid.*, p. 31.

de sensibilidad que se considere como "bárbara"[9]. No se escribieron manuales para ser buen campesino, buen indio, buen negro o buen gaucho, ya que todos estos tipos humanos eran vistos como pertenecientes al ámbito de la barbarie. Los manuales se escribieron para ser "buen ciudadano"; para formar parte de la *civitas*, del espacio legal en donde habitan los sujetos epistemológicos, morales y estéticos que necesita la modernidad. Por eso, el manual de Carreño advierte que "sin la observacia de estas reglas, más o menos perfectas, según el grado de *civilización* de cada país [...] no habrá medio de cultivar la sociabilidad, que es el principio de la conservación y el *progreso* de los pueblos y la existencia de toda sociedad *bien ordenada*"[10].

Los manuales de urbanidad se convierten en la nueva biblia que indicará al ciudadano cuál debe ser su comportamiento en las más diversas situaciones de la vida, pues de la obediencia fiel a tales normas dependerá su mayor o menor éxito en la *civitas terrena*, en el reino material de la civilización. La "entrada" en el banquete de la modernidad demandaba el cumplimiento de un recetario normativo que servía para distinguir a los miembros de la nueva clase urbana que empezaba a emerger en toda Latinoamérica durante la segunda mitad del siglo XIX. Ese "nosotros" al que hace referencia el manual es, entonces, el ciudadano burgués, el mismo al que se dirigen las constituciones republicanas; el que sabe cómo hablar, comer, utilizar los cubiertos, sonarse, tratar a los sirvientes, conducirse en sociedad. Es el sujeto que conoce perfectamente "el teatro de la etiqueta, la rigidez de la apariencia, la

---

9. De la misma autora, "Modernización y disciplinamiento. La formación del ciudadano: del espacio público y privado", en B. González Stephan/J. Lasarte /G. Montaldo/M. J. Daroqui (comp.). *Esplendores y miserias del siglo XIX. Cultura y sociedad en América Latina*, Caracas, Monte Avila Editores, 1995.
10. *Ibid.*, p. 436.

máscara de la contención"[11]. En este sentido, las observaciones de González Stephan coinciden con las de Max Weber y Norbert Elías, para quienes la constitución del sujeto moderno viene de la mano con la exigencia del autocontrol y la represión de los instintos, con el fin de hacer más visible la diferencia social. El "proceso de la civilización" arrastra consigo un crecimiento del umbral de la vergüenza, porque se hacía necesario distinguirse claramente de todos aquellos estamentos sociales que no pertenecían al ámbito de la *civitas* que intelectuales latinoamericanos como Sarmiento venían identificando como paradigma de la modernidad. La "urbanidad" y la "educación cívica" jugaron, entonces, como taxonomías pedagógicas que separaban el frac de la ruana, la pulcritud de la suciedad, la capital de las provincias, la república de la colonia, la civilización de la barbarie.

En este proceso taxonómico cumplieron también un papel fundamental las gramáticas de la lengua. González Stephan menciona en particular la *Gramática de la lengua castellana destinada al uso de los americanos*, publicada por Andrés Bello en 1847. El proyecto de construcción de la nación requería de la estabilización lingüística para una adecuada implementación de las leyes y para facilitar, además, las transacciones comerciales. Existe, pues, una relación directa entre lengua y ciudadanía, entre las gramáticas y los manuales de urbanidad: en todos estos casos, de lo que se trata es de crear al *homo economicus*, al sujeto patriarcal encargado de impulsar y llevar a cabo la modernización de la República. Desde la normatividad de la letra, las gramáticas buscan generar una cultura del "buen decir" con el fin de evitar "las prácticas viciosas del habla popular" y los barbarismos groseros de la plebe[12].

---

11. *Ibid.*, p. 439.
12. B. González Stephan. "Economías fundacionales", *cit.*, p. 29.

Estamos, pues, frente a una práctica disciplinaria en donde se reflejan las contradicciones que terminarían por desgarrar al proyecto de la modernidad: establecer las condiciones para la "libertad" y el "orden" implicaba el sometimiento de los instintos, la supresión de la espontaneidad, *el control sobre las diferencias*. Para ser civilizados, para entrar a formar parte de la modernidad, para ser ciudadanos colombianos, brasileños o venezolanos, los individuos no sólo debían comportarse correctamente y saber leer y escribir sino también adecuar su lenguaje a una serie de normas. El sometimiento al orden y a la norma conduce al individuo a sustituir el flujo heterogéneo y espontáneo de lo vital por la adopción de un *continuum* arbitrariamente constituido desde la letra.

Resulta claro, entonces, que los dos procesos señalados por González Stephan: la invención de la ciudadanía y la invención del otro, se hallan *genéticamente* relacionados. Crear la identidad del ciudadano moderno en América Latina implicaba generar un *contraluz* a partir del cual esa identidad pudiera medirse y afirmarse como tal. La construcción del imaginario de la "civilización" exigía necesariamente la producción de su contraparte: el imaginario de la "barbarie". Se trata en ambos casos de algo más que representaciones mentales. Son imaginarios que poseen una *materialidad concreta*, en el sentido de que se hallan anclados en sistemas abstractos de carácter disciplinario como la escuela, la ley, el Estado, las cárceles, los hospitales y las ciencias sociales. Es precisamente este vínculo entre conocimiento y disciplina el que nos permite hablar, siguiendo a Gayatri Spivak, del proyecto de la modernidad como el ejercicio de una "violencia epistémica".

Ahora bien, aunque Beatriz González ha indicado que todos estos mecanismos disciplinarios buscaban crear el perfil del *homo economicus* en América Latina, su análisis genealógico, inspirado en la microfísica del poder de Michel

Foucault, no permite entender el modo en que estos procesos quedan vinculados a la dinámica de la constitución del capitalismo como sistema-mundo. Para conceptualizar este problema se hace necesario realizar un giro metodológico: la genealogía del saber-poder, tal como la realiza Foucault, debe ser ampliada hacia el ámbito de *macroestructuras de larga duración* (Braudel/Wallerstein), de tal manera que permita visualizar el problema de la "invención del otro" desde una perspectiva *geopolítica*. Para este propósito resultará muy útil examinar la manera como las teorías poscoloniales han abordado este problema.

II. La colonialidad del poder o la "otra cara" del proyecto de la modernidad

Una de las contribuciones más importantes de las teorías poscoloniales a la actual reestructuración de las ciencias sociales es haber señalado que el surgimiento de los Estados nacionales en Europa y América durante los siglos XVII al XIX no es un proceso autónomo sino que posee una contraparte estructural: la consolidación del colonialismo europeo en ultramar. La persistente negación de este vínculo entre modernidad y colonialismo por parte de las ciencias sociales ha sido, en realidad, uno de los signos más claros de su limitación conceptual. Impregnadas desde sus orígenes por un imaginario eurocéntrico, las ciencias sociales proyectaron la idea de una Europa *aséptica y autogenerada*, formada históricamente sin contacto alguno con otras culturas[13]. La racionalización –en sentido weberiano– habría sido el resultado de un despliegue de *cualidades inherentes* a las sociedades occidentales (el "tránsito" de la

---

13. Cfr. J. M. Blaut. *The Colonizer's Model of the World. Geographical Diffusionism and Eurocentric History*, New York, The Guilford Press, 1993.

tradición a la modernidad), y no de la interacción colonial de Europa con América, Asia y África a partir de 1492[14]. Desde este punto de vista, la experiencia del colonialismo resultaría completamente irrelevante para entender el fenómeno de la modernidad y el surgimiento de las ciencias sociales. Lo cual quiere decir que para los africanos, asiáticos y latinoamericanos el colonialismo no significó primariamente destrucción y expoliación sino, ante todo, el comienzo del tortuoso pero inevitable camino hacia el desarrollo y la modernización. Este es el imaginario colonial que ha sido reproducido en forma tradicional por las ciencias sociales y la filosofía en ambos lados del Atlántico.

Las teorías poscoloniales muestran, sin embargo, que cualquier recuento de la modernidad que no tenga en cuenta el impacto de la experiencia colonial en la formación de las relaciones propiamente *modernas* de poder resulta no sólo incompleto sino también ideológico. Pues fue precisamente a partir del colonialismo que se generó ese tipo de poder disciplinario que, según Foucault, caracteriza a las sociedades y a las instituciones modernas. Si, como hemos visto en el apartado anterior, el Estado-nación opera como una maquinaria generadora de otredades que deben ser disciplinadas, esto se debe a que el surgimiento de los Estados modernos se da en el marco de lo que Walter Mignolo ha llamado el "sistema-mundo moderno/ colonial"[15]. De acuerdo con teóricos como Mignolo, Dussel y Wallerstein, el Estado moderno no debe mirarse como

---

14. Recordar la pregunta que se hace Max Weber al comienzo de *La ética protestante*... y que guiará toda su teoría de la racionalización: "¿Qué serie de circunstancias han determinado que precisamente sólo en Occidente hayan nacido ciertos fenómenos culturales que, al menos como solemos representárnoslos, parecen marcar una dirección evolutiva de universal alcance y validez?", Cfr. M. Weber. *La ética protestante y el espíritu del capitalismo*, Madrid, Península, 1984, p. 23.
15. Cfr. W. Mignolo. *Local Histories/Global Designs. Coloniality, Subaltern Knowledges and Border Thinking*, Princenton, Princenton University Press, 2000, pp. 3 y ss.

una unidad abstracta, separada del sistema de relaciones mundiales que se configuran a partir de 1492, sino como una *función* al interior de ese sistema internacional de poder.

Surge entonces la pregunta: ¿cuál es el dispositivo de poder que genera el sistema-mundo moderno/colonial y que se reproduce estructuralmente hacia adentro por cada uno de los estados nacionales? Una posible respuesta la encontramos en el concepto de la "colonialidad del poder" sugerido por el sociólogo peruano Aníbal Quijano[16]. En opinión de Quijano, la expoliación colonial es legitimada por un imaginario que establece *diferencias inconmensurables* entre el colonizador y el colonizado. Las nociones de "raza" y de "cultura" operan aquí como un dispositivo taxonómico que genera identidades opuestas. El colonizado aparece así como lo "otro de la razón", lo cual justifica el ejercicio de un poder disciplinario por parte del colonizador. La maldad, la barbarie y la incontinencia son marcas "identitarias" del colonizado, mientras que la bondad, la civilización y la racionalidad son propias del colonizador. Ambas identidades se encuentran en relación de exterioridad y se excluyen mutuamente. La comunicación entre ellas no puede darse en el ámbito de la cultura –pues sus códigos son inconmensurables– sino en el ámbito de la *Realpolitik* dictada por el poder colonial. Una política "justa" será aquella que, mediante la implementación de mecanismos jurídicos y disciplinarios, intente civilizar al colonizado a través de su completa occidentalización.

El concepto de la "colonialidad del poder" amplía y corrige el concepto foucaultiano de "poder disciplinario",

---

16. *Cfr*. A. Quijano. "Colonialidad del poder, cultura y conocimiento en América Latina", en S. Castro-Gómez, O. Guardiola-Rivera, C. Millán de Benavides (eds.). *Pensar (en) los intersticios. Teoría y práctica de la crítica poscolonial*, Bogotá, Ceja, 1999, pp. 99-109.

al mostrar que los dispositivos panópticos erigidos por el Estado moderno se inscriben en una estructura más amplia, de carácter mundial, configurada por la relación colonial entre centros y periferias a raíz de la expansión europea. Desde este punto de vista, podemos decir lo siguiente: la modernidad es un "proyecto" en la medida en que sus dispositivos disciplinarios quedan anclados en una *doble gubernamentabilidad jurídica*. De un lado, la ejercida *hacia adentro* por los Estados nacionales, en su intento por crear identidades homogéneas mediante políticas de subjetivación; de otro lado, la gubernamentabilidad ejercida *hacia afuera* por las potencias hegemónicas del sistema-mundo moderno/colonial, en su intento de asegurar el flujo de materias primas desde la periferia hacia el centro. Ambos procesos forman parte de una sola dinámica estructural.

Nuestra tesis es que las ciencias sociales se constituyen en este espacio de poder moderno/colonial y en los saberes ideológicos generados por él. Desde este punto de vista, las ciencias sociales no efectuaron jamás una "ruptura epistemológica" –en el sentido althusseriano– frente a la ideología sino que el imaginario colonial impregnó desde sus oríge-nes a todo su sistema conceptual[17]. Así, la mayoría de los teóricos sociales de los siglos XVII y XVIII (Hobbes, Bossuet, Turgot, Condorcet) coincidían en que la "especie humana" sale poco a poco de la ignorancia y de la misma manera atraviesa diferentes "estadios" de perfeccionamiento hasta, finalmente, obtener la "mayoría de edad" a la que han llegado las sociedades modernas europeas[18]. El referente empírico que utiliza este modelo heurístico para

---

17. Una genealogía de las ciencias sociales debería mostrar que el imaginario ideológico que luego impregnaría a las ciencias sociales tuvo su origen en la primera fase de consolidación del sistema-mundo moderno/colonial, es decir, en la época de la hegemonía española.
18. Cfr. R. Meek. *Los orígenes de la ciencia social. El desarrollo de la teoría de los cuatro estadios*, Madrid, Siglo XXI, 1981.

definir cuál es el primer "estadio", el más bajo en la escala del desarrollo humano, es el de las sociedades indígenas americanas, tal como éstas eran descritas por viajeros, cronistas y navegantes europeos. La característica de este primer estadio es el salvajismo, la barbarie, la ausencia completa de arte, ciencia y escritura. "Al comienzo todo era América", es decir, todo era superstición, primitivismo, lucha de todos contra todos, "estado de naturaleza". El último estadio del progreso humano, el alcanzado ya por las sociedades europeas, es construido, en cambio, como "lo otro" absoluto del primero y *desde su contraluz*. Allí reina la civilidad, el Estado de derecho, el cultivo de la ciencia y de las artes. El hombre ha llegado allí a un estado de "ilustración" en el que, al decir de Kant, puede autolegislarse y hacer uso autónomo de su razón. Europa ha marcado el camino civilizatorio por el que deberán transitar todas las naciones del planeta.

No resulta difícil ver cómo el aparato conceptual con el que nacen las ciencias sociales en los siglos XVII y XVIII se halla sostenido por un imaginario colonial de carácter ideológico. Conceptos binarios tales como barbarie y civilización, tradición y modernidad, comunidad y sociedad, mito y ciencia, infancia y madurez, solidaridad orgánica y solidaridad mecánica, pobreza y desarrollo, entre otros muchos, han permeado por completo los modelos analíticos de las ciencias sociales. El imaginario del progreso según el cual todas las sociedades evolucionan en el tiempo según leyes universales inherentes a la naturaleza o al espíritu humano, aparece así como un producto ideológico construido desde el dispositivo de poder moderno/colonial. Las ciencias sociales funcionan en forma estructural como un "aparato ideológico" que, de puertas para adentro, legitimaba la exclusión y el disciplinamiento de aquellas personas que no se ajustaban a los perfiles de subjetividad que necesitaba el Estado para implementar sus políticas de modernización; de puertas para afuera, en cambio, las ciencias sociales legitimaban la división internacional del trabajo y la desigualdad de los términos de intercambio y comercio entre el centro y la periferia, es decir, los grandes beneficios sociales y económicos que las potencias europeas obtenían en ese momento del dominio sobre sus colonias. La producción de la alteridad hacia adentro y la producción de la alteridad hacia afuera formaban parte de un mismo dispositivo de poder. La *colonialidad del poder* y la *colonialidad del saber* se encontraban emplazadas en una misma matriz genética.

III. DEL PODER DISCIPLINAR AL PODER LIBIDINAL

Quisiera finalizar este ensayo preguntándome por las transformaciones sufridas por el capitalismo una vez consolidado el final del proyecto de la modernidad, y por las consecuencias que tales transformaciones pueden tener para las ciencias sociales y para la teoría crítica de la sociedad.

Hemos conceptualizado la modernidad como una serie de *prácticas* orientadas hacia el control racional de la vida humana, entre las cuales figuran la institucionalización de las ciencias sociales, la organización capitalista de la economía, la expansión colonial de Europa y, por encima de todo, la configuración jurídico-territorial de los Estados nacionales. También vimos que la modernidad es un "proyecto" porque ese control racional sobre la vida humana es ejercido hacia adentro y hacia afuera desde una instancia central que es el Estado-nación. En este orden de ideas, viene entonces la pregunta: ¿a qué nos referimos cuando hablamos del *final* del proyecto de la modernidad? Podríamos empezar a responder de la siguiente forma: la modernidad deja de ser operativa como "proyecto" en la medida en que lo social empieza a ser configurado por instancias que escapan al control del Estado nacional. O dicho de otra forma, el proyecto de la modernidad llega a su "fin" cuando el Estado nacional pierde la capacidad de organizar la vida social y material de las personas. Es entonces cuando podemos hablar propiamente de la *globalización*.

En efecto, aunque el proyecto de la modernidad tuvo siempre una tendencia hacia la mundialización de la acción humana, creemos que lo que hoy se llama "globalización" es un fenómeno *sui generis*, pues implica un cambio cualitativo de los dispositivos mundiales de poder. Quisiera ilustrar esta diferencia entre modernidad y globalización utilizando las categorías de "anclaje" y "desanclaje" desarrolladas por Anthony Giddens: mientras que la modernidad desancla las relaciones sociales de sus contextos tradicionales y las reancla en ámbitos postradicionales de acción coordinados por el Estado, la globalización desancla las relaciones sociales de sus contextos nacionales y los reancla en ámbitos posmodernos de acción *que ya no son coordinados por ninguna instancia en particular*.

Desde este punto de vista sostengo la tesis de que la globalización no es un "proyecto", porque la gubernamentabilidad no necesita ya de un "punto arquimédico", es decir, de una instancia central que regule los mecanismos de control social[19]. Podríamos hablar incluso de una

---

19. La materialidad de la globalización ya no está constituida por las instituciones disciplinarias del Estado nacional, sino por corporaciones que no conocen territorios ni fronteras. Esto implica la configuración de un nuevo marco de legalidad, es decir, de una nueva forma de ejercicio del poder y la autoridad, así como de la producción de nuevos mecanismos punitivos –una policía global– que garanticen la acumulación de capital y la resolución de los conflictos. Las guerras del Golfo y de Kosovo son un buen ejemplo del "nuevo orden mundial" que emerge después de la guerra fría y como consecuencia del "fin" del proyecto de la modernidad. Cfr. S. Castro-Gómez y E. Mendieta. "La

gubernamentabilidad sin gobierno para indicar el carácter espectral y nebuloso, a veces imperceptible, pero por ello mismo eficaz, que toma el poder en tiempos de globalización. La sujección al sistema-mundo ya no se asegura mediante el control sobre el tiempo y sobre el cuerpo, ejercido por instituciones como la fábrica o el colegio, sino por la producción de bienes simbólicos y por la seducción irresistible que éstos ejercen sobre el imaginario del consumidor. El poder *libidinal* de la posmodernidad pretende modelar la totalidad de la psicología de los individuos, de tal manera que cada cual pueda construir reflexivamente su propia subjetividad sin necesidad de oponerse al sistema. Por el contrario, son los *recursos* que ofrece el sistema mismo los que permiten la construcción diferencial del *Selbst*. Para cualquier estilo de vida que uno elija, para cualquier proyecto de autoinvención, para cualquier ejercicio de escribir la propia biografía, siempre hay una oferta en el mercado y un "sistema experto" que garantiza su confiabilidad[20]. Antes que reprimir las diferencias, como hacía el poder disciplinar de la modernidad, el poder libidinal de la posmodernidad *las estimula y las produce*.

Habíamos dicho también que en el marco del proyecto moderno las ciencias sociales jugaron básicamente como mecanismos productores de alteridades. Esto debido a que la acumulación de capital tenía como requisito la generación de un perfil de "sujeto" que se adaptara fácilmente a las exigencias de la produción: blanco, varón, casado, heterosexual, disciplinado, trabajador, dueño de sí mismo. Tal como lo ha mostrado Foucault, las ciencias humanas

---

translocalización discursiva de Latinoamérica en tiempos de la globalización", en: *Id.*, *Teorías sin disciplina. Latinoamericanismo, poscolonialidad y globalización en debate*, México, Edit. Porrúa, 1998, pp. 5-30.

20. El concepto de la confianza (*trust*) depositada en sistemas expertos lo tomo directamente de Giddens. Cfr. *Op. cit.*, pp. 84 y ss.

contribuyeron a crear este perfil en la medida en que formaron su objeto de conocimiento a partir de prácticas institucionales de reclusión y secuestro. Cárceles, hospitales, manicomios, escuelas, fábricas y sociedades coloniales fueron los laboratorios donde las ciencias sociales obtuvieron *a contraluz* aquella imagen de "hombre" que debía impulsar y sostener los procesos de acumulación de capital. Esta imagen del "hombre racional", decíamos, se obtuvo *contrafácticamente* mediante el estudio del "otro de la razón": el loco, el indio, el negro, el desadaptado, el preso, el homosexual, el indigente. La construcción del perfil de subjetividad que requería el proyecto moderno exigía entonces la *supresión* de todas estas diferencias.

Sin embargo, y en caso de ser plausible lo que he venido argumentando hasta ahora, en el momento en que la acumulación de capital ya no demanda la supresión sino la *producción* de diferencias, también debe cambiar el vínculo estructural entre las ciencias sociales y los nuevos dispositivos de poder. Las ciencias sociales y las humanidades se ven obligadas a realizar un "cambio de paradigma" que les permita ajustarse a las exigencias sistémicas del capital global. El caso de Lyotard me parece sintomático. Afirma con lucidez que el metarrelato de la humanización de la Humanidad ha entrado en crisis, pero declara, al mismo tiempo, el nacimiento de un nuevo relato legitimador: la *coexistencia* de diferentes "juegos de lenguaje". Cada juego de lenguaje define sus propias reglas, que ya no necesitan ser legitimadas por un tribunal superior de la razón. Ni el héroe epistemológico de Descartes ni el héroe moral de Kant funcionan ya como instancias transcendentales desde donde se definen las reglas universales que deberán jugar *todos* los jugadores, independientemente de la diversidad de juegos en los cuales participen. Para Lyotard, en la "condición posmoderna" son los jugadores mismos quienes construyen las reglas del juego que desean jugar. No existen reglas definidas de antemano[21].

El problema con Lyotard no es que haya declarado el final de un proyecto que, en opinión de Habermas, todavía se encuentra "inconcluso"[22]. El problema radica, más bien, en el nuevo relato que propone. Pues afirmar que ya no existen reglas definidas de antemano equivale a *invisibilizar* –es decir, enmascarar– al sistema-mundo que produce las diferencias con base en reglas definidas *para todos* los jugadores del planeta. Entendámonos: ¡la muerte de los metarrelatos de legitimación del sistema-mundo no equivale a la muerte del sistema-mundo! Equivale, más bien, a un cambio de las relaciones de poder *al interior* del sistema-mundo, lo cual genera nuevos relatos de legitimación como el propuesto por Lyotard. Sólo que la estrategia de legitimación es diferente: ya no se trata de metarrelatos que *muestran* al sistema, proyectándolo ideológicamente en un macrosujeto epistemológico, histórico y moral, sino de microrrelatos que lo dejan *por fuera de la representación*, es decir, que lo invisibilizan.

Algo similar ocurre con los llamados *estudios culturales*, uno de los paradigmas más innovadores de las humanidades y las ciencias sociales hacia finales del siglo XX[23]. Si bien es cierto, los estudios culturales han contruibuido a flexibilizar las rígidas fronteras disciplinarias que hicieron de nuestros departamentos de sociales y humanidades un puñado de "feudos epistemológicos" inconmensurables. La vocación transdisciplinaria de los estudios culturales ha sido altamente saludable para unas instituciones académicas

---

21. Cfr. J.-F. Lyotard. *La condición postmoderna. Informe sobre el saber*, México, Rei, 1990.
22. Cfr. J. Habermas. *Die Moderne -Ein Unvollendetes Projekt*, Leipzig, Reclam, 1990, pp. 32-54.
23. Para una introducción a los estudios culturales anglosajones, véase B. Agger. *Cultural Studies as Critical Theory*, London/New York, The Falmer Press, 1992. Para el caso de los estudios culturales en América Latina la mejor introducción sigue siendo el libro de W. Rowe/V. Schelling. *Memoria y Modernidad. Cultura Popular en América Latina*, México, Edit. Grijalbo, 1993.

que, por lo menos en Latinoamérica, se habían acostumbrado a "vigilar y administrar" el canon de cada una de las disciplinas[24]. Es en este sentido que el informe de la comisión Gulbenkian señala cómo los estudios culturales han empezado a tender puentes entre los tres grandes islotes en que la modernidad había repartido el conocimiento científico[25].

Sin embargo, el problema no está tanto en la inscripción de los estudios culturales en el ámbito universitario, ni siquiera en el tipo de preguntas teóricas que abren o en las metodologías que utilizan, como en el *uso* que hacen de estas metodologías y en las *respuestas* que dan a esas preguntas. Es evidente, por ejemplo, que la planetarización de la industria cultural ha puesto en entredicho la separación entre cultura alta y cultura popular, a la que todavía se aferraban pensadores de tradición "crítica" como Horkheimer y Adorno, para no hablar de nuestros grandes "letrados" latinoamericanos con su tradición conservadora y elitista. Pero en este intercambio *mass-mediático* entre lo culto y lo popular, en esa negociación planetaria de bienes simbólicos, los estudios culturales parecieran ver nada más que una explosión liberadora de las diferencias. La cultura urbana de masas y las nuevas formas de percepción social generadas por las tecnologías de la información son vistas como espacios de emancipación democrática, e incluso como un *locus* de hibridación y resistencia frente a

---

24. Es preciso establecer aquí una diferencia en el significado *político* que han tenido los estudios culturales en las universidades norteamericana y latinoamericana respectivamente. Mientras que en Estados Unidos los estudios culturales se han convertido en un vehículo idóneo para el rápido "carrerismo" académico en un ámbito estructuralmente flexible, en América Latina han servido para combatir la desesperante osificación y el parroquialismo de las estructuras universitarias.
25. Cfr. I. Wallerstein, *et al. Open the Social Sciences. Report of the Gulbenkian Commission on the Restructuring of the Social Sciences*, Stanford, Stanford University Press, 1996, pp. 64-66.

los imperativos del mercado. Ante este diagnóstico surge la sospecha de si los estudios culturales no habrán hipotecado su potencial crítico a la mercantilización fetichizante de los bienes simbólicos.

Al igual que en el caso de Lyotard, el sistema-mundo permanece como ese gran *objeto ausente de la representación* que nos ofrecen los estudios culturales. Pareciera como si *nombrar* la "totalidad" se hubiese convertido en un tabú para las ciencias sociales y la filosofía contemporáneas, del mismo modo que para la religión judía constituía un pecado nombrar o representar a Dios. Los temas "permitidos" –y que ahora gozan de prestigio académico– son la fragmentación del sujeto, la hibridación de las formas de vida, la articulación de las diferencias, el desencanto frente a los metarrelatos. Si alguien utiliza categorías como "clase", "periferia" o "sistema-mundo", que pretenden abarcar heurísticamente una multiplicidad de situaciones particulares de género, etnia, raza, procedencia u orientación sexual, es calificado de "esencialista", de actuar de forma "políticamente incorrecta" o por lo menos de haber caído en la tentación de los metarrelatos. Tales reproches no dejan de ser justificados en muchos casos, pero quizás exista una alternativa.

Considero que el gran desafío para las ciencias sociales consiste en aprender a nombrar la totalidad sin caer en el esencialismo y el universalismo de los metarrelatos. Esto lleva a la difícil tarea de repensar la tradición de la *teoría crítica* (aquella de Lukács, Bloch, Horkheimer, Adorno, Marcuse, Sartre y Althusser), a la luz de la teorización posmoderna, pero, al mismo tiempo, de repensar ésta a la luz de aquélla. No se trata, pues, de comprar nuevos odres y desechar los viejos, ni de echar el vino nuevo en odres viejos; se trata, más bien, de reconstruir los viejos odres para que puedan contener al nuevo vino. Este "trabajo teórico", como lo denominó Althusser, ha comenzado ya en ambos lados del Atlántico desde diferentes perspectivas. Me refiero a los trabajos de Antonio Negri, Michael Hardt, Fredric Jameson, Slavoj Zizek, Walter Mignolo, Enrique Dussel, Edward Said, Gayatri Spivak, Ulrich Beck, Boaventura de Souza Santos y Arturo Escobar, entre otros muchos.

La tarea de una teoría crítica de la sociedad es, entonces, hacer *visibles* los nuevos mecanismos de producción de las diferencias en tiempos de globalización. Para el caso latinoamericano el desafío mayor radica en una "descolonización" de las ciencias sociales y la filosofía. Y aunque este no es un programa nuevo entre nosotros, de lo que se trata ahora es de desmarcarse de toda una serie de *categorías binarias* con las que trabajaron en el pasado las teorías de la dependencia y las filosofías de la liberación (colonizador *versus* colonizado, centro *versus* periferia, Europa *versus* América Latina, desarrollo *versus* subdesarrollo, opresor *versus* oprimido, etc.), entendiendo que ya no es posible conceptualizar las nuevas configuraciones del poder con ayuda de ese instrumental teórico[26]. Desde este punto de vista, las nuevas agendas de los estudios poscoloniales podrían contribuir a revitalizar la tradición de la teoría crítica en nuestro medio[27].

---

26. Para una crítica de las categorías binarias con las que trabajó el pensamiento latinoamericano del siglo xx, véase mi libro *Crítica de la razón latinoamericana*, Barcelona, Puvill Libros, 1996.
27. S. Castro-Gómez, O. Guardiola-Rivera, C. Millán de Benavides. "Introducción", en Id. (eds.). *Pensar (en) los intersticios. Teoría y práctica de la crítica poscolonial*, Bogotá, Ceja, 1999.

SEGUNDA PARTE

ESTADO, CONFLICTO E INTERVENCIÓN HUMANITARIA

STATE AND CONFLICT RESOLUTION

Nigel Gibson
Profesor, Institute of Áfrican Studies,
Columbia University, N.Y

When I first was asked to present a paper on the state and conflict resolution, I responded to the organizer's request, why me? Though I am a political scientist for whom "the state" and "conflict resolution" should be part of my stock-in-trade, my own intellectual presuppositions cry out to question the terms. I have accepted the challenge but my remarks here will be no more than provisional, perhaps because I claim no easy victories, as Amilcar Cabral put it (1969, 86), a little depressing. You who are experts on Colombia will have to make the comparisons if you believe there are any. I will frame this paper as a series of problematics that involve the state and conflict resolution in Africa. Please excuse if I step on any toes, the remarks, however, should be taken in the spirit of a contribution to debate.

I. NATION STATE AND AFRICA

When we talk of *the* state in Africa is it the nation-state we are thinking of?

On the African continent there are 53 states associated with nations but this is also a juridical concept whose legacy is in most part a product of colonial mapping. Up until quite recently, i.e., less than 100 years ago, many peoples in Africa lived in quite complex but stateless societies. These, like "indigenous" state structures, were either incorporated or destroyed during the colonial period. By contrast any nation in the modern world system today has to have a state. The nation-state in Africa is mostly a relatively new structure with little autonomy and capacity, a legacy of late colonialism with its politics of Indirect Rule expressed in the dichotomy, as Mahmood Mamdani argues, between the decentralized despotism of customary rule in the rural areas and the racialized rule of law in the urban areas. The citizen and subject, along the lines Professor Castro-Gomez spoke of this morning. Mamdani certainly thinks that this bifurcated state is the source of much of the conflict on the continent and is a powerful legacy for post apartheid South Africa, which has deracialized the urban areas but have left intact a decentralized despotism in the rural areas.

II. Collapsed States

I am not completely convinced of the heuristic value of the "collapsed state" thesis put forward by William Zartman, as a root rather than a symptom of conflict. The view that the collapsed state is the breakdown of good governance, law and order, doesn't explain what states and why states collapse. Post colonial Africa has seen quite a few collapsed or collapsing states but many weak governments stay in power by creating new state or private security systems and by escalating the level of state-sponsored violence. Additionally, why some very weak states don't collapse might have more to do with possibilities of "exit" (see Hirschman) rather than the strength of the state. Thus we need not only a wider notion of state collapse, but of power itself.

According to the state collapse thesis half the african states are in danger of collapse. What is context for such a continental collapse?

I want to give a number of related but not necessarily causal suggestions. The prognosis does not seem that good, which says much about the world in which we live. Virtually every low income nation in Africa has undergone either major conflict or borders on one or more countries in conflict and yet at the same time Africa is becoming more and more marginal to the global economy.

First, post colonial regimes inherited states that had little capacity. They were structured toward the colonial metropole. Nyerere's remark that "The British Empire left us a country with 85 per cent illiteracy, two engineers and 12 doctors" runs true for most of post colonial Africa and so the education was seen as a priority. Thirty years later, even with the initiative of "education for all", UNESCO estimates 142 million african adults are illiterate (compared to 126 in 1980) and some 14 countries have illiteracy rates close to two thirds.

Centered in the urban areas and often playing patronage politics, where national resources are often marks of personal favor to the regime, state power is a zero sum game of the winner takes all. Politics is not just Machiavellian but war. Consequently, rather than democratic transitions, the post colonial states more often than not experienced a military coup. Encouraged by Cold War politics, the post colonial authoritarian government looked externally rather than internally for it raison d'être and skillful leaders could play the game of allegiance to procure increased aid and military assistance. Cold War arithmetic helped create a ruthless centralized state structure which suppressed internal dissent. One only need remember the remarkable shift by the Mengistu government of Ethiopia who turned from the U.S. to the U.S.S.R. for military aid in 1977. The U.S.S.R. aided the military government for the next 13 years with equipment and training that resulted in hundreds of thousands of people killed in the war with Eritrea. On losing Ethiopia, the U.S. shifted its support to Somalia which had been recently in the Soviet orbit. The same Somalia which soon degenerated into civil war and a devastating famine. In short, the Cold War armed Africa up to the teeth[1].

Third, the cash-crop or mono-mineral economies inherited from colonial rule were adversely affected by the world wide decline of commodity prices following the mid 1970s oil crisis and world recession from which Africa has never recovered. Africa's share of world trade was halved in the decade up to the mid 1990s from 4 to 2%. Today, take away South Africa and the oil producing states, it is next to nothing.

Fourth, IMF and World Bank policies from the late 1970s on, and the end of Cold War patronage in the late 1980s has accelerated the crisis of the state which is no longer able to pay for its loyalty and security. Official salaries for the military, civil servants, doctors and teachers cannot be regularly met. The official economy has given over to the unofficial resulting in a further decline of state income. Compared to the remarkable expansion in education and health services in the period 1960 to 1980, the period since 1980 has seen a stagnation or decline in the human

---

1. Few truth commissions have dealt with the role of foreign governments in internal political violence. A rare exception is the truth commission convened in Chad to investigate the Habré regime which indicted the U.S. for its involvement in the intelligence service responsible for the worst atrocities.

development index. Compared with other regions of the world, Africa has the lowest level of human development; it has the lowest educational enrollments and life expectancy in the world. In Zambia 4 teachers die every day because of AIDS and it is forecasted that life expectancy in Southern Africa will fall up to thirty years over the next ten years (Fleshman 25).

Fifth, there has been a decline in state legitimacy especially among the educated youth who had expected some of the rewards of an expanding state.

Sixth, by the 1990s virtually all experiments in non-capitalist development had been shelved, a central preoccupation has been the possibility of capitalist accumulation under conditions of intensified globalization. The ideals of the most radical of nationalist projects are tarnished. In place of the grand of ideas of Pan-Africanism we find the cure all of free market capitalism.

Seventh, in most cases the state no longer constitutes, if it ever had, a state in the Weberian sense of a monopoly of violence over a given territory.

By the 1990s the military balance between the state and society had changed so that the balance of force was no longer held by the state. Weapons spilling over from armed conflicts circulate uncontrolled and the divide between government and rebel troops blurs. In Sierra Leone a new term "sobel" characterizes the linkages civilians see between the rebels and the soldiers[2].

Today, militarization has permeated many African societies further than ever before. Militarization is disenfranchising, and politically, economically, psychologically

---

2. Some have argued that the militarization of Sierra Leone and Liberia reflected the continuing importance of pre-colonial secret societies. Yet where these societies did educate youth in military knowledge, they were neither uniform nor narrowly military.

and physically debilitating. The problem becomes not simply one of decommissioning the military but demilitarizing the society.

Globalization and the relaxation of trade barriers have meant those resource rich nations are especially vulnerable to armed groups establishing personal fiefdoms.

The post cold war period has seen a number of "warlord" insurgencies (see Clapham) –Liberia, Sierra Leone, D. R. Congo, Angola– funded by the exploitation of local resources, namely diamonds and where the insurgency creates territorial statelets or fiefdoms in the context of a retreating state. Conflicts are funded through illegal trade of natural resources. Despite UN bans, and promises from the DeBeers diamond cartel, free trade and smuggling are triumphant. Possibilities of resolution seem highly problematic.

The lack of diamonds may be why poor Mozambique, decimated by decade long war of liberation, and an almost two-decade long insurgency funded by white ruled Rhodesia and then South Africa, not resource rich Angola, has had a successful transition to electoral democracy. Yet today Mozambique is dependant on foreign aid and its annual debt repayment is higher than the emergency aid it received to cope with the recent flooding, the worst in fifty years.

Eighth, continentally, the debt burden is another obstacle to shifting resources to social spending. Africa counts thirty of the 42 heavily indebted countries. Africa's rising debt during the 1990s comes on top of a 50% decline in aid since 1994. Despite repayment, debt stock has remained constant, in Zambia debt repayment is four times as much as spent on health care, in a country ravaged by HIV/AIDS (Kuanda 2000). A World Health Organization recent report stated that HIV/AIDS and malaria, which is making a significant resurgence (and accounts for 90% of the global malaria burden (about one million deaths per year) will reduce GDP losses as much as 20% in some Sub-Saharan countries (A Namibian study concluded that AIDS cost the country 8 per cent of GDP and a similar study of Kenya predicted it will be 14.5% by 2005 (World Health Organization April 25, 2000). Africa accounts for about 70% of all HIV/AIDS cases in the world and 80% of fatalities (Njinkeu 2000). Two million africans die every year as a result of HIV/AIDS with an infection rate of just less than 10 per minute (UNAIDS report quoted in Fleshman 2000 25). The high death rate is in proportion to poverty and the lack of funds for health care. One result is that in the hardest hit countries as many as a third of the children under 15 will comprise what has been called a "lost orphaned generation" by 2010 in countries at risk of further economic decay, they will have little hope of educational or employment opportunities[3].

Ninth, the largely urban state, following Mamdani's division, is unable to protect its urban citizens. In the continent's major cities (e.g., Nairobi, Lagos, Johannesburg), the rich hire private security firms, the poor are left to gangs and organized crime syndicates often aided by the police.

Trade in oil, diamonds and precious minerals creates funds for illicit arms dealing. The privatization of peace-keeping, has further encouraged the leasing of resource

---

[3]. All data concerning disease estimates should be considered as trends. Since mortality is multicausal reporting of diseases and diagnosis can vary. In the case of AIDS, the World Health and other organizations extrapolate from samples.

It is argued that the most likely scenario with regard to HIV/AIDS is a worsening over the next ten years and thereafter a decreasing trend as better methods of prevention, new drugs and vaccines become available. However, the thrust of my argument is that the without fundamental socio-economic improvements and structural changes which result in increasing budgets for health care, people in Africa will continue to suffer from epidemics.

concessions to security-cum-mineral operations which includes states, like Zimbabwe's in the D.R. Congo, or the South African-based firms "Executive Outcomes" or "security linings" which operate with military capacity to secure economic returns from diamond mining.

Tenth, since the end of the Cold war the type and number of weapons supplied to Africa have changed. There are fewer heavy weapons and more cheap guns and land mines. An AK 47 costs no more than $6, a landmine a little more. This change has had the consequence of militarizing children who can easily manipulate light weapons. Children have been both targets and participants in violence and in many countries youth have grown up knowing only war. Of the 7-8 million fatalities in Africa's recent regional conflicts, two million were children, 4.5 million children have been disabled, 12 million left homeless (Sahnooun 5). The reintegration of children into society is fundamental to a continent with a rapid population growth.

This brings me to the subsection of the paper titled *Aspects of Conflict Resolution*.

One, África's conflicts have exerted heavy tolls on peoples, cultures, economies, infrastructures and environments. Millions of deaths, displacements, injuries both physical and psychological have to be addressed. Today Africa is the most war torn of the world's continent with predictions in the world's press of "widening conflicts". Of the 25 major conflicts identified worldwide in 1997, all the new ones were located in Africa, and a third of Sub Saharan Africa is involved in war; of refugees worldwide, more than a third live somewhere in Africa (Sahnooun 6). The number of people uprooted from civil wars is astounding: Half the population of Liberia, half of Rwanda, five million Mozambicans, five million Sudanese, and three million Somalis top the list (Turshen 14).

National borders are porous and insecure. Cross border insurgent movements are on the rise and characterize Africa's ongoing large scale wars in Angola, Congo-Brazzaville, Congo-Kinshasa, Ethiopia, Eritrea, Rwanda, Somalia and Sudan. Regional not simply national security is crucial to conflict resolution.

Two, wars are not simply irrational. That is to say, not all acts of war are rational, but the cutting off of limbs, the kidnapping of children, the rape of women and the killing of family members all have purposes, even if it is the instilling terror and make resistance impossible, that can be understood in a given context. Most are victims and perpetrators are not necessarily beneficiaries. An accounting of interests of war should aid the process of reconciliation.

Three, that war can be understood does not mean that conflict resolution is not a complex problem and depends on a myriad of factors including economic restructuring, political will, psychologically re-balancing and an ideational vision which must be continental and regional in approach.

Four, conflict resolution needs to begin at the local level by reintegrating perpetrators and victims into the community through processes of reconciliation. In Mozambique the psychological rehabilitation of child soldiers, especially those who had committed atrocities in the locale, was aided by the cleansing processes of "traditional healers". In other words, while the regime should create the structure and atmosphere for reconciliation, the real process begins from below. At the same time the state must be strong enough to resist amnesty for torturers without a full accounting.

Four, the reintegration of soldiers, both men and women must take into account of the specificity of women's war experiences and changing gender roles in the family. Women's war experiences, including the military and political use of rape (the staggering figure of 200,000 women raped in Rwanda reflects the significant intermarriage between Hutu and Tutsi so that women were seen as a fifth column) needs to be *publicly* addressed. War also creates widows and turns independent women, who had access to land through their husbands, into charity cases.

Five, regional institutions like ECOWAS in West Africa and SADC in Southern Africa are seen as being dominated by regional powers, Nigeria and South Africa. These institutions could play a larger role in regional stability if they become truly regional and above the fray[4].

Six, the phrase "African solutions to Áfricans problems" must not be allowed to become rhetoric that shifts responsibility away from the North. While solutions will not come from the North, they will probably not come without it. The U.S. refuses to commit its troops to UN missions in Sierra Leone and Congo not because it believes in African self-determination, but because they will not commit troops where they might get killed. Between a rock and a hard place, Kofi Annan has called on Liberia, Libya, Togo, Mali, and Burkina Faso to put pressure on Foday Sankoh, the guerilla leader in Sierra Leone, to release the UN hostages. Yet there is little virtue in any of these states, some of which are involved in wars in Sierra Leone and Congo[5]. Thus, as much as we might think there is a military solution, the commitment of the North to Africa should be measured in long term nonmilitary rather than in military

---

4. Though many at the time praised ECOMOG for bringing hostilities to an end in Sierra Leone, it has been reported that ECOMOG troops were involved in looting, banditry and diamond smuggling. On the other hand SADC has become embroiled in a fight about involvement in the D.R. Congo.
5. The present president of Liberia, Charles Taylor, played an important role in the formation of the RUF in Sierra Leone and Liberia is an important channel for Sierra Leone's diamonds. Presently, Liberia exports of diamonds equals about 10 times that of Sierra Leone though Liberia's diamond reserves are significantly smaller.

support. And while wars in Sudan and Angola have been allowed to continue for decades, the long-term solution to these wars is not military but political and economic. In other words we need a more political conception of conflict resolution which aids the construction of lasting peace from the ground up encouraging democratization and accountability.

One problem of conflict resolution is the lack of knowledge of African realities. The level of knowledge about Africa at high government levels in the U.S., for example, is appalling low. Because, Africa is of no vital interest, there is a corresponding lack of reflection. Aid and peace missions failed miserably in Mogadishu (Somalia) in 1993 and Rwanda in 1995 not because UN troops were killed, but it is now easier to forget Africa and think of African conflicts as basket cases rather than to rethink the problematic of long term complex emergencies.

Conflict resolution needs to be considered in the context of the convergence of a set of events such as civil war, famine, drought, floods, epidemics and the effects on local and local and national organizations. Because the effects of such events are cumulative, it is only the magnitude of cumulative events such as war that signals the crisis. But the end of war, for example, does not resolve the underlining problems. The transformation of Africa's conflicts into complex emergencies makes peace operations on the continent a very difficult and dangerous one.

Let me consider some of these problems in more detail.

III. BORDERS

Direct conflict between states, Ethiopia and Eritrea being an exception which is apparently about borders, is relatively isolated but the permeability of African borders and the weaknesses of African states means that internal conflicts have regional dimensions.

Conflict resolution is often thought as operating within state borders, but in Africa, where the arbitrary division of the continent was decided, most famously at the 1884 Berlin Conference which literally drew lines on a map, many conflicts, like many peoples and economies cross borders because the border had simply cut through peoples. In many cases ethnic groups live both sides of a border. Speaking at a seminar at Columbia University, Gertrude Mongella, the former Ambassador of Tanzania, suggested that many conflicts could be solved at the local level, between peoples who have lived alongside each other for years. In many cases this is a good place to begin because it requires a conceptual shift. While no conflict resolution can be maintained without disarmament, conflict resolution does not equal a compromise between a government and rebel leaders.

It is often argued that national boundaries cross more authentic ethnic boundaries. Yet in many cases it was the colonial mind that thought in rigid ethnic terms and developed practices along rigid ethnic and hierarchical lines, inventing them where they weren't. The question of ethnicity is one of power not simply sensibility. Nation states need to stand above ethnic or regional identities, in other words, not become identified with the power of one "ethnic group" and sometimes must recognizes local rights over perceived national commercial interests.

Like ethnicity, national borders are fluid. People, trade and conflicts cross easily from one country to another. How do you solve a conflict at a national level if there is regional dislocation?

IV. Neo-liberal economic policies

Critics of the state in Africa, which include critics of individual states, namely societal oppositions as well as a whole host of international donors and powerful governments who take a macro level approach, have been advocating since the late 1970s and especially since the end of the cold war a paradigm shift away from state centered development models to one emphasizing "civil society". In many cases, however, this economic and social structural adjustment, linking privatization, and liberalization of the economy, has not helped the development of grassroots movements for democracy and social change. In the early 1990s a number of elections brought new governments but these changes have not brought improvements for the mass of people. Still, only about a quarter of the continent's have democratic elections.

The World Bank's prediction in 1994 that Gambia, Burkina Faso, Ghana, Nigeria, Tanzania and Zimbabwe were success stories, remains unrealized and its policies have instead mostly aided social dislocation. Africa experiences a net capital flight, so that when World Bank officials told me that Africa had not been adversely affected by the financial crisis of 1997, the truth was that it had virtually nothing to lose. As the UN's Conference on Trade and Development put it in 1998, "Africa has lost attractiveness as a market for Foreign Direct Investment as compared to other developing nations" (quoted in *African Observer*, 12/13/98).

Where there has been mediocre economic growth it has come at the price of increasing inequalities and declining living standards for most people. Social welfare, health, education, public transport, and so on, once the charge of the state, have been abandoned to liberalization meaning that many people cannot afford to get to work, that the mass of people cannot afford health care in a situation of increasing poverty, and that decreasing health reflected in a massive increase in HIV/AIDS, for example, which has decimated working populations. According to the World Bank Zambia's privatization program has been the most successful. Perhaps too successful in a country with a declining infrastructure, increasing unemployment and poverty a disaster is waiting to happen. In North Eastern Zambia, for example, government subsidies on seed and fertilizer had encouraged the use of high yield hybrid maize dependant on fertilizer, the process had begun to degrade the soil. Without the subsidy farmers, looking for better yields began to plant in more marginal areas nearer the flood plain. With the ending of subsidies, as well as flooding associated with El Niño starvation conditions were felt in the area for the first time in living memory.

The issue of state autonomy is the capacity to enforce policies. However diminished the state's power, its central role now is to enforce policies which are in the main decided by international agencies like the IMF and World Bank. The contemporary state in Africa is not only ruling over its own demise but is reduced to its authoritarian role as an *enforcer* of privatization and neoliberal policies.

Taking Eastern and Southern Africa as a region about half the population lives below the poverty line with rural poverty at about 83%. Even in countries with a relatively high per capita income, like South Africa, Namibia and Botswana, the majority of the population lives below the poverty line. Higher growth has not reduced poverty levels. On the contrary, the neo-liberal fiscal policies of the South African government have created an *apartheid* post-apartheid – the bulk of the african population have not seen the fruits of liberation. One effect of the neo-liberal economic policies of the ANC regime is the increasing impoverishment of the poor who constitute 70% of the population and of whom 99.9% are african.

V. The "Criminalization of the State"

Is the state in Africa simply "the politics of the belly," as J.-F. Bayart puts it in his seminal *The Politics of the State in África*? Whatever they do and whose interests they serve, states cost money and the two main means of paying for the post colonial state in Africa has been either through mineral extraction or cash crop production. In the 1970s dependence on export revenues and royalties from mineral exporting multinational corporations led to the emergence of the term "rentier state" and it is significant that even in the face of democratization movements of the early 1990s no oil producing state from Algeria southward has achieved a democratic transition. Though the jury is still out on Nigeria where the military remains in politics and multinational corporations play a role in political repression and ecological destruction of the oil rich Niger Delta.

The "politics of the belly," which is a Cameroonian expression, denotes an accumulation of wealth through political power. "The african state"[6] is considered kleptocratic by Bayart, sustaining only those sections of the population important to the *urban* elites. It is an argument that dovetails nicely with the World Bank's critique of the "african state" as endemically clientelist and corrupt and reflects the ideological paradigm shift toward neo-liberal economics. In reality many government bureaucrats are not corrupt and that corruption trickles down as Ayi Kwei Armah's famous novel, *The Beautyful Ones Are Not Yet Born*, described.

---

6. There are states in Africa but it is my contention that there is no such thing as "the african state".

Second, though Structural Adjustment has not led to an indigenous capitalistic agrarian system, in fact the demands and constraints of the international finance system have slowed or halted capitalist expansion in agriculture, it has aided more ominous forms of entrepreneurial activity.

Bayart's point about the politics of the belly, is pushed in his latest book, *Criminalization of the State in Africa*, where he argues that process of criminalization is the dominant trait of government in Sub-Saharan Africa: "The state has imploded under the impact of economic crisis and the loss of legitimacy of political regimes. State sovereignty is eroding and the capacity to govern is diminishing. In that diminishing space governments are more often surreal than real" (Bayart 19).

Disregarding the question of what is meant by the term criminal (all states, one could argue, have been at some point "criminal")[7], Africa, excluding South Africa and a few oil producing states, is completely peripheral to the "official" world economy. However, the continent remains highly integrated in terms of illegal and illicit economies. "criminalization," at the level of metaphor –whether that be diamonds, gold, drugs, guns, oil or coffee and car parts– is suggestive. The criminalization of the african state expresses an aspect of africa's place in the global economy and is reflected in the selling off of major national assets to foreign and multinational companies, and the loosening of political and legal controls over exports and so forth.

The three-year long intra-continental conflict, called africa's first world war (see Fisher and Onishi)[8], involving

---

7. Despite Bayart's almost racist contention that the rise in criminal activity is aided by "trickster" elements in african culture (cfr. Bayart, 36-7).
8. The term was first used by the Assistant Secretary for African Affairs, Susan Rice, at a keynote address sponsored by the Institute of African Studies at Columbia University, New York, October 1998.

eight african nations directly and many other indirectly in the D. R. Congo is either about security, spoils or both. It is not only a criminalized state, but has become a whole set of criminalized fiefdoms ruled over by armed groups backed by nations.

VI. CIVIL SOCIETY AND DEVELOPMENT

The conceptual shift from "state" to "civil society" as the new hope for development simply obscures how "civil society" is a conceptual grab bag ranging from venture capitalists and smugglers to missionaries and sincere human rights advocates. The loosening of financial regulations for speculation is performed under the cover of the "NGO", another amorphous concept of anything that isn't governmental, which means that genuine advocates vie with organizations simply set up as a front for laundering funds from aid agencies. NGOs are mostly undemocratic, accountable to head office which is often in New York or Brussels, Paris or London not the locales they drop into. In the main they do not encourage local initiatives but are embedded in a development narrative which looks to local elite and helps exclude and depoliticize the mass of the people. NGOs are not that independent from the government. In many countries western NGOs set up their own african NGOs out of the ranks of former state officials and the NGO maintains strong relations with government ministries. The "corrupt" state has been replaced by a whole array of "corrupt" NGOs and groups, which once learning the rhetoric of the donors claim to represent "development," another ideologically loaded concept which needs to be deconstructed. External development agencies, by creating an object of underdevelopment, objectify the people and depoliticize a social reality. The ability to change and determine their own lives is taken out of the people's hands. To the detriment of the poor "development" supports a collusion between the foreign aid system and the indigenous bureaucracy and elite.

VII. RWANDA

The logic of criminalization, marginalization and state collapse on one side and poverty and conflict, on the other, is not an absolute one, yet Rwanda's staggering figure of 93% rural poverty was certainly a factor in the massacres of 1994. In terms of the UNDP human development index, which is an amalgam of life expectancy, literacy, and living standards, Rwanda ranks at the bottom. *Though exceptional the Rwanda genocide was not an exception but an extreme expression of an underlying material condition.* As Peter Uvin argues, "development" aid interacts with elite reproduction and political exclusion and carries with it a profound risk of violence. Rwanda was an extreme expression of the consequences of the development paradigm. It was seen as a model developing country that could succeed if it has the right mix of resources:

> Unfortunately, the development aid system is not simply ineffective, unsustainable, limited, and uncertain in its impact [Uvin writes, p. 143]. It contributes to the processes of structural violence in many ways. It does so directly through its own behavior, whether unintended (as in the case of growing income inequality and land concentration) or intended (as in the condescending attitude toward poor people). It does so indirectly, by strengthening systems of exclusion and elite building through massive financial transfers, accompanied by self imposed political and social blindness. Once more, most of what I discuss here applies to all of Africa, and not solely to Rwanda.

Though the underlining "ethnic" structure of the Rwandan state, for example, might have helped create an ideational channel and ferment for the 1994 massacre, one needs to consider the political, social and historical context. Rwanda is one of the world's poorest nations with a rapidly increasing population coupled with decreasing agricultural productivity, few opportunities and uneven government support for rural areas, exacerbated social tensions. This, combined with a drop of tea and coffee prices in the late 1980s and structural adjustment policies implemented in 1990, led to even harsher living conditions and eroded the government's legitimacy in the eyes of the people. While these factors in themselves did not create sufficient conditions for the outbreak of civil war or the genocide of 1994, they were instrumental in the build up of tension and grievance in a country with a history of social and ethnic divisions and recurrent communal violence (see Anderlini and Rupersinhe).

An additional explanation for the massacre in Rwanda is a transfer of assets with the centralized despotic state operationalizing the terrible scenes against its own citizens. This transfer was a reaction to rising inequality. The World Bank's data that Rwanda was the most egalitarian country among the world's low income countries is simply wrong. Instead inequality rose sharply from the mid 1980s on and the state played a central role in controlling people's movements and excluding people from acquiring land. From the late 1980s opines Uvin, "life in Rwanda had become devoid of hope and dreams" (117).

Some have argued that because 600,000 Tutsi and 500,000 Hutu were killed it was not strictly speaking a genocide (i.e., killing along ethnic lines). Though ethnic identity was part of the propaganda of the massacre propagated by the vitriol of state run radio, and the post colonial state continued a system of ethnic identification, it was the pressure of its collapse that provided the context and the employment of the killers. On top of a declining economy and increasing poverty, an external threat was magnified by an increasingly desperate ruling elite willing to maintain power by empowering a murderous force. What is more, what else could explain the numbing accounts at the Arusha tribunal that the murders always arrived at 9:00 a.m. and left 4:00 p.m., than that these men were employees of the state and who looked on this work of murder as their job. Moreover, what had to be accounted for was a property transfer: a knowledge of who was killed and what property they had. But this transfer also got out of control, in other words, the killing of your own wife and children as acts of loyalty expressed the rationality of ethnic cleansing and in Bayart's terms the eating of your own assets.

At stake in this small, highly populated, land-poor state, was transferrable property. This is an aspect of the criminalization of the state that Bayart does not discuss. Thus when we think of conflict resolution and the notion of reconciliation and truth, we have to think not only of perpetrators but of the beneficiaries of conflict?

The Rwandan conflict, which some say has not ended, was simplified because the "Hutu-power" government was militarily defeated. It was only after that defeat that the international community, including the French who had backed the genocidal regime, abrogated the former government's claim to legitimacy.

Thus, we can say that the state is central to the conflict and the defeat of the state as a political regime is central to its resolution. The new state regime in Rwanda has to deal not only with questions of property and law, but property claims that are linked with accusations of murder or collaboration. The Arusha tribunal has been quite slow in bringing murderers to trial, partly due to the extent of the massacre, partly due to a lack of capacity, partly due to the trauma of the event and partly due not only to the pain of memory but the politics of memory and silence. How does one rebuild the institutions of government when all of its departments were tarred with the brush of murder? So too civil society, the Church, entrepreneurs, farmers, and so forth. In Germany after World War 2, there was a process of denazification, however problematic, it was sanctioned by the intentional community, which pumped in massive resources to build that society. What resources have been given to Rwanda? In the context of continuing rebel incursions, the new government has become increasingly authoritarian and militarized. It remains not the government of the people, but of the military victors, where even the victims are suspects.

VIII. SOUTH ÁFRICA

At the same time as the Rwandan massacre we witnessed a "miracle" of South Africa's transition from Apartheid through an elite negotiation. Central to this transition has been, in the context of one of the most unequal societies in the world, the absence of property transfer. A unique character of conflict resolution in South África has been the Truth and Reconciliation Commission. More extensive than other tribunals, one limitation of the TRC is its limited focus on the period since 1960. This has meant that its concern has been the action of the security forces rather than the structural legacy of apartheid. The fundamental issue of the economic victims of apartheid has not been addressed. South Africa remains a country where the majority is poor, where the question of land, which goes back at least to the land act of 1913 (which disinherited the vast majority of africans), has not been properly addressed.

115

What also hasn't been fully confronted is how to empower the generation of youth who helped bring apartheid to its knees and mobilized under the slogan liberation before education. The young people mainly unemployed, criminalized and demoralized, have almost been written off as a "lost generationx". Excluded from the post apartheid dispensation many of these youths have turned to criminal activity as the only way out of dire economic situations.

IX. Youth

It may be commonplace to say that youth represent the future. But in the african context this is particularly true because the majority of the population is under 25 years old and most have experienced, if not war, the crisis of the post colonial nationalist project and with the end of its expectations including, for the urban middle class, the idea that education could provide a secure government job. There is a disconnection between education finding work.

Whether it is the Senegalese youth, who cleaned up the city in the early 1990s or the South African youth who fought apartheid day after day, they expressed a social imagination and social vision of reconfigured spaces in which they took action and were protagonists. Within these spaces an idea of democracy and a new culture was prefigured, if only contradictorily. Unconnected to social movements and ideas of social and economic justice, these same youth can easily turn to the nihilism and cynicism.

X. In Place of a Conclusion

Perhaps the logical conclusion of Africa's marginalization from the engine of the world economy is to embrace it. Is it at all feasible today? In Claude Ake's last book before his death he counter-intuitively argued that marginalization is what Africa needs right now. By that he meant a humanist program of development based on self-reliance and empowerment, drawing the best from what he called "african traditions" of local democracy and conflict resolution. An agricultural strategy with a small holder focus based on efficiency and productivity rather than profit would be central. This may all seem like pie in the sky especially for his homeland Nigeria with its oil politics and its massive urban culture, yet despite rapid urbanization, the majority of Africa's labor force is still engaged in subsistence farming. Ake reminds us in his conclusion that Sub-Saharan Africa is mired in one of the deepest and protracted crises in modern history. The crisis has been phenomenonally, tragic, harsh and demoralizing for the majority of people. For the first time, Africa cannot feed itself. Thus for Ake, part of the material basis of conflict resolution is a new attitude toward agricultural production and toward those who work in agriculture.

It is common knowledge now that donor relief has actually prolonged conflict in Africa (DeWaal, Uvin), but it is less known that close to 43% of Africa's population lives in the dry land areas, often with high population concentrations. On the face of environmental factors one would expect continual crises, yet it is the involvement of Western governmental and NGOs that has prolonged famines. Over the past decade, Africa is the only continent where you have an *increased decline* in per capita food production.

It might be better if the West does nothing, argues Alex DeWaal, a leading expert on the disaster relief industry in Africa, because it will help relocalized political responsibility (DeWaal 216). In the face of the reality of food crisis ordinary people continue to struggle taking local initiates to food production, using local knowledge of climate prediction and attempting local solutions to the myriad crises. One should not make a virtue out of a necessity. In many cases these are the only options. In the dominant worldview Africa is marginal, but among emergent worldviews in the North, like those expressed in movements against the World Trade Organization or among the African diaspora in the Americas, for example, new ideas and emerging connections are being made between social movements North and South and South and South.

Conflict resolution depends on a fundamentally different attitude in the transmission of knowledge and truth that while international in cognition involves a dialogue at the local level. At the heart of Ake's prognosis is readdressing the relations between rural and urban. Nationalist parties have been centered in the urban areas basing their support on trade unions and civil servants. Thus, keeping the cities fed has remained a political necessity for post colonial regimes. This privileging of the cities has come at the expense of rural areas and small farmers who often were paid below market prices for their crops.

Is the "nation" the form the struggles for popular control will take in the future? It is not coincidental that the "land question" remains politically sensitive in Kenya and Zimbabwe, for example, two nations that had significant armed struggles against settler colonialism but where national liberation did not bring equitable land redistribution. Mugabe plays the race card in Zimbabwe, but the land question is as much a class issue (that is between Zimbabwe's African elites and the mass of people).

To understand the present situation in Zimbabwe one has to disconnect the land issue from the Mugabe issue. Land is a long term issue that goes back to the British expropriation of the best lands over 100 years. It was central to the war of liberation and was not resolved at the Lancaster House agreement where the British promised to help subsidized buyouts. Mugabe is using the land issue to help with his chances for re-election but this does not mean that the question of redistributing land is not a valid one. Second, the importance of land at this present time is also a result of a deteriorating economy in which agricultural production still plays a major role. To put the problem back together again, the question is, how will Mugabe address the issue and how he will redistribute land if he is elected.

The politics of food in Zimbabwe presents us with an example of the dialectic of external and internal economics and politics that I have been arguing is important to understand the state and conflict resolution in Africa today. In the immediate post liberation period, agricultural reforms in Zimbabwe produced what has been called a "Zimbabwean Miracle": overall grain supply trebled. Yet the policy of obligatory grain purchases by the Grain Marketing Board (GMB) created a financial burden for the state that in the context of structural adjustment was not acceptable (even though similar institutions exist in Europe and the U.S.). The result undermined Zimbabwe's ability to resist drought-induced food shortage. But this wasn't simply a result of external policies. In the early 1990s the government refused to recognize the impending food crisis and enthusiastically continued to sell off its grain surplus. Thus neo-liberal economic policies provide the context, but the lack of democratic accountability in Zimbabwe, particularly in the rural areas, and especially in Matabeland, proved nearly disastrous.

Solutions to complex emergencies can only come through opening up new lines of communication and including the excluded, especially workers in the rural areas, in political decisions. The phrase "African solutions to african problems" means that successful initiatives to conflicts must come from africans. This is not because african conflicts are only knowable to africans but because solutions must be political and involve accountability. The internationalization of conflict resolution is not positive as far as these (U.N., aid organizations and other NGOs, etc.) are unaccountable. Yet "africanizing" responsibility does not mean giving support to authoritarian regimes that claims to speak for the people against "imperialism". Thus external organizations must play a political role, openly supporting internal initiatives for conflict resolution, initiatives that support democracy and human rights that are based at the grass roots.

It has been argued that colonial states represented the primacy of territoriality over ethnicity and thus the existence of post colonial nations requires a shared experience of ethnicity, language or experience of war. Surprisingly, Sierra Leone, D. R. Congo and Nigeria, to take three examples where one might expect virulent secessionist movements, there is a profound sense of national identity. National identification remains important even if the nationalist project has been discredited and the pressing issue is one of social justice. On the other hand, where the post colonial state might be breaking up, it is not heralding a new beginning: In this interregnum very many morbid symptoms have appeared (Gramsci 276).

Forty years ago Frantz Fanon spoke of the pitfalls of national consciousness which expressed the wish to turn the world upside, to take the place of the colonizer, but not to fundamentally change the social structure. He mentioned that if national consciousness was not deepened into a humanism with a social and political program, into, in other words a positive program, it would quickly degenerate. That perspective is still valid. A reconfigured inclusivist notion of "nation" is needed.

Ake's goal was to create new forms of development through drawing on the energies of the people, creating transparent forms of government that responds to the people's needs. He concludes suggesting that: "If Africa is marginal to the rest of the world that is as it should be. The problem is not, as often imagined, Africa's marginality to the rest of the world by the marginalization of africans in the development of Africa".

Yet not all Áfricans see themselves as marginalized, and here I am not talking about the globalized african elites but the african youth who look both internal and externally for sources of culture. Whether it is the Sierra Leonean rebel, the school girl in Madagascar, the street youth in Senegal or in a South African township, their experience is a hybrid one. Music, video and film, for example is consumed, created and translated in a global frame. The new movements for social justice in the North and South mark a new sensibility and possibility of cooperation with high speed internet connections.

To conclude, conflict resolution must establish physical safety, rein in the guns, disarm the militaries, and disable the landmines. But more, to really resolve conflict requires a democratic process and a new humanism and a critically engaged intelligentsia. Conflict resolution has to be allowed to begin at the local level. The state, as far as it has autonomy, should empower local negotiation and challenge local forms of government to become arenas of public dialogue.

ÁFRICA O LA ETNICIDAD MANIPULADA

Madeleine A. Labeu Alingué
Profesora-investigadora Cipe, Facultad de Finanzas,
Gobierno y Relaciones Internacionales
de la Universidad Externado de Colombia

Con el fin de la era bipolar y la definición del proceso de globalización nos hacemos testigos de un nuevo acontecer internacional, que los analistas definen como el período del *retournement du monde*[1], con el surgimiento de nuevos actores internacionales que plantean otras pautas de intercambio. Las culturas, en este escenario, son las nuevas protagonistas de este actuar internacional cuyo eje movilizador son las identidades. Por eso, frente a los movimientos separatistas de Europa central, el peso cultural del conflicto ha suplantado en muchas ocasiones lo ideológico, lo político, lo económico y lo social.

Sin embargo, África, el continente por excelencia de los conflictos étnicos o culturales, tiene un referente diferenciado ya que la fuerte connotación cultural que se le ha dado, a las situaciones conflictivas surgidas en los años 80, pone no solamente en dificultad el proceso de globalización sino que cuestiona la universalidad del sistema democrático.

---

1. Bertrand Badie. *Le Retournement du Monde*, Presse de la Fondation Nationale des Sciences Politiques & Dalloz, Paris, 1995.

A la marginalización económica y política del continente del escenario internacional se añade la incomprensión de los nuevos sucesos culturales. Hablar de cultura en África lleva a la temática de la diversidad étnica. Según el enfoque dado a la problemática africana, en el contexto actual, la literatura especializada relaciona lo "étnico" con "conflictividad". Liberia, Somalia, Etiopía, Ruanda, Burundi, para citar los más divulgados por los medios de comunicación, son los casos en los cuales lo "étnico" se vuelve responsable del "conflicto".

Las tres principales interpretaciones que llegan a esta conclusión son: primero, que África, después de sus dos períodos de luchas, la de la independencia y luego la de la guerra fría, ha alcanzado su fase de conflictividad étnica o tribal; segundo, que el factor étnico es un cómodo y sencillo instrumento para justificar el desinterés de las potencias frente al acontecer africano; y tercero, que las crisis africanas no son síntomas de descomposición sino de búsqueda de equilibrios[2]. Equilibrios étnicos después de las perturbaciones introducidas por su historia colonial y la descolonización, la crisis del Estado importado con su modelo de organización de la sociedad, la crisis de conceptos como el de "nación", la adecuación de diferentes comunidades étnicas bajo un sistema político común, consecuencia de la delimitación arbitraria de las fronteras y el concepto de "desarrollo" con la reinvención de las formas de funcionamiento de la economía.

En este estudio me dedicaré, en una primera parte, a observar y analizar los sucesos y procesos de las identidades étnicas durante el período colonial para resaltar sus diferentes interpretaciones; en segundo lugar, enfatizaré sobre cómo los colonizadores rompieron los equilibrios

---

2. Howard W. French. "Emerging Regional Powers Challenge Africa's", *The New York Times*, 24 de octubre de 1987.

existentes para adecuarlos a sus administraciones. Y, en una última parte, examiné los mecanismos de integración o de exclusión aplicados por los nuevos Estados para manejar el delicado tema étnico.

Este análisis tiene por objetivo plantear, bajo la óptica poscolonial, que la colonización ha sido el factor principal de la creación del sentimiento étnico como arma de segregación y desintegración dentro de un sistema donde las fisiones o fusiones culturales eran, según los principios de convivencia existentes dentro de los sistemas políticos precoloniales africanos, las formas más saludables de vivir la diversidad étnica.

I. DE LA DIVERSIDAD HOMOGÉNEA A LA SEGREGACIÓN INVENTADA

Desde finales de los años 50 hasta mediados de los 70 se iniciaron los procesos de independencia de los pueblos africanos. En todos los nuevos países la prioridad radicó en la construcción del Estado-nación.

Para los países recien independizados, la mayor problemática heredada de la colonización fue y es la delimitación arbitraria de los territorios. El nuevo diseño de las fronteras, consolidado a través de la Conferencia de Berlín en 1884, rompió la continuidad de ciertas sociedades indígenas y reunió otras que nunca antes habían convivido bajo un mismo sistema político. Muy pocos son los casos en los cuales la delimitación territorial coincidía con los límites políticos de las sociedades indígenas[3]. Excepciones dicientes, pero que requieren mayor investigación, son los casos de Lesotho, Swazilandia, Ruanda y Burundi.

---

3. Michel Foucher. *Fronts et Frontieres: Un Tour du Monde Geopolitique*, Fayard, Paris, 1991, p. 44.

Así, antes de la penetración europea en el continente, las fronteras de las sociedades indígenas eran fluidas y permeables y las fisiones o fusiones eran muy comunes. Un imperio tan grande como el Malí medieval –de superficie superior a la Europa no rusa– estaba encuadrado por los maninka o *manding*, pero en su seno se hallaban pueblos pastores como los pehl o fulbé, agricultores como los takrurí y wolof, pescadores como los somono y sorko, e incluso antiguos reinos que preservaban sus instituciones y ejércitos, como los soninké de Dia y los sonray de Gao. Otro ejemplo es los Karanga del Mwene Mutapa (El señor de las Conquistas) en el sudeste continental, quienes en el siglo XV controlaban militarmente todo el curso medio y bajo del Zambeze, y mantenían sometidos a los pueblos que les habían precedido en el área, pero procurando, muy diplomáticamente que la esposa principal del rey fuese siempre una tonga, una mujer de los antiguos pobladores vencidos.

Tampoco, en el siglo XVI, la hegemonía política de los sonray en el Níger medio suponía la imposición de una lengua ni la uniformidad religiosa o judicial sobre pueblos tan dispersos como las ciudades Haoussa, el Agadés de los touareg o las ricas ciudades mercantiles de Djenné y Timbuctu. En el África clásica, los sistemas políticos vivían la diversidad como un hecho normal, sin excesivas fricciones.

La penetración europea, resultado principalmente de las variaciones de las condiciones políticas y económicas mundiales, y la obsesión por acaparar los bienes materiales, dará a la relación euroafricana un marcado acento mercantil. El establecimiento generalizado de plantaciones en América y el exterminio de gran parte de los pueblos amerindios definirá la demanda, en proporciones industriales, de esclavos africanos considerados buenos agricultores y bien adaptados a los climas tropicales.

La colaboración de los poderes costeros negroafricanos –estatales y de clanes– para fortalecer su prestigio y riqueza condujo a un sistema endémico de guerras. Además, con la militarización generalizada de los pueblos entre los siglos XVI y XIX, la posibilidad de conquistas para la obtención de mano de obra esclava para la exportación generó tensiones interclánicas y, sobre todo, llevó a un lento proceso de crispación social que paralizó la demografía (se estima en más o menos 200 millones las deportaciones humanas a lo largo de los cuatrocientos años de trata negrera; de 95 millones de habitantes en el continente en 1550, solamente se llega a 90 millones cuatro siglos después, según el censo del año 1900), brutalizó los comportamientos y banalizó la vida humana. Los pueblos de la zona fueron, sin excepción, afectados por la guerra, la inestabilidad, el endurecimiento en las reacciones de dependencia, el abandono de numerosas tareas agropecuarias, la marginación y la transformación del pensamiento religioso y artístico en sistemas de terror y coacción.

Dados estos antecedentes, la experiencia colonial, que duró menos de 100 años, establecerá en África subsahariana nuevos mecanismos de intercambio y dominación del continente.

El acercamiento a las poblaciones indígenas se hizo en forma indirecta, a través de los jefes estatales o clánicos, para mantener controladas las poblaciones locales. Con mayor o menor propensión al centralismo administrativo, los colonizadores tuvieron que llegar a acuerdos con los jefes políticos y religiosos, sin cuya colaboración las revueltas habrían liquidado cualquier beneficio. Y esto no fue suficiente, porque tuvieron que recurrir a la formación escolar de pequeños núcleos de africanos para desempeñar un papel subalterno en la administración, el ejército y en tareas de intérpretes. Éstos eran grupos de occidentalizados capaces de entender la lógica moderna colonial y las maneras tradicionales africanas de pensamiento y de acción. A esto se llamó la política de "asimilación" de los franceses o la *indirect rule* (gobierno indirecto) de los ingleses.

El pequeño sector de occidentalizados, salido de escuelas públicas o misioneras, tendría siempre una función ambivalente para el sistema colonial: de un lado, eran reconocidos por la población como jóvenes en ascenso social y por lo tanto bien situados para facilitar favores y ayudas; del otro, tenían de sí una alta concepción en cuanto a modernizadores de sus pueblos, aquéllos que juzgaban atrasados según la óptica de sus maestros. Esta ambivalencia se reflejaba en sus labores, puesto que ayudaban a la preservación de la ley y del orden, transformando las leyes civiles tradicionales en beneficio del poder colonial, imponiendo impuestos y proveyendo hombres para los requerimientos de construcción. Los occidentalizados nunca perdieron la conciencia de su peso político en el conjunto de la población, en cuyo seno buscaron apoyo en la lucha para la independencia, pero sobre cuyos comportamientos tradicionales tenían graves reparos. Esta ambigüedad fundamental, forjada a comienzos de nuestro siglo, sigue siendo hasta nuestros días el talón de Aquiles de los países africanos, fracturados entre minorías occidentalizadas que sueñan con una modernización al estilo colonial y la mayoría de la población que no entiende ni el individualismo ni la concepción capitalista del trabajo.

Dado los imperativos de la administración colonial, a estos dos primeros sistemas de división, el del apoyo de los jefes y el de la creación de un sector de occidentalizados, se añadirán otros que agudizarán las tensiones interétnicas.

Primero, la localización de las zonas de explotación comprobó que el impacto de las leyes coloniales variaba dentro de los territorios: lo más típico era que las zonas costeras fueran propicias a desarrollos administrativos más importantes, con mayor actividad comercial y una presencia educativa y religiosa más intensa. Casos como los de Costa de Marfil y Nigeria, en donde los norteños fueron desvinculados de los procesos de desarrollo, o de Kenya con los kikuyu, el Congo Belga, Chad, Ruanda, entre otros[4]. Las poblaciones desfavorecidas guardaron resentimiento frente a los privilegios, lo que reforzó el sentido étnico para la lucha en procura del reconocimiento político y de una mayor redistribución económica.

Segundo, el funcionamiento de la estructura colonial dependía mucho del papel de los jefes, pilares e intermediarios obligados de la dominación, lo que llevó a los colonizadores a pensar que las poblaciones necesitaban ser dirigidas por jefes naturales o a inventarlos en donde no los había. El caso más relevante es el de Sudáfrica: para controlar el retorno de las poblaciones a sus lugares ancestrales después de las rebeliones del Mefcane, los europeos crearon una forma de *indirect rule*, reagrupando estas poblaciones en reservas. Como no tenían un representante único, los administradores europeos, pensando en esa supuesta necesidad de los pueblos a ser gobernados por jefes, nombraron como representante único de diversas comunidades étnicas a un occidentalizado con poderes de control local. Así, la invención étnica sirvió a los intereses del sistema de dominación.

Esta dinámica de reagrupamiento condujo igualmente a la creación de lenguas vernaculares o "patoi", que con el paso del tiempo llevaría las poblaciones a una identificación con un grupo lingüístico, como el swahili en Kenya o el funigalore en las zonas mineras de Sudáfrica.

---

4. David Welsh. *The Roots of Segregation*, Londres, Oxford University Press, 1971, pp. 7-30.

II. El "intercambio hegemónico"[5]

A la hora de la independencia, el líder nigeriano Obafemi Awolo decía en 1947 que Nigeria era "una mera expresión geográfica"; la problemática era crear una identidad nigeriana. La diversidad interna de Nigeria y los problemas que revelarían para la construcción de la nación eran comunes a los nuevos Estados independizados. Comparativamente hablando, los Estados europeos enfrentaron estas contradicciones culturales de manera muy distinta, pues el tiempo y los mecanismos de integración nacional se fueron dando de forma más progresiva. Es decir, que los logros obtenidos se dieron a fuerza de luchas graduales, en el contexto de unas condiciones socioeconómicas definidas que podían permitir avances a nivel de la consolidación de una cierta identidad nacional.

La situación africana después de las independencias era muy distinta, pues a África no se le había dado el tiempo de madurar sus procesos evolutivos; al contrario, la posición africana siempre fue de reacción a situaciones externas (la penetración europea con sus resistencias armadas, el repliegue hacia sí por protección o la colaboración con el imperialismo económico y cultural europeo), en donde nunca hubo conformación de entidades administrativas estatales que hubieran podido canalizar las diferentes fuerzas étnicas bajo el solo lema de la creación de la nación. En África el subdesarrollo económico, la escasez de recursos humanos calificados y las estructuras administrativas establecidas por el poder colonial no eran adecuados para ofrecer la posibilidad de un desarrollo propio. Estos fueron los elementos encontrados por los nuevos dirigentes para la formación y consolidación del

---

5. Expresión tomada de David Rotchild. *Politics and Society in Contemporary Africa*, Nueva York, Boulder, Lynne Rienner, 1992, p. 127.

concepto de nación. Adicionalmente, al obtener sus independencias los Estados africanos en su mayoría se dotaron de instituciones democráticas. Cabe añadir que la preparación de los occidentalizados para manejar la autonomía gubernamental ofrecida por los poderes coloniales variaba: los ingleses y los franceses hicieron más que los belgas, que intentaron algo en los últimos años de su dominio, y que los portugueses, quienes no hicieron aportes significativos.

En el marco de los estudios sobre etnicidad en África subsahariana, una de las tendencias más importantes ubica el origen de la etnicidad en el periodo colonial. Autores como Jean François Bayart sostienen que "la consolidación de las identidades étnicas son incomprensibles si son separadas del régimen colonial"[6]; esta afirmación está fundamentada en los trabajos de Leroy Vail en su libro *La creación del tribalismo en África subsahariana*, quien afirma que "la etnicidad no es un residuo cultural natural sino una creación ideológica calculada"[7].

Esta teoría "constructivista"[8], a pesar de dar respuestas más profundas que las teorías "primordialistas" (etnias rígidas) e "instrumentistas" (manipulación total del papel de las etnias), no resuelve todas las inquietudes sobre, por ejemplo, las diferencias en las decisiones ideológicas tomadas por individuos que aparentemente han tenido trayectorias similares. Ejemplos no faltan: a finales del

---

6. Jean-François Bayart. *L'Etat en Afrique; la Politique du Ventre*, Fayart, Paris, 1989, p. 51.
7. *Ibid.*, pp. 7, 12 y 13.
8. Según el trabajo de Craford Young. *The Politics of Cultural Pluralism*, University of Wisconsin Press, 1976; Leroy Vail propone una nueva versión al entendimiento global de la problemática étnica en el África, pues introduce el período histórico de la colonización que nunca había sido considerado por los analistas como elemento formador de las etnicidades. Para muchos autores la preservación de los grupos étnicos era representativo de la poca capacidad africana a establecer vínculos con otros grupos y por ende de su arcaísmo.

siglo XIX, en el Natal, la clase de los pequeños burgueses africanos despreciaba el "tradicionalismo" y como buenos cristianos buscaban adquirir un estatus equivalente al de los colonos. Alcanzarlo significaba distanciarse al máximo socialmente de sus orígenes y familiares. En Kenya, la base fundamental de las agitaciones políticas kikuyu era la Asociación Central de los Kikuyu (creada en 1924), de la cual Jomo Kenyata era una figura dirigente. Pero, como lo señala David Welsh[9], solamente cuando la Asociación fue considerada ilegal, sus dirigentes apoyaron la Unión Africana de Kenya (creada en 1944), una organización que reivindicaba los derechos de todos los africanos con una base étnica mucho más amplia.

Es obvio que el poder colonial cumplió un papel importante en la creación de las etnicidades: de un lado, las disputas son tautológicas puesto que el concepto de etnicidad es por definición un concepto relacional. El hecho de que las estructuras administrativas coloniales reagruparan una diversidad muy amplia de comunidades étnicas en espacios definidos, hacía que las interacciones entre ellas fueran inevitables, dando por sentado que las sociedades precoloniales no eran inertes sino en pleno movimiento, con la existencia de relaciones comerciales y de alianzas realizadas en períodos de guerras.

Generalmente todo proceso de fisiones y fusiones, conquistas, dominaciones y absorción sugiere que las fronteras sean fluidas y permeables, contrario a lo que el concepto primordialista de etnicidad nos quiera sugerir.

En muchos casos la contribución del poder colonial a la etnografía fue directa. Los igbo en Nigeria y los kikuyu en Kenya son casos de sociedades indígenas que se consolidaron realmente sólo después de las presiones europeas y se estructuraron en movimientos políticos[10]. El sentido

---

9. David Welsh. *The Roots fo Segregation, cit.*, pp. 94-319.

de ampliación de las comunidades igbo o kikuyu sucedió únicamente en reacción a la dominación colonial (apuntando a que conceptos como los de igbo, ovambo, kikuyu, xhosa o shona no hacen referencia a grupos solitarios y monolíticos sino a unas categorías amplias y fusionables). Los mfengu en Sudáfrica son una amalgama de poblaciones diseminadas por las revueltas y asociados con los Mmfecane y localizados en el Ciskei[11].

Aún más relevantes son los casos de creación étnica por equivocación. El ejemplo clásico es el de los ngala en Zaire. Ngala fue el nombre utilizado por los comerciantes y exploradores europeos para definir a los ribereños en la costa norte del Congo, denominación que progresivamente se transformó en un termino genérico de los europeos para describir a los africanos de la zona, reclutados al servicio del Estado y apostados alrededor de las misiones o en las fronteras. Eso llevó a una identificación de los africanos que tenían estas características sociales.

Sin duda alguna, la administración colonial deliberadamente estableció bases para no crear un sentimiento de nacionalismo territorial. En Nigeria, por ejemplo, el norte y el sur fueron dejados de forma voluntaria a un relativo aislamiento para que no hubiera intentos de promover un amplio sentido de pertenencia. En Sudán, otro escenario de conflictos, los árabes del norte y los negros africanos cristianos ubicados en el sur eran administrados por separado, por lo que las tres provincias del sur gozaban de un estatus de desarrollo especial. El Islam dominaba en el norte y los misioneros convertían a más del 25% de las poblaciones del sur. La paranoia de una posibilidad de organización nacional llevó a los ingleses a no dejar circular

---

10. David Welsh. "Etnicity in Sub Saharan Africa", *International Affairs*, 72, 3, p. 481.
11. *Ibid.*, p. 481.

libremente la población entre las dos regiones. Ejemplos más concretos son las negociaciones que condujeron a la independencia de Nigeria en 1956, caso en el cual los ingleses trataron separadamente con los norteños, quienes obtuvieron de los ingleses la renuncia a mantener el estatus especial del sur. Consecuencia de ello, entre otras razones, es la continua guerra civil en la región.

En otros sectores en donde los conflictos violentos son endémicos, una similar responsabilidad europea puede ser otorgada. En Burundi y Ruanda, por ejemplo, la administración colonial belga puso en desequilibrio el delicado balance sobre el cual se basaban los hutus y los tutsi. Según René Lemarchand[12], los belgas entendieron que la estructura tradicional en Burundi era un sistema de estratificación mucho más rígido que el de Ruanda. Al mantener sometido el tradicional poder hutu frente al sistema monárquico de los tutsi, el Estado colonial alteró el sistema político preexistente de acopio en beneficio de los tutsi y aseguró que el frágil balance entre la cohesión y la crisis tomara la dirección de la conflictividad. Lemarchand refuta la idea de que las raíces del conflicto entre tutsi y hutus estén basadas en el pasado precolonial y afirma que el inicio fue la competencia desencadenada por los procesos posindependendistas.

En el caso de Uganda, el tratamiento especial acordado a Baganda[13] y la aplicación de la *indirect rule* a ciertos imperios han complicado seguramente la búsqueda de un sentido más amplio de la identidad ugandesa. Una sorprendente mayoría de las poblaciones de Baganda boicotearon las elecciones preindependendistas de 1962 y

---

12. René Lemarchand. "Burundi in comparative perspective: dimensions of etnic strife", *The Politics of etnic conflict regulation*, de John Mc Garry y Brenda O'Leary, Londres, Routledge, 1993, pp. 155 y 156.
13. Región minera.

siguieron afirmando y reivindicando su estatus especial hasta el golpe de Estado realizado por Milton Obote en 1966, quien normalizó la situación con respecto a las otras regiones. El autor D. A. Low escribe que "sin lugar a duda la experiencia colonial reafirma el sentido de identidad de Baganda, manifestándose por tensiones y revueltas en contra de los ingleses, y propiciando movimientos separatistas después de la independencia"[14].

La administración colonial pudo desarrollarse únicamente a través de la cultura de la diferencia y las particularidades de las sociedades colonizadas, por lo que los intentos de "nacionalismo" eran percibidos con desconfianza y considerados peligrosos.

Con escasas excepciones, los dirigentes comprometidos en la construcción de la nación evitaron toda posibilidad de federación y de otorgamiento de los derechos de las minorías y de otras etnias que buscaban limitar el poder de los partidos dirigentes. En Nigeria, la federación era inevitable dado que el movimiento nacionalista que contemplaba amplias porciones de la población, fundamentó sus políticas mediante la promoción de un sistema que les protegiera de una dominación hegemónica.

La idea de federalismo fue rechazada casi de manera unánime por los nuevos Estados, que la consideraban una trampa neocolonial, un dispositivo para asegurar que las regiones mejor dotadas continuaran siendo dominantes económicamente y así limitar los movimientos secesionistas.

De forma similar, los nuevos Estados denunciaron el "tribalismo" como un mal que debía ser atacado. La Constitución de independencia de Namibia de 1989 va tan lejos como para afirmar que el "tribalismo" es un "flagelo"

---

14. D. A. Low. *Baganda in Modern History*, Londres, Weidenfield and Nichols, 1971, pp. 233 y 234.

y una "patología" y estipula que el Parlamento y el gabinete deben evitar su surgimiento. El nuevo gobierno de Mozambique declaró en 1975 que era necesaria una ruptura radical con lo tradicional, fenómeno asociado al colonialismo. La Constitución estipuló, en consecuencia, la eliminación de "las estructuras tradicionales y coloniales".

La imposición del sistema del partido único fue considerada como la necesidad más efectiva para promover la cohesión nacional, pero bien se puede afirmar que, en el contexto de búsqueda de liderazgo, este sistema suministraba la forma más legal de eliminar la oposición; además, las racionalizaciones invocadas se fundamentaban sobre el hecho o pretexto de que los partidos de oposición eran "divisores", por estar basados en grupos étnicos y/o apoyos regionales, lo que efectivamente era el caso. A pesar del apoyo de la Organización de la Unidad Africana, que declaró inalterables las fronteras, la paranoia acerca de los movimientos secesionistas perduraron, pues las luchas por las independencias de las regiones como el Katanga o el Biafra continuaban.

La etnicidad ha podido ser un producto heredado del período colonial, como lo afirman autores como Bayart, pero su mayor estímulo proviene ciertamente de las políticas competitivas. La utilización de la etnicidad como fuente política ha llevado a muchos autores a calificarla de "instrumentalismo" étnico e insistir en su factor inventivo (como en el caso de Ngala) o en su aparición por equivocación. Sin embargo, los casos de creación étnica, como pura invención o por imputación, son excepcionales, y todas las etnicidades no pueden ser consideradas de forma similar.

Tratándose de la evaluación político-ideológica de la etnicidad en África en nuestros días, se podría referir el nuevo fenómeno de "tribalismo político" utilizado por los propios Estados para sentar su poder a nivel interno. El llamado "tribalismo político" es un proceso que destruye toda posibilidad de vida civil en común, expandiendo el odio y la guerra entre los pueblos, bajo el signo del identidad étnica más feroz. Casos como los de Liberia, Somalia, ex Zaire y, en grado menor, Ruanda, son expresiones de las violencias promovidas por este tribalismo político. Los líderes, en sus empresas político-militares, son apoyados por una importante reserva de combatientes potenciales. Las estrategias de valorizar lo étnico promovidas por los círculos en el poder han conferido al discurso de identidad un importante poder de movilización. La exclusión selectiva de ciertos grupos étnicos y luego la monopolización de los recursos políticos y económicos han asignado una relevancia político-económica a la pertenencia étnica. Esta movilización en torono a la identidad es favorecida por la crisis de la juventud en países como Liberia y el Congo, en los cuales las facciones reclutan la mayoría de sus combatientes. De hecho, en el campo como en las ciudades, los jóvenes viven una situación de doble marginalización. De un lado, se rehúsan al trabajo de la tierra y al sistema de dominación tradicional; de otro lado, no llegan a integrarse en el núcleo urbano por falta de formación profesional. Enfrentados a la problemática del desempleo y excluidos de las redes faccionales quienes han monopolizado el aparato estatal y los sectores rentables de la economía, la juventud que huía del campo se vio excluida de las ciudades. Enganchándose en una facción, los jóvenes adquieren una "profesión" –la del combatiente– que los saca de esta encrucijada. Más allá de las retribuciones materiales, los jóvenes combatientes adquieren un estatus social y una identidad[15].

Los ejemplos demuestran cómo la etnicidad ha sido manipulada como recurso político. Confrontados a los

---

15. Jean Christophe Ruffin. "Les conflits africains: Decadence et risorgimento?", N° 23, Automne, 1996. Relations Internationales et Strategiques.

movimientos étnicos radicales, los sistemas políticos africanos han tenido que institucionalizar formas de integración. El nuevo intento lleva el nombre de "intercambio hegemónico". Donald Rotchild lo define así: "El intercambio hegemónico no es simplemente un caso de coordinación (o control) centralizada pues el Estado africano se identifica por su debilidad y tiene poca capacidad de imponer unilateralmente sus decisiones sobre los grupos etno-regionales; no es tampoco un caso de negociaciones directas con los líderes étnicos elegidos libremente, pues la competencia libre y partidaria fue simplemente marginada. Más bien, como un sistema ideal, el intercambio hegemónico es una forma de coordinación facilitadora del Estado, en la cual el supuesto estado central autónomo y un número menos importante de grupos étnicos regionales y otros intereses están comprometidos en un proceso de acomodación mutua, sobre la base de procedimientos, normas y reglas de comprensión comunes"[16].

Esta perspectiva de interacción política tiene como ilustración dos casos: el de Kenya y el de Costa de Marfil. En ambos casos los líderes en los 60 y los 70 (Jomo Kenyata y Houphouet Boigny, respectivamente) aseguraron que los miembros de sus gabinetes y partidos reflejarían una cierta diversidad étnica[17]. Esencial al modelo desarrollado es el papel del intermediario étnico, cuya función es la de representante de los intereses y reclamos de sus constituyentes étnicos. Muchas de las actuaciones de las asociaciones y los partidos étnicos pueden ser asimiladas como de grupos de interés. Este rol, según los procesos, mostró una capacidad de elasticidad para sobrevivir y

---

16. Naomi Chazan, Robert Mortimer, John Ravenill y Donald Rotchild. *Politics and Society in Contemporary Africa*, Londres, Lynne Rienner, 1992, p. 127.
17. Jeremy Harding. *Small wars, Small mercies:Journeys in Africa Disputed Nations*, Londres, Penguin, 1993.

adaptarse a los cambios de regímenes. En Ghana, por ejemplo, los intermediarios étnico-regionales se han distinguido por su continuidad, primero, en el breve período de democracia parlamentaria posterior a la independencia, manteniéndose durante el sistema de partido único con Nkrumah, luego bajo un período semidemocrático y, por último, bajo el régimen militar.

Virtualmente, los gobiernos siempre han tenido que tratar con las instituciones políticas tradicionales. A pesar de que las jefaturas fueron manipuladas y explotadas a beneficio del control colonial, éstas han sobrevivido de forma notoria frente a los cambios de procesos. En Mozambique[18], en donde el partido dirigente (FRELIMO) ha institucionalizado la eliminación de las jefaturas y los demás movimientos nativos, ha tenido que tratar con ellos para construir "el material y la base ideológica de una sociedad socialista". En Namibia[19], a pesar de la hostilidad al "tribalismo", el gobierno SWAPO adoptó una actitud mucho más pragmática proponiendo la integración de los jefes tradicionales en la función pública y la reestructuración del sistema de sucesión por elección o nombramiento por consenso de las comunidades. Muy pocos son los Estados que han podido manejar la etnicidad de forma democrática. De los pocos casos se pueden citar Bostwana y la isla Mauricio, países que han tenido las ventajas de un desarrollo económico continuo. En la mayoría de los casos, los serios problemas económicos y las duras restricciones de los programas de ajuste estructurales han exacerbado los conflictos, empeorando los equilibrios regionales que son la fuente primaria de las tensiones étnicas.

---

18. *Ibid.*, p. 253.
19. Joshua Bernard Forrest. "Etnic-state political relations in post-apartheid Namibia", *Journal of Commonwealth and Comparative Politics*, Londres, 32, 3, 1994.

III. Conclusión

El derrumbe del Estado en Somalia, la implosión del Estado en Liberia, el genocidio en Ruanda, el conflicto endémico en Burundi, el conflicto sin fin en Sudán y el fracaso de los regímenes, sean democráticos o militares, en Nigeria, todo lleva a afirmar el fracaso masivo en el manejo de la etnicidad.

No se puede sostener que para realizar la construcción de la nación, la mejor y más beneficiosa solución sea la adecuación del desarrollo económico con procesos de acomodación política. Sin embargo, es cierto que la etnicidad encierra temas de división de clases y que la miseria económica agudiza los conflictos étnicos. Los conflictos, de todos modos, son más manejables en circunstancias de desarrollo económico. Lo que se puede concluir del examen de los procesos de desarrollo de los Estados es el fracaso de la construcción de la nación. A pesar del entusiasmo poscolonial de los años 60, en ningún espacio los métodos promulgados para la construcción de la nación han mostrado ser efectivos para crear una unidad alrededor del concepto importado de nación. La etnicidad ha encontrado un nicho en nuestra intransigente realidad. Quizá, soluciones radicales sean necesarias. Wole Solynka[20], el escritor nigeriano, apunta: "deberíamos sentarnos con reglas redondas y compás para definir las fronteras de las naciones africanas. Si realmente hubiéramos pensado evadir estas redefiniciones de las fronteras con la sola creación de la Organización de la Unidad Africana (OUA), seguramente el caso de Ruanda no nos hubiera hecho conscientes de forma tan brutal de la necesidad de este reto histórico".

---

20. *The Economist*, 10 de septiembre de 1995, p. 14.

Quizá se esboza un comienzo con la independencia de Eritrea, y con la aceptación por Etiopía de un regionalismo etnocultural[21]. El derrumbe de Sudán por incompatibilidad de culturas llevaría al más prudente de los analistas a promover la partición arbitraria. Si soluciones radicales fueron propuestas en los casos más desesperados, medidas más moderadas podrían dar a los Estados esta posibilidad democrática anhelada. El caso de la isla Mauricio tiene que ser ejemplo. Las soluciones propuestas por Sudáfrica –reducción de las rivalidades políticas con consecuencias positivas para alcanzar la estabilidad política, arreglos para compartir el poder–, pueden ayudar a la estabilidad y reducir los descontentos, fuente de conflicto interétnico.

La resolución de los conflictos en África subsahariana tiene un marco que va mucho más allá de la mirada de lo étnico. Sea tribal, étnica o nacional, la identidad es el garante del desarrollo de los pueblos africanos y esencial es el reconocimiento de las responsabilidades buscándoles soluciones propias. La historia no se puede rehacer pero puede ser mejorada.

---

21. *Politique Africaine*, N° 65-66-67, Paris, Karthala.

El buen gobierno y las Naciones Unidas

Patti Londoño Jaramillo
Profesora e investigadora, Facultad de Finanzas,
Gobierno y Relaciones Internacionales. Centro de Investigaciones y
Proyectos Especiales-CIPE, Universidad Externado de Colombia

Las Naciones Unidas creadas por 51 países en 1945 cuentan, en la actualidad, con 189 naciones de una gran diversidad. La Organización se ha ocupado a través de la historia de asuntos sociales, económicos y políticos internacionales. Así como ha manejado conflictos internacionales y regionales, se ha esforzado por contribuir a la solución de los problemas sociales y económicos de la mayoría de sus miembros. En ambos frentes presenta triunfos y fracasos, más visibles en el tema de solución de conflictos.

Esta última problemática concentra la razón de estudio de este breve ensayo que mira la experiencia Áfricana y el papel de la ONU en el manejo de crisis, la evolución de los mecanismos y conceptos y trata de deducir algunas enseñanzas para el manejo del conflicto armado colombiano, que comienza a interesar a las Naciones Unidas y a la comunidad internacional en general. Los experimentos africanos son ricos en enseñanzas, tantos los tratados con mecanismos tradicionales de operaciones de mantenimiento de paz como los más novedosos para tratar crisis humanitarias, vigilar y promover sistemas electorales, restablecer las instituciones y la gobernabilidad de los países en crisis interna.

Las acciones de la ONU se enmarcan en su Carta constitutiva, en las resoluciones de la Asamblea General y el Consejo de Seguridad y en los informes del Secretario General, endosados por los Estados Miembros. En este contexto, se desarrolla la diplomacia o acción preventiva que tiene diferentes modalidades y facetas y que se ha convertido en un mecanismo fundamental para el manejo de crisis y conflictos en el mundo. Dentro de la acción preventiva, el concepto de buen gobierno intenta crear un mundo cada vez más homogéneo en estándares políticos y sociales, por la vía de la cooperación y por qué no, en algunos casos, de la fuerza.

I. La ONU y el buen gobierno

La década de los años 90 estuvo marcada por el recrudecimiento de conflictos internos que, poco a poco, ingresaron a la agenda internacional, que se acomodaba a las nuevas realidades aparecidas con el final de la guerra fria y el reordenamiento mundial. Como mecanismo de adaptación, el informe del Secretario General Boutros Boutros-Ghali en 1992 al Consejo de Seguridad introduce en la llamada Agenda para la Paz la posibilidad de gestionar conflictos internos para adecuar a la Organización a las nuevas realidades. Los informes posteriores de Kofi Annan, su sucesor, ampliaron el tema[1].

---

1. Se recomienda consultar los informes anuales del trabajo de la Organización, presentados por los Secretarios Generales así como los textos: Agenda para la Paz (1992), Agenda para el Desarrollo (1995), Agenda para la Democratización (1996), Transición y Renovación (1997) y Prevención de la guerra y los desastres (1999).

En África se han aplicado diferentes mecanismos de paz y seguridad internacionales. La experiencia de Somalia, con el fracaso de la ONU por su parcialidad y por el hecho de no haber podido proteger sus fuerzas de paz, obligó a la Organización y en especial a los miembros permanentes del Consejo de Seguridad a mostrar prudencia en el tratamiento de conflictos internos. Otras regiones como los Balcanes dejan también enseñanzas de recato en las acciones emprendidas por la ONU. Cuando las acciones con cascos azules se tornan peligrosas, es preciso desarrollar otros mecanismos de intervención, más a largo plazo, que logren cambiar las costumbres de violencia y conflicto para que la acción de la Organización sea efectiva y segura. En este orden de ideas, se desarrolla el concepto de buen gobierno.

El concepto de buen gobierno[2], es la pieza central de la diplomacia preventiva. Se utilizan diferentes indicadores para definirlo, entre ellos, los más importantes y relevantes para este estudio son el respeto de los derechos humanos; la transparencia en los procesos políticos; la promoción de la sociedad civil organizada con instituciones efectivas; la tolerancia de la oposición y las minorías; la libertad de prensa; el estado de derecho; la autonomía judicial; la imparcialidad policial; el control civil de las fuerzas militares y el desarrollo equitativo y sostenible.

Para hacer realidad la práctica del buen gobierno[3], las Naciones Unidas se plantean valores y prioridades que buscan fomentar y consolidar su formación. Estos valores son la libertad y el derecho a la vida de todas las personas para una existencia digna, sin hambre, sin miseria, sin

---

2. Kofi Annan. *Prevención de la guerra y los desastres: un desafío mundial que va en aumento*. Memoria anual sobre la labor de la Organización, Nueva York, Departamento de Información Pública de las Naciones Unidas, 1999, p. 19
3. Kofi Annan. Report Secretary-General for the Millennium Assembly of the United Nations, A/54/2000, New York, April 2000, complementa sus informes regulares a la Organización en este importante tema de la diplomacia preventiva.

temor a la violencia o a la opresión; gobiernos representativos basados en la voluntad del pueblo; equidad y solidaridad para recibir los beneficios de la mundialización y compartir sus costos y cargas; tolerancia y respeto de la diversidad cultural, religiosa, política, etc.; no violencia para resolver los conflictos en las naciones; respeto del medio ambiente; responsabilidad compartida para mantener la paz y seguridad internacionales, mediante una acción multilateral para afrontar los riesgos y amenazas que afectan a todos los pueblos del mundo.

En este contexto las prioridades de la ONU para promover el establecimiento del buen gobierno son la erradicación de la pobreza, el desarrollo de los jóvenes, la igualdad entre niños y niñas, la solidaridad internacional, el acceso a mercados internacionales, la condonación de deuda, la asistencia para el desarrollo, la inversión privada; la erradicación de la guerra y de la violencia de los conflictos civiles, el respeto de la ley y del estado de derecho, el fortalecimiento de la ONU en acciones preventivas y de mantenimiento de paz, la eliminación del tráfico de armas pequeñas, la promoción de la transparencia en la transferencia de armas; la protección del medio ambiente para hacer de la ONU un instrumento eficaz al alcance de los pueblos del mundo.

Tanto en los indicadores de buen gobierno como en los valores promulgados y las prioridades establecidas, es posible ubicar la realidad de muchos países africanos y latinoamericanos, en especial, Colombia, para entender por qué la ONU se ha planteado una misión clara en algunos de estos países que cuentan con altos niveles de subdesarrollo, de falta de democracia, de violencia y conflictos internos.

Para hacer posible la expansión de los conceptos de buen gobierno, el actual Secretario General de las Naciones Unidas, el ghaneano, Kofi Annan, le ha dado especial importancia al tema de la diplomacia o acción preventiva. La considera como una de las medidas más efectivas para prevenir el surgimiento de disputas, para impedir el escalamiento de los diferendos y para controlar y resolver conflictos existentes.

La diplomacia preventiva se ejecuta a través de diversas estrategias de acción. La prevención coercitiva donde se toman medidas políticas y militares para promover el cese de hostilidades en una región dada. Los enviados o representantes especiales del Secretario General, que cumplen misiones de prevención, consolidación de la paz y buenos oficios en conflictos específicos o mandatos especiales de acuerdo a las necesidades requeridas. En África, el Secretario General se ha servido de estos enviados especiales en Ethiopía, Angola, Burundi, Cote d'Ivoire, La República Democrática del Congo, Guinea-Bissau, Liberia, Sierra Leone, Somalia, Sudán y El Sahara Occidental. Colombia, desde 1999, cuenta con la presencia y trabajo del Enviado Especial para Colombia, el noruego Jan Egeland, con un mandato de consolidación de la paz.

Dentro de las estrategias de prevención también se encuentran el desplazamiento de tropas, el desarme, la acción humanitaria, la consolidación de la paz, que involucra, con el consentimiento del gobierno correspondiente, un número amplio de acciones en el campo de la gobernabilidad, los derechos humanos y el desarrollo social y económico.

Las acciones de la diplomacia preventiva consisten en brindar una asesoría política de apoyo al enviado especial y otros altos funcionarios con algún tipo de misión política, en particular con un mandato de consolidación de la paz; en lograr una unión de fuerzas y coordinación con otros programas y agencias del sistema de las Naciones Unidas. En el caso de Colombia, con el Programa para el Desarrollo (UNDP), el Programa para Combatir las Drogas Ilícitas

(UNDCP), el Alto Comisionado de Derechos Humanos y el Alto Comisionado para los Refugiados-ACNUR en el tema de desplazados; en brindar asistencia electoral y apoyo a los órganos legislativos de la ONU; en coordinar el trabajo con las ONG, la sociedad civil y los medios de comunicación nacionales.

La acción preventiva se manifiesta a través de la alerta temprana para identificar áreas de crisis potenciales; la recomendación oportuna y precisa y/o buenos oficios del Secretario General; la mediación/negociación; los informes públicos del Secretario General; las misiones de buenos oficios y obtención de información; la orientación política y apoyo a los representantes especiales y otros funcionarios elegidos por el SG con una misión política; la asociación con los fondos y programas del sistema de la ONU; el apoyo a los órganos legislativos de la ONU; las sanciones puntuales y precisas como sistema de disuasión; el apoyo a otras iniciativas cuando la ONU no puede jugar un papel preponderante.

II. LA EXPERIENCIA AFRICANA

En los esfuerzos por mantener la paz, es importante anotar que de las 32 operaciones de mantenimiento de paz creadas desde 1989, 13 se realizaron en África. Somalia ensombreció la capacidad de reacción de la ONU y su acción en Rwanda dejó mucho que desear. Asimismo, la neutralidad de la ONU es una exigencia para no repetir los errores cometidos en Somalia. De manera adicional en este campo, la ONU puede actuar para facilitar el cumplimiento de acuerdos promovidos por otros actores, como las organizaciones regionales, como sucedió en la República Centroafricana. Adicionalmente, la ONU puede apoyar una organización regional en una operación de paz, como sucedió en el caso de Liberia.

Desde 1970, tal y como lo ha afirmado en varias oportunidades Kofi Annan, África ha tenido más de 30 guerras, la mayoría ha sido al interior de los Estados. África en las últimas décadas ha aportado el mayor número de muertes por guerras, de refugiados y desplazados. Existe una responsabilidad compartida, proveniente de los conflictos de la guerra fría y el enfrentamiento de las potencias en crisis regionales; la ausencia oportuna de la comunidad internacional y por supuesto por parte de los dirigentes y líderes Africanos que han pecado de todos los males que contradicen a un "buen gobierno".

En la actualidad existen tres operaciones de mantenimiento de paz en África: en la República Democrática del Congo, en Sierra Leone y en el Sahara Occidental, la más antigua de las tres, aunque varios países sufran de conflictos de diferentes categorías. Hoy por hoy, Senegal, Angola, Somalia, Chad y Burundi tienen guerras civiles. Niger, Nigeria y Liberia son candidatos al resurgimiento de conflictos internos. Guinea Bissau, Sierra Leone, Congo-Brazzaville, la República Democrática del Congo, Uganda, Sudán, Rwanda y Lesotho sufren de conflictos internos con intervención militar de otros países africanos. Eritrea y Ethiopia se enfrentan en un conflicto armado con un cese al fuego incierto[4].

El despliegue de fuerzas se ha dado en Congo con ONUC (1964); Namibia con UNTAG (1989-90); Angola con UNAVEM I, II, III y MONUA (1989-99); Somalia con UNOSON I, II (1992-95); Rwanda-Uganda con UNOMUR (1993-94); Rwanda con UNAMIR (1993-96); Liberia con UNOMIL (1993-97); Chad y Lybia con UNASOG (1994); Mozambique con ONUMOZ (1994); La República Centroafricana con MINURCA (1998-2000); Sierra Leone con UNOMSIL (1998-99) y UNAMSIL (1999).

---

4. Marina Ottaway. "Africa", *Foreign Policy*, Spring 1999, Washington, D.C., pp. 13-25.

A. Manejo preventivo de las crisis

La participación actual en la solución de los conflictos africanos busca poner fín a la confrontación armada y violenta y proteger al individuo, que cada vez toma más importancia dentro de las prioridades de las Naciones Unidas. Esto se consigue a través de las estrategias y mecanismos del buen gobierno de la acción preventiva.

La vinculación de organismos regionales en la solución de conflictos se ha convertido en una práctica recursiva dentro de esta estrategia. Así como la OEA ha participado en Haití o El Salvador, la OUA ha colaborado con la ONU en la paz africana. En África, ambas organizaciones, desde 1997, coordinan sus esfuerzos a través de un Enviado Conjunto Especial para la región de los Grandes Lagos. La ONU y la OUA sostienen reuniones anuales presididas por ambos Secretarios Generales, establecieron una oficina de contacto en la sede de la OUA en Addis Abeba para facilitar la coordinación de esfuerzos para la realización de las acciones para prevenir, controlar y resolver los conflictos en África. Esta oficina ha funcionado en la mediación de Togo en el conflicto de la Península de Bakassi entre Nigeria y Camerún o en la acción del fallecido Presidente Julius Nyerere con respecto al conflicto interno de Burundi. Así como trabaja con organismos regionales, también se apoya en organismos subregionales, como en el caso de Liberia, con la ECOWAS a través del ECOMOG. Igualmente, existe, desde 1997, el Representante Especial para los Niños en Conflicto Armado con funciones en el continente.

B. Misión de las Naciones Unidas en Sierra Leone, UNAMSIL

Esta misión reemplazó a UNOMSIL en octubre de 1999 y dura hasta el momento. Ha sufrido grandes problemas, en especial por hacer frente a un movimiento rebelde que ha tenido la capacidad de retener tropas de la ONU.

1. Conflicto

Desde principios de la década de los noventa, la situación política en Sierra Leone comenzó a deteriorarse. El Frente Unido Revolucionario (Revolutionary United Front-RUF) liderado por Foday Sanhok, lanzó una ofensiva para derrocar al gobierno. Con el apoyo del Grupo Militar de Observación (ECOMOG) de la Comunidad Económica de los Estados del Oeste Africano (ECOWAS), el ejército de Sierra Leone trató de defender el gobierno constitucional. Sin embargo, en 1992, el ejército le retiró su apoyo al gobierno y realizó un golpe de estado.

El RUF continuó sus ataques por todo el país y en febrero de 1995, el Secretario General de la ONU nombró un Enviado Especial, el etíope, Berhanu Dinka, quien trabajó en colaboración con la Organización de Unidad Africana (OUA) y el ECOWAS para tratar de negociar una salida pacífica a la confrontación bélica y asegurar el regreso del gobierno civil a Sierra Leone.

Con este objetivo, se realizaron elecciones parlamentarias y presidenciales en febrero de 1996. Ganó Ahmed Tekan Kabbah a quien el ejército entregó el mando. Sin embargo, el RUF desconoció el resultado de las elecciones y continuó la confrontación armada. El enviado especial formuló en noviembre de 1996, el acuerdo de Abidjan para ser suscrito entre el gobierno y el RUF. El acuerdo fracasó debido al golpe de estado, perpetrado por fuerzas del RUF y del ejército conjuntamente de mayo de 1997. Estos formaron una junta militar que obligó al presidente Kabbah y a su gobierno a refugiarse en Guinea.

Un nuevo Enviado Especial del Secretario General, el ugandés Francis G. Okelo, y otros representantes de la comunidad internacional fracasaron en persuadir a la junta de retirarse y permitir el regreso del gobierno constitucional. El 8 de octubre de 1997, el Consejo de Seguridad impuso un embargo de armas y petróleo y autorizó al Ecowas a través de Ecomog a asegurar su aplicación. A finales de octubre el gobierno en exilio y la junta firmaron un plan de paz, monitoreado por el Ecomog el cual no se cumplió.

En febrero de 1998, el Ecomog en respuesta a un ataque de la junta (ejército y Ruf) lanzó una ofensiva militar que la derrocó finalmente. En marzo del mismo año, el presidente Kabbah regresó con su gobierno a Freetown y el Consejo de Seguridad dio por terminado el embargo y fortaleció la presencia militar de la Onu en la región.

Sin embargo, a pesar de las medidas militares y del fortalecimiento de la presencia multilateral, los rebeldes retuvieron a cientos de cascos azules o soldados de paz, confiscaron material bélico y pusieron en jaque la operación de la Onu. Ante la inseguridad, la Onu suspendió temporalmente los programas de asistencia humanitaria a los desplazados por la guerra. Los sucesos de Sierra Leone son de importancia para Colombia, pues una misión internacional en el país, en cualquiera de sus formas, podría sufrir tropiezos similares, dadas las características de los actores armados ilegales en Colombia.

2. *Acción de la Onu*

En junio de 1998, el Consejo de Seguridad estableció la Misión de Naciones Unidas de Observación en Sierra Leone (Unomsil) por un período inicial de seis meses. Se conformó como una fuerza desarmada bajo la protección de Ecomog. Okelo como el nuevo enviado especial del SG, fue el jefe de esta misión. La Unomsil tenía como tarea monitorear el desarme de los combatientes y reestructurar las fuerzas de seguridad de Sierra Leone. Comenzaron a aparecer los primeros informes sobre las atrociadades de la guerra contra la población civil y las violaciones a los derechos humanos.

En enero de 1999, cuando el RUF llegó a Freetown y ejercía el control de casi toda la ciudad, el personal de UNOMSIL fue evacuado, aunque el jefe de la Misión, Okelo, permaneció en la zona y trató de monitorear los acontecimientos. A finales de enero, ECOMOG retomó la capital y reinstaló el gobierno civil. Las negociaciones se reanudaron en mayo de 1999 que condujeron al Acuerdo de Lomé, Togo, en julio 7 de 1999, firmado por todas las partes en conflicto para formar un gobierno de unidad nacional.

En octubre de 1999, se estableció UNAMSIL y se puso término a UNOMSIL. Esta nueva misión era más amplia con una fuerza militar de 6.000 soldados, entre ellos 260 observadores militares, para asistir al gobierno y a las partes a ejecutar el Acuerdo de Lomé. En diciembre de 1999, el SG nombró un nuevo Enviado Espcial y jefe de misión, el nigeriano Oluyemi Adeniji. En febrero de 2000, el CS en su resolución 1289, revisó el mandato de UNAMSIL y decidió expandir el componente militar de la Misión a 11.100 efectivos así como el componente de policía civil, administrativo, técnico y civil de la Misión.

El Consejo de Seguridad, asimismo, creó el Comité de Sanciones de Sierra Leone, que se reunió para hacer una evaluación del papel de los diamantes en el conflicto y la vinculación entre el comercio de diamantes con el comercio de armas y material bélico. En la audiencia especial de finales de julio de 2000 participaron los Estados del ECOWAS, Angola, Bélgica, India, Israel, Liberia, Sierra Leone y Sudáfrica, el Banco Mundial, la OUA, así como asociaciones comerciales del diamante, el Diamond High Council, International Diamond Manufacturers Association, y el

World Federation of Diamond Bourses. Expertos en armas y en diamantes también participaron[5].

Lo relevante para Colombia, es que la comunidad internacional comienza a mirar las fuentes de financiación de los movimientos armados que logran perpetuar guerras devastadoras para los países. Como en África, Sierra Leone y Angola, están los diamantes, en Colombia existe el negocio del narcotráfico.

C. Recomendaciones para una paz durable en África

En las respuestas a los conflictos Africanos, la ONU busca que sus acciones sean más efectivas y eficientes. En cuanto al establecimiento de la paz, los mecanismos de alerta temprana deben acompañarse de acciones rápidas antes de la confrontación como, por ejemplo, intervenciones diplomáticas en los campos de la negociación, la mediación, las misiones de recolección de hechos e información, y otros esfuerzos para promover la reconciliación nacional, el respeto de los derechos humanos y la institucionalización de la paz.

Los esfuerzos de establecimiento de la paz son posibles siempre y cuando, explica Annan[6], exista (1) coordinación y preparación efectivas dentro de la ONU y con los organismos regionales. Para el África se creó la oficina de enlace con la OUA y en términos generales es la función de los Comités de Paz y Seguridad bajo las órdenes del Sub-Secretario para Asuntos Políticos. (2) Movilización de países amigos que apoyen los esfuerzos de paz de los países. (3) Mantenimiento de las sanciones dirigidas y puntuales. (4)

---

5. Los comunicados de prensa diarios de la Oficina del Secretario General amplían esta información.
6. Kofi Annan, Secretary-General's Report to the UN Security Council on the Causes of Conflict and the Promotion of durable Peace and Sustainable Development in África of 1998.

Restricción de importación de armas en zonas de conflicto armado.

La asistencia humanitaria es un aspecto fundamental de las acciones de la ONU en el mundo, y en especial en África, donde cada crisis política desencadena hambre, pobreza, desplazados y refugiados. En este escenario, la ONU tiene que replantear su política y organización para brindar una mayor protección a la población civil atacada por los actores en conflicto y por la degradación del mismo. De igual manera, es preciso crear mecanismos eficientes para diferenciar a los combatientes que se esconden en los campos de refugiados civiles, para evitar experiencias como la del República Democrática del Congo –antiguo Zaire–.

En este contexto, el respeto del derecho internacional humanitario y de los derechos humanos adquiere cada día una mayor relevancia, tanto en el África como en Colombia y demás países con conflictos armados internos. En el campo humanitario el sistema de la ONU con sus diversas ramificaciones gubernamentales y colaboraciones no gubernamentales debe evitar la duplicación de esfuerzos y tareas. Una vez exista una labor eficiente en el aspecto humanitario, es posible iniciar y avanzar en las acciones políticas que pongan término definitivo a las raíces del conflicto.

La consolidación de la paz después de los conflictos es vital para poner término definitivo a éstos e impedir el regreso de una nueva confrontación. Requiere de una acción militar y diplomática tanto como de un enfoque integrado de paz para atacar las causas del conflicto. Estas medidas se relacionan con el fortalecimiento de las instituciones nacionales, la supervisión electoral, la promoción de los derechos humanos, programas de reintegración y rehabilitación y la creación de condiciones para el desarrollo.

La labor primordial se centra en brindar seguridad a la población civil y para tal efecto una paz verdadera es fundamental así como la satisfacción de las necesidades básicas. Por lo tanto, el financiamiento de proyectos es esencial para el éxito de la consolidación de la paz después de los conflictos. Dentro de estos la repatriación de refugiados, el regreso de los desplazados o la reinserción de los combatientes son fundamentales. Asimismo, la ONU requiere de una coordinación especial. En Liberia se estableció la Oficina de Apoyo para la Consolidación de la Paz para armonizar todas las actividades de la ONU, para movilizar el apoyo internacional a la reconstrucción del país y para promover la reconciliación nacional y el respeto de los derechos humanos.

En los procesos de reconstrucción es importante reconocer la relación estrecha que existe entre paz y desarrollo. La paz en África requiere tanto de gobernabilidad como de desarrollo sostenible, que implica tener condiciones sociales, económicas y políticas para prevenir el regreso de las situaciones de conflicto. El respeto de los derechos humanos y de la ley es fundamental en la búsqueda de una paz duradera dentro de los pilares del buen gobierno. Asimismo, lo es la lucha contra la corrupción y el respeto de los individuos y de la sociedad civil.

El derecho al desarrollo defendido por el Grupo de los 77 y el Movimiento de Países No Alineados y es fundamental para reducir y eliminar los conflictos en África. Por lo tanto, es prioritario, para cumplir con los intereses y propósitos de la diplomacia preventiva y de buen gobierno, erradicar la pobreza, promover la educación básica, la salud, la justicia social y la igualdad de sexos.

Kofi Annan en esta línea de ideas, bajo los preceptos del buen gobierno y teniendo en cuenta las lecciones del pasado, ha realizado una serie de recomendaciones para lograr un mejor manejo de los conflictos en África y poner

término definitivamente a los enfrentamientos[7]. Estas recomendaciones vinculan las decisiones de los gobiernos africanos y la participación de la comunidad internacional. Entre ellas se encuentran:
 – El control al tráfico de armas, en una región donde las armas pequeñas se han convertido, en términos del SG, en armas de destrucción masiva hasta la reducción de los presupuestos militares de los países africanos a niveles mínimos, ojalá inferiores al 1.5% del GNP con un crecimiento nulo durante la presente década.
 – La reorientación de las sanciones económicas para evitar sus efectos sobre la población civil. Las sanciones deben dirigirse de manera puntual con medidas como el congelamiento de los bienes de los individuos y organizaciones involucradas en el conflicto, restricciones de desplazamiento (viajes, etc.).
 – La responsabilidad financiera de los combatientes hacia las víctimas civiles del conflicto para lo cual es preciso desarrollar la maquinaria jurídica internacional que permita tomar acciones tales como el congelamiento de activos contra los agresores.
 – La creación de un mecanismo internacional para fortalecer la seguridad y la neutralidad de los campos de refugiados, con la separación de los combatientes de la población civil (i.e. caso de refugiados de Rwanda en la República Democrática del Congo –antiguo Zaire–).
 – La introducción de ajustes estructurales "amigos de la paz" para fomentar la consolidación de la paz en los países que superen los conflictos, así como el apoyo de la inversión privada internacional en los países que hagan los esfuerzos de paz.
 – La ayuda al desarrollo debe ser reorientada hacia los sectores más necesitados como el rural, el recurso del agua,

---

7. *Ibid.*

la educación, la salud, etc. Asimismo, debe asegurarse el buen uso de la ayuda.

– Las salidas creativas de alivio a la deuda sobre todo la de los países más atrasados y pobres.

– El apoyo a los esfuerzos locales y regionales para superar el conflicto, consolidar la paz y promover el desarrollo sostenible.

– El enfoque integral del conflicto y de la paz para tratar el fondo de las causas de los conflictos que pueden ser muchas. Primera, el origen de las fronteras Africanas después de la colonia y los gobiernos autoritarios con centralización económica y exclusión del pluralismo político con sus consiguientes efectos en corrupción, nepotismo, manipulación política de la diversidad étnica y abuso del poder. Segunda, en especial en el África Central, la lucha por recursos escasos como la tierra y el agua. Tercera, la existencia de grupos o personas que se benefician con el conflicto, como en Liberia o Angola con la explotación de diamantes. Cuarta, intereses económicos nacionales, regionales (por vecinos) y extranjeros (fuera de África) en especial en la extracción de rercusos como el petróleo.

Las propuestas concretas con respecto al África ponen en alerta a otras regiones con conflictos similares o con situaciones de violencia que contravienen las normas internacionales como es el caso de Colombia, donde la guerra interna, toma cada día más connotaciones internacionales. Las experiencias Africanas están ricas en lecciones para Colombia, pues dan la pauta de los alcances, éxitos y fracasos de las acciones de las Naciones Unidas en el campo de la paz y la seguridad internacionales y su vinculación con el desarrollo.

III. Colombia entre el conflicto y los esfuerzos de paz

Para entender la realidad colombiana y cómo ésta puede

ser objeto de los mecanismos de intervención o participación activa es oportuno hacer un corto recuento de los intentos realizados por diversos gobiernos en torno al tema de la paz y a la solución negociada del conflicto interno. La administración del Presidente Pastrana se distanció de sus antecesoras, al propiciar una mayor participación de la comunidad internacional en la solución del conflicto interno. Esta apertura, ejerce presión sobre todos los actores del conflicto armado y a la vez sobre el Estado colombiano.

A. Conflicto y paz

La confrontación armada colombiana se remonta a la década de los cincuenta, cuando se comenzó a formar la insurgencia armada en oposición a un sistema cerrado para la participación política multipartidista. Se formaron varios grupos armados, entre ellos los más importantes, hoy por hoy, son las Fuerzas Armadas Revolucionarias de Colombia y el Ejército de Liberación Nacional. Como agregado de los actores armados ilegales aparecieron las Autodefensas, que aunque no combaten contra el establecimiento, se enfrentan militarmente a los grupos guerrilleros. Si bien, las razones económicas, sociales y políticas de exclusión dieron origen a la insurgencia, en la actualidad, las causas de la lucha armada han cedido a los intereses financieros de las actividades ilícitas.

Para superar décadas de confrontación armada y de intentos fallidos de negociación con estos grupos, el gobierno del presidente Pastrana, mediante una estrategia de internacionalización de la problemática colombiana, se puso como meta llegar a acuerdos de paz con las FARC y el ELN. Aunque la concentración del proceso de reconciliación se ha dado con las FARC, algunos acercamientos se han hecho con el ELN. Ambos procesos con resultados bastante frágiles e incluso inexistentes con la segunda organización.

El proceso de negociación con las FARC-EP se ha desarrollado en medio del conflicto, la desconfianza y el gradual retiro del apoyo nacional a la política de paz del presidente. En especial, por los cuestionamientos de la zona de despeje, autorizada para facilitar los diálogos con las FARC-EP. Independientemente de los obstáculos que el gobierno de Pastrana ha encontrado, en comparación con gobiernos anteriores, los logros de acercamiento con las FARC-EP son meritorios y permiten vislumbrar, aunque parezca remota, una esperanza de reconciliación y de paz.

Lo primero que hizo el gobierno de Pastrana en 1998 para motivar a la guerrilla a incursionar en las conversaciones de paz, fue decretar la zona de despeje y desmilitarización total de cinco municipios a partir del 7 de noviembre con términos definidos y prorrogables con posterioridad. El presidente afirmó que: "apoyado en la Constitución y la Ley [...] y con la confianza irrestricta en la capacidad de reconciliación de los colombianos, he tomado la decisión de ordenar el despeje por parte de la Fuerza Pública en los municipios al oriente del país de Uribe, Mesetas, Macarena, Vista Hermosa del departamento del Meta y de San Vicente del Caguán en el departamento del Caquetá..."[8]. De esta manera surgió desde finales de 1998 una zona donde la autoridad la ejercen las Farc-Ep y donde no existe presencia militar del Estado.

Una vez en marcha la zona de distensión o despeje, el Presidente instaló las mesas de diálogo, reconoció status político a las FARC-EP[9], admitió que sólo en un ambiente de

---

8. "Espacio para la Paz", discurso del presidente Andrés Pastrana Arango, Bogotá, 14 de octubre 1998. *Hechos de Paz V*, Bogotá, Presidencia de la República, Oficina del Alto Comisionado para la Paz, p. 59.
9. Resolución administrativa 85 del 14 de octubre de 1998; resolución 01 del 5 de enero de 1999; resolución 27 del 1º de mayo de 1999. *Hechos de Paz V*, pp. 313-318; y *Hechos de Paz XIV* sobre comunicados e instrumentos jurídicos del Proceso de Paz del 17 de marzo de 2000, Bogotá, Presidencia de la República, Oficina del Alto Comisionado para la Paz.

paz podría existir justicia social y reiteró la voluntad y la disposición del gobierno para entrar en los diálogos sin una agenda preconcebida e inflexible. El gobierno estaba dispuesto a forjar un camino común que condujera a la paz de todos los colombianos.

Para Pastrana, "el proceso de paz precedido del gran diálogo en las zonas de distensión será una oportunidad de abrir nuestro corazón al mundo. Esto significa transparencia, compromiso democrático y capacidad de recibir los beneficios de la civilización." Asimismo, afirmó que "gobernar un país como el nuestro no es fácil. Pero es profundamente satisfactorio por la calidad de nuestra gente y nuestras riquezas culturales y naturales [...] Si avanzamos firmemente en la paz dejaremos atrás los costos de la guerra y los elevados recursos que tenemos que destinar hoy para defendernos de la muerte"[10].

La creación del "espacio de paz" fue posible por la resolución administrativa del Presidente amparada en la Ley 418 de 1997 que "declara la iniciación de un proceso de paz, se reconoce el carácter político de una organización armada y se señala una zona de distensión"[11]. Para el gobierno, la zona de distensión consiste en una "área territorial en la cual no debe haber confrontación armada para que, una vez verificada esta situación, gobierno e insurgencia, vayamos a dialogar sobre lo que ha de ser la agenda de negociación y, por supuesto, las reglas del juego en la búsqueda de la paz. Una paz donde no haya vencedores ni vencidos; una paz que no significa, en ningún momento, derrotar a las Fuerzas Armadas de Colombia, sino construir el equilibrio y la equidad que Colombia necesita para su progreso"[12].

---

10. "Espacio para la Paz", *cit.*, pp. 61-62.
11. Resolución 85 del 14 de octubre de 1998 del Departamento Administrativo de la Presidencia de la República. *Hechos de Paz V*, p. 313; y *Hechos de Paz XIV, cit.*
12. Discurso del Alto Comisionado para la Paz, San Vicente del Caguán el 7 de

A partir del 7 de enero nació la esperanza y volvió la desilusión. La primera gran decepción fue la ausencia de Marulanda durante la instalación de las mesas de diálogo. El presidente Pastrana abrió en solitario un proceso que desde sus inicios se sabía que iba a ser difícil. La ausencia de Marulanda se adujo a razones de seguridad mas no a la falta de compromiso de las Farc-Ep con el proceso.

En su discurso de instalación, el Presidente afirmó: "hoy venimos a cumplir una cita con la historia. Hemos demorado casi medio siglo para hacerla realidad [...] hemos venido a encontrarnos con un ayer de contrastes, de luces y de sombras, de logros y de fracasos, de sucesos que nos llenan de orgullo y de otros que nos abruman [...] También a construir un destino común que tenga el rostro y la dimensión de nuestros sueños, de nuestros sacrificios y de nuestra generosidad [...] La ausencia de Manuel Marulanda Vélez no puede ser razón para no seguir adelante con la instalación de la Mesa del Diálogo para acordar una agenda de conversaciones que deben conducir a la paz. El Gobierno Nacional, bajo mi liderazgo, llega [...] con una agenda abierta, sin intención de vetar ni de imponer temas. Estamos dispuestos a discutir, a disentir, a proponer, a evaluar pero, sobre todo, a construir. Esa es la esencia misma de la democracia"[13].

Marulanda, leído por uno de los negociadores de las FARC-EP, Joaquín Gómez, en la instalación, se refirió a diversos temas y no dejó de expresar su "optimismo del nuevo proceso [...] donde analizaremos [...] la situación política, económica, social, cultural, ecológica y de soberanía, hasta encontrar las soluciones de fondo". Se

---

noviembre de 1998. *Hechos de Paz V*, Bogotá, Presidencia de la República, Oficina del Alto Comisionado para la Paz, p. 83.

13. Discurso del Presidente de instalación de la Mesa de Diálogo, San Vicente del Caguán, 7 de enero de 1999. *Hechos de Paz V*, Bogotá, Presidencia de la República, Oficina del Alto Comisionado para la Paz, pp. 259-260.

pronunció asimismo, sobre la lucha contra el narcotráfico que se ha convertido en el "caballito de batalla utilizado por algunos gobiernos, para ocultar sus verdaderos fines de acción contra la insurgencia, para impedir que se hagan los cambios que están reclamando las mayorías. Donde los gobernantes norteamericanos invierten grandes sumas de dinero haciendo víctima a la población civil por intermedio de la Fuerza Pública colombiana"[14].

En este sentido, el contenido de la guerra actual no consiste únicamente en solucionar la situación de los menos favorecidos del país y para erradicar la injusticia social. La fortaleza militar y financiera de las FARC-EP y su control territorial de vastas zonas de manera legítima y de facto, la colocan frente al gobierno nacional como un actor que quiere negociar la paz como un Estado aparte y con derechos adquiridos. En este contexto, es preciso saber si el proceso de paz es entendido como la manera de lograr un consenso político nacional para crear formas de coexistencia y reconciliación en búsqueda de la unidad territorial y administrativa o más bien es un mecanismo para consolidar el control efectivo de regiones que buscan la autonomía y la destrucción del Estado centralizado.

La realidad después de cerca de dos años de zona de distensión es que los diálogos no han avanzado en ningún tema y que la guerra se ha recrudecido en todo el país. La retórica parece la única constante en el proceso, practicada por ambas partes. En el país, cada día se cuestiona más la zona de distensión[15], que según informes del fiscal general, se ha convertido en territorio para esconder los secuestrados de la guerrilla, entre ellos niños, y como lo afirman la

---

14. Manuel Marulanda, San Vicente del Caguán 7 de enero de 1999, *Hechos de Paz V*, Bogotá, Presidencia de la República, Oficina del Alto Comisionado para la Paz, pp. 265-273.
15. Declaraciones ante los medios de comunicación del Fiscal y de los Altos Mandos de la Policía y Las Fuerzas Armadas en junio y julio de 2000.

Policía Nacional y las Fuerzas Armadas, para entrenar guerrilleros y camuflar armamento que ingresa ilegalmente al país. Asimismo, el recrudecimiento de la guerra, de los secuestros y la extorsión por parte de la guerrilla, dejan solo al presidente y a su gobierno, en la persistencia de mantener la zona de despeje o distensión.

Si bien, en Colombia las causas de la guerra son estructurales, por razones económicas y sociales, también existe otra realidad que indica que no solamente estas inciden en el recrudecimiento y perpetuidad de la violencia. Paradójicamente, las zonas del país con mayor crecimiento económico, son aquellas con mayor violencia. Esto desmiente la creencia general que la pobreza es la fuente de la violencia y del conflicto armado[16].

Las conversaciones con las FARC-EP han tenido más períodos de estancamiento que de progreso. Lo anterior, en medio de una crisis económica con un desempleo del 24% y pocos indicadores de recuperación, ha dificultado la posición del gobierno, que no logra presentar resultados positivos en ninguno de los frentes.

Sólo a finales de 1999 se dieron avances mínimos en el proceso de paz con las FARC-EP relacionados con la discusión sobre la metodología, la temática y la organización de las reuniones. Aunque no hubo consenso inicial, el primer tema de discusión fue el modelo económico y la primera audiencia pública, con la participación ciudadana se relacionó con el desempleo y se llevó a cabo en abril de 2000.

Con respecto a los acercamientos con el ELN, una comisión del sostuvo a lo largo de dos años reuniones confidenciales con la cúpula de esta organización. No se ha

---

16. Camilo Echandía Castilla. *El Conflicto Armado y las Manifestaciones de la Violencia en las Regiones de Colombia*. Bogotá, Presidencia de la República, Oficina del Alto Comisionado para la Paz, Observatorio de Violencia, 1999.

podido llegar a ningún acuerdo para iniciar un proceso de negociación orientado a la desmovilización guerrillera.

En Colombia, el manejo del conflicto y de la paz así como los indicadores de gobernabilidad han presentado una gran complejidad. La corrupción, la politiquería, las luchas entre partidos por encima del bienestar colectivo, la impunidad en el sistema judicial, la situación de los derechos humanos, el incumplimiento del derecho internacional humanitario, el descuido y la falta de atención a los desplazados, el deterioro social y económico, son algunas de las dificultades que mantienen al gobierno en un laberinto, donde nada parece funcionar y surtir efecto.

C. Acción preventiva en el conflicto colombiano

Colombia ingresó al esquema de los enviados o representantes especiales de la acción preventiva de la ONU, con el nombramiento por el Secretario General, a solicitud del Presidente Pastrana, del noruego Jan Egeland, con un mandato de consolidación de la paz. En una entrevista[17], Egeland afirma: "What is unique in Colombia compared with most other processes is the size and scale of the armed actors and armed conflict, and the size of the black money associated with drugs and other criminal activities [...] So the sources fueling the conflict are bigger than they have been in many other places, and that makes it more challenging".

Egeland, en su función de consolidación de la paz, se ha convertido mediante sus contactos directos con el gobierno y las guerrillas en un intermediario confiable entre las partes, aunque todavía no actúa como mediador o facilitador oficial dentro de un esquema formalizado, pues

---

17. "U.N. Envoy Tries to Aid Peace Effort in 'Unique' Colombia War". By Larry Rohter, Bogotá, July 5, 2000.

existe el acuerdo de excluir extranjeros de las negociaciones directas. Egeland al respecto opina: "We have no formal third party role vis-à-vis the Colombian conflict, nor are we seeking one [...] It may be premature to say that we are facilitating any kind of peace process because none of the parties have asked anyone to really play that kind of an activist role"[18].

El interrogante de la internacionalización que se dio durante la administración Pastrana para el manejo del conflicto interno, es no saber si se comienza a internacionalizar la guerra o el proceso de paz. Lo cierto, es que la internacionalización ya comenzó no solamente con la presencia de Egeland sino con el Plan Colombia, la Diplomacia por la Paz y los esfuerzos de acercamiento con la Unión Europea para que tome una mayor participación en la situación colombiana, con los encuentros en el extranjero entre el gobierno y el ELN con un grupo de países facilitadores que acompañen este proceso de negociación.

Las consecuencias y repercusiones en la paz, sólo se conocerán en la medida en que los actores comiencen a interactuar, a disentir y a conciliar. La presencia internacional en un contexto tan complejo de búsqueda de asentamiento territorial y control del poder político no es clara y no necesariamente obligará a las partes a llegar a un acuerdo de paz.

Las actividades de consolidación de la paz van en crecimiento con dos componentes fundamentales: uno político y uno económico con el objetivo de descubrir y eliminar las causas profundas de los conflictos. Si bien, en el contexto colombiano, la inequidad y la injusticia sociales han justificado la lucha armada, la dinámica del conflicto gira en torno al poder de las armas, el control territorial, la extorsión, el secuestro y/o el tráfico de drogas.

---

18. *Ibid.*

Para remediar una situación como la de Colombia, el enfoque en los indicadores de buen gobierno como el respeto de la ley y el orden, el respeto de los procesos electorales y de los derechos humanos, respeto a las instituciones democráticas, la reconstrucción de la burocracia administrativa, la recuperación de los servicios de educación, salud y vivienda, la reforma al sistema laboral, etcétera, no parecen llegar al centro del problema, en especial en un territorio nacional controlado por diferentes fuerzas en conflicto, donde cada uno implanta sus leyes en las zonas bajo su control con una burocracia central con problemas de corrupción e incapacidad de administrar la totalidad del territorio nacional.

1. El buen gobierno y Colombia

La ONU en Colombia se involucra principalmente en los temas de derechos humanos, desarrollo sostenible ligado al tráfico de drogas, y al estado de derecho en el tema de la solución del conflicto. De manera tangencial a través de sus diversas agencias y programas como el PNUD se aproxima a los demás temas como la justicia y reforma del sistema judicial, que también conciernen a la Oficina del Alto Comisionado para los Derechos Humanos. En el tema de la sociedad civil, las acciones son aún incipientes por no decir inexistentes.

Con respecto a los derechos humanos, en Colombia funciona la Oficina del Alto Comisionado para los Derechos Humanos y el tema ha sido examinado durante años en la Comisión de Derechos Humanos de Ginebra. Los derechos fundamentales del hombre, definidos por la declaración de 1948 y de los protocolos, son el derecho a la vida, libertad, nacionalidad, libertad de pensamiento, consciencia y religión, al trabajo, a la educación o a la participación en las decisiones del gobierno, entre otros. En Colombia unos son más respetados que otros, así como en otros países otros están mejor protegidos.

El establecimiento de la Oficina del Alto Comisionado fue una modalidad concertada con la administración Samper (1994-98) para evitar la sanción del relator geográfico. La Oficina presenta informes anuales a la Comisión en Ginebra y aunque en el diagnóstico menciona la dimensión del conflicto colombiano, califica con mayor o menor intensidad la responsabilidad de los actores del conflicto en la violación de los derechos humanos. Aunque menciona el secuestro individual y masivo por parte de la insurgencia, no los condena. Lo incluye en los párrafos 85-89 del diagnóstico, sin incluir una recomendación al respecto[19]. En Colombia todos los actores que reproducen el conflicto por la vía de las armas y de la violencia, desconocen los derechos de la población civil, irrespetan su derecho a la vida y a la libertad de movimiento, de expresión, de integridad física, emocional y mental. Por lo tanto, todos son responsables y no solamente los de un lado de la moneda, como parece ser el mensaje del informe sobre derechos humanos de esta Oficina.

Olara A. Otunnu, encargado en las Naciones Unidas del tema de los niños en conflicto, en Colombia, entre otros temas, condena el secuestro de niños. Sería deseable que presentara propuestas similares a las que tiene para el tratamiento de los niños en Irlanda del Norte, que tienen un carácter más integral de protección, recuperación y respeto de la infancia[20]. En el informe sobre derechos

---

19. Informe E/CN.4/2000/11 del 9 de marzo de 2000 sobre la situación de los derechos humanos en Colombia presentado por el Alto Comisionado de los Derechos Humanos a la Comisión de Derechos Humanos de Ginebra.
20. Los informes sobre derechos humanos se pueden consultar en la sección correspondiente de www.un.org, donde aparecen las declaraciones de Otunnu y de la Alta Comisionada, aparte del informe presentado ante la Comisión sobre Colombia en marzo de 2000. En el comunicado del 30 de junio de la

humanos en mención se habla de los niños en el conflicto armado y solo se hace una recomendación con respecto a la firma y ratificación de Convenciones[21]. En el tema de los derechos del niño, importante en el discurso de la ONU, se han realizado algunas campañas a favor de excluir a los niños del conflicto y mediante la organización de propuestas de paz de los niños. A pesar de la difícil situación de la infancia en un país en guerra como es Colombia, la UNICEF ha deliberado, alrededor de seis meses, sobre el traslado de sus oficinas, probablemente a un país centroamericano, lo cual hace cuestionar el compromiso de su labor en una zona del mundo que comienza a tomar todas las formas de complejidad de un conflicto intenso.

Mientras que la ONU se preocupa por minorías, desplazados, etcétera, es decir examina de manera compartimentada la sociedad, ¿dónde quedan los derechos humanos de la sociedad civil compuesta por ese ciudadano común y corriente, que trabaja a diario y honradamente para el sustento familiar y que es víctima del conflicto y de las violencias sin que ninguna organización internacional gubernamental y no gubernamental lo proteja?

Como complemento e independiente de la labor de la Oficina del Alto Comisionado para los Derechos Humanos, la Organización Internacional del Trabajo decidió en junio de 2000 enviar un Comisionado especial para observar el cumplimiento de normas y respeto de los derechos laborales en Colombia. Cabe anotar que en lo que lleva del año, 39 sindicalistas han sido asesinados. El Comisionado cuenta con autonomía del gobierno y deberá presentar informes regulares a la OIT sobre la situación sindical en Colombia. Un nuevo frente de dificultad para el país que profundiza

---

Oficina del Representante Especial para los Niños y el Conflicto Armado de la ONU aparece la propuesta sobre Irlanda del Norte.
21. Recomendación 17 del E/CN.4/2000/11 del 9 de marzo de 2000.

su presencia en la lista complicada de la agenda internacional.

El tema de los derechos humanos se examina, por lo general, desde una óptica de confrontación y no de cooperación real, por lo tanto, la disposición de los actores a colaborar con las iniciativas y programas no siempre fluye. Si existe una sanción en camino, los avances que se pudieran lograr con un enfoque de cooperación se bloquean como ha sucedido en Colombia, donde la Comisión y ahora la Oficina, se han percibido como entidades sancionatorias sin propuestas de solución reales que beneficien a todos los actores y que eduquen en una cultura de paz y de respeto de los derechos humanos. Sin un cambio de actitud y aproximación de la ONU para profundizar en los programas de educación en estos temas con cobertura de toda la población, la situación de los derechos humanos continuará enredada entre papeles y comunicados, informes y reclamos.

En el tema del desarrollo sostenible que en Colombia está vinculado con los cultivos ilícitos, tal y como se planteó en la audiencia internacional con las FARC-EP de finales de junio sobre cultivos ilícitos y medio ambiente, la desforestación masiva y las prácticas químicas y biológicas de erradicación de estos cultivos mediante la fumigación aérea y la experimentación con hongos cuyos efectos secundarios no se conocen, son algunos de los aspectos de aproximación que se le ha querido dar.

El UNDCP o Programa para la Fiscalización Internacional de Drogas, coordina actividades destinadas al control de las drogas ilícitas, promueve la implementación de tratados internacionales, como las Convenciones de Viena y apoya planes de erradicación de cultivos y desarrollo alternativo. También trabaja en programas para reducir la demanda de sustancias y en el fortalecimiento de las instituciones de prevención y del aparato judicial. Este es un tema complejo y es posible, que ninguna organización sea capaz de liderarlo y solucionarlo, mientras que miles de millones de dólares de un negocio lucrativo estén de por medio.

La promoción de la sociedad civil organizada con instituciones efectivas, hace aún parte exclusiva del discurso de la ONU, al menos en lo que respecta a Colombia. Un movimiento de la sociedad civil que ha comprobado su misión, compromiso, cumplimiento de objetivos, honestidad y transparencia, conscientización para el cambio de valores y comportamiento individual y colectivo y reconstrucción del ciudadano colombiano afectado por años de violencia y guerra es el *¡no más!* Este movimiento que logró movilizar a millones de colombianos de manera pacífica, para protestar contra la violencia y los violentos en todas sus manifestaciones, el secuestro, la inclusión de la población civil en el conflicto y a favor de la paz, del cese al fuego y de la reconciliación de todos los colombianos, no ha gozado del apoyo o del interés de las Naciones Unidas.

Las marchas regionales y nacional contra la violencia, la desaparición forzada, el secuestro y la inclusión de la población civil en el conflicto armado, movilizaron a 12 millones de colombianos y el apagon para protestar contra la voladura de torres eléctricas por parte del ELN movilizó a 18 millones de colombianos. ¿Qué necesita hacer la sociedad civil, atrapada en el conflicto y víctima de éste, para lograr el interés real de la comunidad en sus acciones pacíficas? Las resoluciones y declaraciones presidenciales del Consejo de Seguridad y los informes de Kofi Annan sobre conflicto armado y protección de la población civil son hasta ahora proyectos en estudio en la Organización sin aparente efectividad en los conflictos reales[22].

---

22. S/RES/1296 (2000); S/PRST/1999/34; S/PRST/1999/6; Informe del SG, S/1999/957.

Para hacer realidad la práctica del buen gobierno, las Naciones Unidas se plantean valores y prioridades[23] que buscan fomentar y consolidar su formación. Valores como la libertad y el derecho a la vida de todas las personas para una existencia digna, sin hambre, sin miseria, sin temor a la violencia o a la opresión, son claramente irrespetados en Colombia por todos los actores de las violencias. El temor hace parte de la vida cotidiana del colombiano, tanto del campo como de la ciudad, bien sea por miedo a las acciones represivas del gobierno, de los paramilitares o de la insurgencia. Todas igualmente eficientes para mantener un status quo de incertidumbre y silencio, como única forma de sobrevivir en medio de las balas de los violentos.

Aunque Colombia es una democracia en términos formales, no siempre los gobiernos son representativos y se basan en la voluntad del pueblo. El rechazo popular y sectorial al gobierno de Samper, absuelto por el Congreso, es un ejemplo de algunas de las fallas del sistema democrático colombiano. El asesinato masivo de representantes de la izquierda involucrados en la vida política legal a principios de la década de los noventa, que hubiera podido crear los fundamentos de una democracia pluralista, es una muestra más de la intolerancia política del país.

Frente al tema de acciones pacíficas para resolver los conflictos y al de la responsabilidad compartida para mantener la paz y seguridad internacionales, mediante una acción multilateral para afrontar los riesgos y amenazas que afectan a todos los pueblos del mundo, la ONU se ha movilizado en Colombia con el enviado especial del Secretario General, Jan Egeland, involucrado en el proceso de paz y en la consolidación de la paz. La participación

---

23. Kofi Annan. Report Secretary-General for the Millennium Assembly of the United Nations, A/54/2000, New York, April 2000.

internacional no necesariamente tiene que rechazarse por posiciones principalistas de no injerencia, que poco a poco desaparecen del escenario político latinoamericano, debe por el contrario, entenderse, limitarse y manejarse.

Los diferentes viajes de los emisarios de las FARC-EP y del ELN a Europa y a América Latina, demuestran la necesidad que tienen ahora estas organizaciones guerrilleras de convencer que su intención de paz es real, cuando la guerra no ha hecho sino recrudecer y cuando el gobierno con un cambio de actitud frente a la intervención extranjera, ha permitido mostrar una realidad que no era conocida o no había querido ser reconocida por la comunidad internacional. El escenario de la audiencia internacional le permitió al gobierno denunciar de manera concreta y directa el delito del secuestro que la insurgencia practica para financiar la guerra. La apertura, como es arma de doble filo, permite ver los diferentes aspectos de una realidad mantenida guardada al interior de las fronteras. La apertura para la insurgencia también es positiva, pues le permite exponer la ineficiencia del Estado en las políticas sociales y de justicia social y equidad para responsabilizarlo por la situación de pobreza de la población menos favorecida del país.

Colombia puede ser un sitio de experimentación de la ONU de las prácticas de buen gobierno en cuanto a sus indicadores, valores y prioridades. A pesar de que se corre un riesgo grande, no está claro si el gobierno entiende todas las implicaciones de fomentar la presencia internacional en el contexto nacional. La apertura de oficinas regionales con la participación de diferentes agencias y programas de la ONU en zonas de alta intensidad en el conflicto, como Urabá, Putumayo y el Magdalena Medio, explica el esfuerzo que la Organización realiza para involucrarse de manera más concreta en la solución del conflicto civil colombiano, para darle prioridad a la erradicación de la guerra y de la violencia, para promover el respeto a la ley y al estado de derecho, para fortalecer las acciones preventivas, orientadas al control del tráfico de armas pequeñas y de drogas.

Las oficinas regionales con los componentes de lucha anti-droga, defensa de los derechos humanos, consolidación de la paz, desarrollo sostenible, sustitución de cultivos y manejo de desplazados, constituyen una nueva modalidad de trabajo de campo en una zona de conflicto. Las implicaciones y experiencia de estas oficinas se conocerá con el tiempo, cuando funcionen a cabalidad y cuando obtengan resultados y cumplan metas que indiquen que este trabajo es de todas maneras necesario y complementario a la labor que se realiza desde la capital.

Reflexiones finales

La orientación de las políticas de diplomacia preventiva, establecimiento, mantenimiento y consolidación de la paz no es nueva. Más de una década se ha destinado a su desarrollo y aprendizaje, con malas y nefastas misiones y exitosas experiencias. Desde las Agendas para la Paz, para el Desarrollo y para la Democratización de Boutros Boutros-Ghali hasta los Informes de Prevención de Guerras y Desastres, de Transición y Renovación, del Milenio y de África de Kofi Annan, las Naciones Unidas se han esforzado por manejar con mayor eficiencia y efectividad las continuas y prolíficas crisis internas de los Estados miembros de la Organización.

La reflexión principal para Colombia, al recordar las experiencias Áfricanas se refiere, de manera especial, al tema de la internacionalización del conflicto. La mediación fallida de Mobutu en el conflicto de Angola a finales de los años 80 y principios de los 90 es un ejemplo que ofrece todas las razones para evitar una mediación. Por otro lado, las dificultades de la ONU para resolver conflictos cuando todas las partes no están de acuerdo con su participación y presencia como sucedió en Somalia es otro motivo de análisis cuidadoso. Asimismo, los problemas de la Misión de Rwanda y la continuación del conflicto de Los Grandes Lagos son ejemplos que no pueden desconocerse. Adicionalmente, es preciso recordar la experiencia angolesa donde la llegada a acuerdos forzosos cuando una o varias de las partes no están convencidas de la oportunidad y las ganancias de la paz, no ha permitido el cumplimiento de los acuerdos y el éxito de las misiones de la ONU.

El proceso de paz con las guerrillas, en especial con las FARC-EP, ha movilizado a la población colombiana y ha abierto los ojos de la comunidad internacional sobre Colombia. La ayuda de los Estados Unidos, canalizada en su mayoría para la lucha antidrogas y el debate en Europa donde unos países apoyan el Plan Colombia mientras que otros lo rechazan y prefieren diluirlo y retrasarlo dan las pautas de la concepción que la comunidad tiene sobre el conflicto interno. El Plan Colombia ha querido ser la punta de lanza del gobierno del presidente Pastrana para promover proyectos económicos y sociales en el campo de consolidación de la paz, en las zonas más afectadas por el conflicto armado. Proviene de un aporte nacional y otro internacional. Sin embargo, no todas las partes lo perciben de igual forma.

El deterioro del conflicto armado, con sus diferentes ramificaciones y la inclusión de la población civil en éste, ha alertado a las Naciones Unidas. La Organización ha iniciado tareas usuales a través de medios novedosos como lo son las oficinas regionales. Es posible que si Colombia no se hubiera planteado el tema de la internacionalización, del conflicto o de la paz, no se sabe aún, estas oficinas no hubieran podido ser creadas o hubieran sido cuestionadas por la opinión pública, lo que nunca sucedió. En un país que produce noticias serias, graves, violentas, complicadas, críticas, todos los días en cantidad además, este movimiento de las Naciones Unidas pasó inadvertido.

Una mayor injerencia de las Naciones Unidas y de la comunidad internacional en general, no es de por sí preocupante. Lo realmente grave es que el gobierno deje de manejar los temas centrales de la economía y de la política por seguir los consejos de unos y otros en los diferentes temas de la agenda nacional. La crisis económica y el incremento de la desinversión presentado por cuenta de la inseguridad como producto del recrudecimiento de la violencia y de la guerra ha causado estragos en el camino del presidente Pastrana que se debate en medio de procesos de paz desacreditados y sin resultados concretos que disminuyan la intensidad del conflicto contra la población civil.

Independientemente, del recrudecimiento de la guerra y del poder de cada uno de los actores, hoy por hoy, se reconoce que el conflicto debe llegar a su fin. El único medio para lograrlo es la vía de la negociación y en un futuro de la reconciliación. Un cese de hostilidades como se comienza a negociar, significaría una oportunidad para reconstruir la economía y promover una política de paz firme y ágil que impida que la suspensión temporal de la guerra signifique una oportunidad de rearme para las fuerzas en conflicto, como ha sucedido en el pasado.

El presidente Pastrana debe comenzar a presentar resultados y a exigir hechos de paz a la guerrilla después de dos años de acercamientos y consolidación de las bases para el proceso de paz. La comunidad internacional con su mayor presencia en la realidad nacional necesita dejar de aplicar las fórmulas generales y comunes a todos los países en desarrollo para comenzar a entender la complejidad del conflicto colombiano donde ninguna solución parece fácil de alcanzar.

Sólo el tiempo y la complejidad de la interacción entre los actores dejará prever con mayor exactitud el desarrollo de los procesos de paz y de presencia internacional en Colombia. Lo único cierto, por ahora, es que la voluntad gubernamental de permitir el ingreso de actores internacionales en el tratamiento del conflicto con la excusa del proceso de paz, ha permitido que las Naciones Unidas, y otros actores de la comunidad internacional, amplíe sus redes y su presencia en Colombia y se involucre de manera más directa en el conflicto armado. Las propuestas de Annan para que el Consejo estudie la situación de los niños en conflicto o el tema de los desplazados merecen atención especial, pues Colombia tiene problemas en esos campos. Puede resultar un Salvador o una Guatemala pero también puede aparecer una nueva Somalia o como dice la guerrilla de las FARC-EP, puede convertirse Colombia en un nuevo Vietnam, mucho más violento y trágico para el sistema internacional.

Una mirada al África, a sus guerras y a las acciones de la ONU plantea varios interrogantes en el manejo de conflictos. La Organización ha adquirido en los últimos años una experiencia valiosa en el enfrentamiento de crisis internas, sin embargo, África no parece beneficiarse de ella y los conflictos fundamentales continúan sin resolverse. Si bien es esencial mirar los temas de gobernabilidad que, en la mayoría de los casos, tienen una influencia especial en el recrudecimiento y perpetuidad de las crisis, también es importante ser más conscientes en las necesidades de desarrollo de las poblaciones del África y de América Latina. Por lo tanto, los nuevos temas de la ONU como la erradicación de la pobreza y de la violencia, la eficiencia de los sistemas de justicia, salud, vivienda y educación son fundamentales para la transformación que la diplomacia preventiva y el buen gobierno pretenden lograr en el mundo del sistema de las Naciones Unidas.

Guerres, déplacements de population et interventions humanitaires en Afrique au seuil du XXIe siècle

Eric Lair
Professeur du Departemento de Finanzas,
Gobierno y Relaciones Internacionales
de l'Université Externado de Colombia

En décidant de s'intéresser aux interactions entre la guerre, les déplacements forcés de population et les interventions humanitaires en Afrique, nous prenons le risque de véhiculer un peu plus l'image d'un continent à la dérive comme le décrivent parfois certains observateurs en quête de sensationnalisme.

Certes, l'Afrique connaît plusieurs conflits armés de longue durée *(Soudan/1983-Algérie/1991- Angola/1975-Sierra Leone/1991)* ou d'autres plus récents particulièrement violents *(Ethiopie-Erythrée/1998-République Démocratique du Congo/1997sans oublier le génocide rwandais de 1994 qui fut d'une brutalité inouïe avec plus de 800.000 morts)*. Mais rappelons que dans de nombreux domaines ce continent fait preuve d'une grande vitalité. Entre autres choses, on peut être surpris par la capacité des Áfricains à vivre et à s'organiser dans des milieux aussi conflictuels de surcroît traversés par de graves problèmes économiques.

Non, l'Afrique n'est pas seulement un espace en guerre ou une vaste "zone grise" abandonnée aux mains de pouvoirs criminels et de guérillas animés par des ambitions économiques[1]. L'Afrique est plurielle et tous ses espaces ne sont pas nécessairement traversés par la guerre. Lorsqu'ils éclatent, les conflits armés sont eux aussi pluriels du point de vue des acteurs, dans leurs dynamiques et dans les processus de résolution pacifique dont ils peuvent faire l'objet. En effet, comme l'illustrent les cas du Zimbabwe (1979), de la Namibie (1989) et du Mozambique (1992), les solutions négociées aux conflits armés existent bien qu'elles soient longues à mettre en place.

Il s'agit donc de ne pas sombrer dans un pessimisme sans limite en associant immanquablement l'image de la guerre au continent africain. Mais il ne faut pas non plus tomber dans l'excès inverse, c'est-à-dire nier la réalité de la guerre et son cortège de souffrances. La guerre est un fait "sociétal" qui déstructure le tissu social et familial de nombreux espaces pris en charge par les acteurs de l'humanitaire dont les fonctions tendent de plus en plus à se diversifier.

C'est précisément sur tous ces paramètres que nous allons réfléchir pour essayer de mieux comprendre les phénomènes de guerre et les interventions humanitaires qu'ils engendrent à l'aube d'un nouveau millénaire.

I. Quelques réflexions sur la guerre en Afrique

A. Des guerres internes... aux dimensions internationales

Toutes les études réalisées par les centres de recherche sur

---

1. Voir à ce sujet la lecture du monde post-guerre froide proposée par Xavier Raufer, "Les superpuissances du crime –enquête sur le narco-terrorisme", Paris, Plon, 1993.

les conflits armés le confirment: les conflits internes dominent aujourd'hui le panorama de la guerre en Afrique, et dans le monde en général, alors que les confrontations entre Etats sont de plus en plus rares[2].

Si la réduction du nombre de conflits inter-étatiques est souvent perçue comme une caractéristique de l'après-guerre froide, elle n'est pas foncièrement nouvelle. Cette tendance remonte aux années 1950. Par contraste avec le XIXe siècle et la première moitié du siècle suivant où les guerres entre Etats étaient fréquentes, les années postérieures à la seconde guerre mondiale ont été synonymes "d'internalisation" des conflits bien que bon nombre d'entre eux aient été compliqués par l'intervention (in)directe d'acteurs externes *(Etats, mercenaires, etc.)*[3].

En dépit de cette "internalisation" des conflits, il serait précipité de croire que les conflits inter-étatiques n'ont plus de raison d'être comme on le lit parfois y compris sous la plume d'éminents historiens militaires[4]. Le conflit "oublié" entre l'Ethiopie et l'Erythrée et les potentialités d'escalade militaire que recèlent les combats en République Démocratique du Congo (ex-Zaire) où sont impliqués plusieurs Etats invitent à ne pas conclure trop rapidement à la disparition des guerres inter-étatiques.

La plupart des conflits africains dits "internes" ou en phase "d'internalisation" ont aujourd'hui pour principal théâtre d'opérations les espaces nationaux des pays où ils se développent. Dans certains d'entre eux, on observe une "sanctuarisation agressive" des territoires contrôlés par les protagonistes armés *(Sierra Leone, Angola, Soudan, etc.)*.

---

2. Voir par exemple la liste des pays en conflit publiée annuellement par le Stockholm International Peace Research Institute (SIPRI).
3. Sur ce thème, voir Kalevi Holsti, "The state, war and the state of war", Cambridge, Cambridge University Press, 1996.
4. Martin Van Creveld, "La transformation de la guerre", Monaco, Editions du Rocher, 1998.

En effet, l'emprise socio-spatiale de ces derniers est parfois telle qu'ils parviennent à fermer et ouvrir des régions au gré de leurs besoins, à les rendre inaccessibles ou tout du moins à les présenter comme tels. Cette "sanctuarisation" n'est cependant pas toujours synonyme de contrôle territorial durable. Elle a plutôt un caractère éphémère. Elle prend alors la forme d'une rotation (*turnover*) entre acteurs armés qui se succèdent comme agents régulateurs incapables de contrôler de manière stable de larges portions du territoire[5] *(par manque de moyens, d'organisation, de soutien populaire, etc.).*

La notion "d'internalisation" est également employée pour souligner les capacités des groupes armés *(guérillas, paramilitaires, milices, etc.)* à chercher localement, sans aide extérieure significative, les moyens économiques pour soutenir l'effort de guerre et étendre leur rayon d'action. Il s'agit d'une tendance qui s'est accrue avec la fin de la fin de la guerre froide et de l'aide étrangère que recevaient certains protagonistes armés comme ce fut le cas en Angola *(la guérilla de l'Union Nationale pour l'Indépendance Totale de l'Angola était principalement appuyée par les Etats-Unis et l'Afrique du Sud alors que le gouvernement du président Dos Santos par l'ex-URSS et Cuba).*

Cette "internalisation" des logiques économiques de la guerre ne doit pas être confondue avec l'idée d'une fermeture totale des espaces. Dans de nombreuses régions, les acteurs en conflit s'insèrent dans des réseaux qui articulent le local au global. Si on peut parler "d'internalisation" de quelques activités lucratives telles l'extorsion ou l'exploitation de ressources minières, on observe dans le même temps la mise en place d'économies ouvertes sur

---

5. Sur les rapports entre la guerre et le territoire, voir le remarquable article de Didier Bigo, "Guerres, conflits, transnational et territoire", *Cultures et Conflits*, N° 21-22, 1996.

l'extérieur. Les groupes armés ont développé des économies organisées en réseaux qui font entrer en interaction une multitude de protagonistes venus d'horizons hétérogènes: hommes politiques, agents de l'Etat, acteurs illégaux, etc. Il se noue ainsi des alliances d'opportunité conjoncturelles sur fond d'intérêts réciproques, de coercition et de peur. Ces alliances inspirent des commentaires sensationnalistes en termes de menaces et désordre de la part d'un nombre croissant d'analystes[6]. Mais derrière l'apparence de désordre, se dessinent des transactions sociales, politiques et économiques qui permettent de (re)structurer souvent les espaces sociaux par la violence.

Les économies illégales trans-frontalières comme celle du diamant entre l'Angola et la République Démocratique du Congo sont particulièrement riches en interactions et en alliances de ce type.

Région historiquement ouverte sur l'extérieur de par sa longue tradition commerciale, cette zone diamantifère est aujourd'hui un espace de rencontre entre les groupes armés *(guérillas, armée régulière, délinquants, mercenaires, etc.),* les chercheurs de pierres précieuses, les membres de l'Etat, les représentants des grandes compagnies internationales exploitant et/ou commercialisant les diamants et les populations locales. Comme l'a montré l'anthropologue Filip de Boeck[7], dans sa partie située en République Démocratique du Congo, cette frontière est un lieu de grande fluidité sociale où coexistent l'ordre et le désordre. L'économie locale qui s'y est développée est une économie

---

6. Voir à ce sujet les descriptions de Xavier Raufer, *Op. cit.*
7. Filip de Boeck, "Domesticating diamonds and dollars: identity, expenditure and sharing in Southern Zaire (1984-1997) in Birgit Meyer & Peter Geschiere (eds.), *Globalization and identity*, Oxford, Blackwell Publishers, 1999, pp. 177-209. Pour une réflexion plus large sur ce genre de transactions entre acteurs illégaux et membres de l'Etat, voir Jean-Francois Bayart, Stephen Ellis & Beatrice Hibou, "The Criminalization of the State in Africa", Bloomington, Indiana University Press, 1999.

de prédation particulièrement violente située dans des espaces "mentaux", géographiques et historiques à la fois présents, passés, régionaux et internationaux.

En fait, dans la mise en place de leur économie de guerre, qu'elle soit frontalière ou non, les groupes en conflit obéissent à une double logique complémentaire d'occlusion-ouverture. Ils s'enferment rarement de manière durable ni totalement dans leurs territoires sachant que pour étendre leur rayon d'action ils ont besoin de négocier avec l'extérieur.

Cette logique d'occlusion-ouverture s'explique non seulement par des considérations économiques mais aussi par des facteurs militaires imposés par l'évolution des rapports de force entre acteurs armés: chacun d'entre eux essaie d'exploiter et protéger des ressources économiques (*cultures de drogue, gisements de diamant ou d'or, exploitation du bois, etc.*), des couloirs de déplacement stratégique ou des zones urbaines au prix d'incessantes (re)conquêtes territoriales.

Enfin, comme on le voit en République Démocratique du Congo, les aspects militaires et géostratégiques des conflits internes s'inscrivent parfois dans une configuration pluridimensionnelle qui relie le local aux pays voisins de la région (*Angola, Ouganda, Rwanda, Burundi et plus loin encore, le Soudan, la Namibie et le Zimbabwe*)[8].

Quand on parle de conflit "interne", on ne peut donc pas exclure du champ d'analyse les aspects externes des conflits qui, comme nous allons le voir, prennent une connotation particulière sur le continent Áfricain avec les nombreuses interventions humanitaires en cours[9].

---

8. Pour comprendre les enjeux et les dynamiques de la guerre dans cette région centrale d'Afrique, nous renvoyons aux études publiées dans la revue Hérodote, "Géopolitique d'une Afrique médiane", N° 86-87, 1997. Pour un suivi de l'évolution du conflit, voir le site internet: www.grandslacs.net.
9. Comme nous le verrons par la suite, l'Organisation des Nations Unies appuyée

En somme, "l'internalisation" des conflits n'est pas synonyme de fermeture ni de repli. Les dynamiques internes locales de la violence s'imbriquent dans des dimensions internationales faisant de la guerre un thème d'étude à plusieurs échelles difficiles à analyser.

B. La guerre: de quoi parle-t-on?

Qu'est-ce que la guerre? Rien n'est plus difficile de répondre à une question d'apparence aussi simple. La définir comme une confrontation armée opposant des Etats ou une armée régulière à des groupes armés privés n'est guère satisfaisant. Les combats entre la guérilla de l'Armée de Libération des Peuples du Soudan et les milices, plus ou moins associées à l'Etat, au sud du pays n'entreraient par exemple pas dans cette acception[10].

A partir de quel moment situer le début des hostilités alors que la guerre ne se déclare pratiquement plus au préalable et qu'elle se prolonge parfois au point de paraître "suspendue" dans le temps?

Depuis environ 50 ans la guerre se fait sans véritablement avouer son nom. Elle est devenue insidieuse comme si elle cherchait à mieux surprendre et à déstabiliser l'ennemi ou les observateurs. C'est pourquoi, la plupart des analyses donnent le sentiment de se perdre dans le "brouillard de la guerre"[11] qui reste un objet obscur pour les sciences sociales.

---

par de nombreuses Organisations Non Gouvernementales est particulièrement active à cet égard. Thème abordé pour la région des Grands Lacs dans le numéro spécial de Politique Áfricaine, "Politiques internationales dans la région des Grands Lacs", N° 68, 1997.
10. Sur ce thème et la fragmentation croissante de la guérilla de l'Armée de Libération des Peuples du Soudan en diverses factions rivales, voir Scott Peterson, "Me against my brother: at war in Somalia, Sudan and Rwanda", New York, Routledge, 2000, pp. 173-244.
11. Expression qui se retrouve souvent dans la littérature militaire, notamment anglo-saxonne (the fog of war), pour souligner les aléas et les incertitudes liés à la préparation et à la conduite des combats.

Prenons un exemple concret: le Soudan[12]. Voilà un pays dont le conflit interne se développe depuis des années dans un climat d'indifférence qui n'est brisé que par des cycles de famine[13], résultat de conditions climatiques défavorables et des combats armés.

Selon certaines analyses, le Soudan vivrait depuis 45 ans dans un état de guerre permanente[14]. Or, si le conflit trouve ses antécédents dans la mutinerie de Torit en 1955, le pays a connu des périodes de paix depuis lors. Surtout, les logiques de guerre d'aujourd'hui sont fort différentes de celles des décennies 1960-70. Une rupture s'est produite en 1983 lorsque les groupes armés du sud historiquement opposés au nord ont repris les armes plus de dix après avoir signé un cessez-le-feu avec le pouvoir central. A partir de cette époque s'est affirmé un nouveau protagoniste: l'Armée de Libération des Peuples du Soudan dirigée par John Garang et composée dans sa majorité de membres des tribus Dinka et Nuer vivant au sud du pays[15].

---

12. Pour une présentation du conflit, voir M. W Daly & Ahmad Alawad Sikainga (sous la direction de), "Civil war in the Sudan", Londres, British Academic Press, 1993 ou encore Roland Marchal, "Chronique d'une guerre oubliée: le sud-soudan des années 1990", in *L'Afrique politique 1995: le meilleur, le pire, l'incertain*, París, Khartala, 1995, pp. 73-91.
13. En un peu plus de quinze ans, le pays a connu quatre grandes famines: 1984-85, 1988, 1998 et en l'an 2000. L'accroissement de l'aide humanitaire survenu durant ces périodes n'a pas profité qu'aux populations civiles mais aussi, et parfois surtout, aux acteurs en conflit. Ces derniers ont mis à profit l'acheminement de l'aide qu'ils ont déviée pour attirer sous leur contrôle des populations en détresse ou affaiblir celles supposées "appartenir" à l'ennemi faisant ainsi de la faim une arme de guerre. Sur ces thèmes voir Alex de Waal (ed.), "Food and power in Sudan: a critique of humanitarism", London, Áfrican Rights, 1997.
14. C'est ce qui ressort de l'analyse de Taisier Ali & Robert Matthews, "Civil war and failed peace efforts in Sudan" in Taisier Ali & Robert Matthews (sous la direction de), *Civil wars in África: roots and resolution*, Montreal & Kingston, McGill-Queen's University Press, 1999, pp. 193-220.
15. La recrudescence de la guerre a profondément transformé les modes de vie des populations autochtones comme les Nuba, les Dinka et les Nuer. Concernant ces derniers, l'enquête de terrain de Sharon Elaine Hutchinson, "Nuer dilemmas: coping with money, war and the State", Berkeley, University of California

La structuration de ce groupe armé, soupçonné d'avoir des velléités séparatistes, a été un facteur d'intensification et de complexification de la guerre.

Tout d'abord, il est important de rappeler que cette guérilla ne constitue pas une organisation homogène du fait qu'elle est traversée par diverses tendances qui ont donné lieu à des dissidences et à des affrontements entre anciens alliés. De plus, l'intransigeance de son chef et la nouvelle ligne "dure" incarnée par les dirigeants islamiques au pouvoir depuis 1989 ont entraîné le Soudan dans une spirale de la violence à l'issue incertaine. Face à l'expansion militaire de la guérilla, le pouvoir central de Khartoum a multiplié les alliances avec des milices provoquant une privatisation accrue du conflit et des espaces nationaux. Ces milices sont utilisées comme forces déléguées et d'appui de l'armée officielle qui n'ose parfois plus s'aventurer dans les territoires frontaliers avec le Kenya et l'Ouganda.

En parallèle à ces changements, c'est toute l'économie de guerre qui a été bouleversée avec la découverte de nouveaux gisements de pétrole, l'intensification de la prédation de la part des groupes armés contre les populations civiles ou les organisations humanitaires et la fin du relatif isolement international de la guérilla au sortir de la guerre froide[16].

Enfin, ce sont tous les rapports entre les protagonistes armés et les populations autochtones qui ont été bouleversés par la dissémination des acteurs en conflit et la multiplication de leurs exactions.

Press, 1996, constitue un précieux témoignage pour comprendre comment ont évolué les différents espaces nuer au cours des dernières années.

16. La chute du régime de Hailé Mengistu en Ethiopie en 1991 a privé la guérilla d'un soutien important mais les Etats-Unis et l'Ouganda semblent désormais appuyer la guérilla présentée comme un rempart contre l'expansion de l'islam politique imposé depuis Khartoum.

Autrement dit, sur tous ces plans il y a eu une évolution de la guerre qui fait que les facteurs de discontinuité l'emportent sur les linéarités de la guerre entre les années 1960-70 et les deux décennies suivantes. C'est pourquoi, on pourrait parler de "deuxième guerre" pour évoquer le conflit armé actuel.

Cet exemple rend compte de toute la difficulté qui consiste à vouloir situer le début des hostilités dans un conflit interne. Après cela, on n'a pas répondu à la question de fond: comment définir et caractériser la guerre?

Pour ce faire, on peut s'attacher aux (dis)continuités de la guerre. En effet, pour reprendre une idée qui imprègne toute l'œuvre du stratège militaire Carl Von Clausewitz, la guerre ne se résume pas une confrontation armée isolée dans le temps et l'espace[17]. Elle suppose une répétition des combats et une certaine logique dans les affrontements. Cette logique n'est pas nécessairement linéaire car les acteurs armés changent à l'instar de leurs stratégies. Les modalités et l'intensité des combats évoluent elles aussi. Elles sont entrecoupées de pauses dans le recours à la violence ou de négociations de paix. C'est précisément dans l'enchaînement de ces séquences d'action qu'il faut chercher l'essence de chaque guerre.

La guerre peut être ainsi appréhendée comme un processus conflictuel collectif *(antagonisme mettant aux prises au moins deux acteurs)* qui se décline en une succession de séquences où les protagonistes armés, les buts et les moyens mobilisés entrent en interaction dans un contexte de contrainte et de mort permanentes. Une fois encore, nous nous situons dans une perspective clausewitzienne de la guerre où, de surcroît, toute agression entraîne une réponse et une défense de la part de l'agressé. Au-delà de ses buts

---

17. Carl Von Clausewitz. *De la guerre*, Paris, Les Editions de Minuit, 1955.

politiques, économiques, sociaux et militaires, l'acte de la guerre consiste donc tour à tour à imposer et défendre une volonté, des intérêts particuliers et un ordre aux dépens de l'autre. Cette définition minimale est assez souple pour être adaptée, approfondie et confrontée à des situations très diverses.

Toutefois, elle est insatisfaisante sur au moins deux aspects: les cas de massacres contre des populations non armées qui n'offrent pas de résistance à l'usage de la force et elle ne renseigne en rien sur les victimes de guerre *(nombre, origine géographique, ethnique ou sociale, conditions de leur mise à mort, etc.)*.

Revenons sur le premier aspect qui touche un aspect essentiel de la guerre. S'en tenir à la vision de la guerre exposée ci-dessus conduirait à ne pas parler des massacres dont sont de plus en plus victimes les populations civiles dans les conflits. Dans bien des cas *(Mozambique dans les années 1980, Angola, Rwanda, République Démocratique du Congo, Algérie, etc.)*, les populations n'offrent pratiquement pas de défense aux acteurs armés qui les prennent pour cible de guerre. On est alors en présence de guerres contre les civils[18]. Aux actes de violence perpétrés par les groupes armés, succèdent non pas des combats mais des déplacements de population. L'un des exemples récents les plus frappants est celui du génocide rwandais de 1994 dont l'Afrique des Grands Lacs subit encore les conséquences. Certes, au moment des massacres les Tutsi n'offrirent pas de grands mouvements de résistance armée pour "contrecarrer" le génocide. Mais on peut légitimement parler de guerre du fait des stratégies des tueurs hutu qui voulaient, de manière plus ou moins méthodique et préparée, anéantir

---

18. Cette remarque vaut pour la plupart des conflits sur les autres continents: Myanmar (ex-Birmanie), Sri Lanka, Colombie, etc.

une partie de la population et ont appelé à la haine avec leurs discours diffusés à travers le pays[19].

De manière générale, on observe qu'en s'attaquant aux populations, les acteurs armés essaient de s'emparer violemment des libertés *(physiques, intellectuelles et morales)*, de la culture et de la volonté de l'autre qu'ils cherchent à réduire à néant par destruction physique totale *(Rwanda)* ou par soumission *(Soudan, Angola, Sierra Leone, etc.)* avec comme ambition d'homogénéiser les espaces sociaux.

C. Guerres civiles ou guerres contre les civils?

L'implication croissante des populations dans les combats que ce soient en tant que cibles militaires ou par leur participation (in)directe à la guerre *(recrutement dans les rangs des acteurs armés, aide matérielle, appui politique et de propagande, etc.)* conduit à s'interroger sur les rapports entre ces populations et les acteurs en conflit.

La tâche est d'autant plus difficile qu'il y a encore assez peu de témoignages et d'études sur les liens complexes unissant les populations aux groupes armés. Néanmoins, depuis plusieurs années les Organisations Non Gouvernementales à vocation humanitaire dotées d'importantes structures comme *Amnesty International* ou *Human Rights Watch* sont devenues d'incontournables sources d'information et d'analyse sur le développement des conflits. Le travail de leurs délégués et les réseaux de renseignement qu'elles ont tissés permettent d'avoir une vision nuancée de la guerre depuis "le bas" c'est-à-dire du point de vue de ses acteurs et de ses victimes. Ces rapports complètent les études, encore trop rares, de quelques sociologues, anthro-

---

19. Sur le thème des médias et de la violence, voir Jean-Pierre Chrétien, Jean-François Dupaquier, Marcel Kbanda & Joseph Ngarambe. *Rwanda, les médias du génocide*, Paris, Khartala, 1995.

pologues et historiens qui montrent à quel point les relations entre les populations civiles et les acteurs armés évoluent dans le temps et l'espace selon les rapports de force entre groupes en conflit, leurs moyens économiques et militaires et le degré d'emprise qu'ils exercent sur les espaces sociaux.

En l'état actuel des connaissances, on s'aperçoit que le recours à la violence et aux pratiques de terreur *(théâtralisation de la violence: corps mutilés, exécutions en public, etc.)* permet aux acteurs armés d'asseoir leur pouvoir territorial. La coercition devient une ressource mobilisée par les belligérants pour compenser une légitimité qui tarde à émerger.

Les populations sont aujourd'hui à la fois l'enjeu et le moteur des conflits internes en Afrique. Elles ont tout d'abord une valeur militaire: elles sont recrutées, parfois de manière forcée et à grande échelle comme ce fut le cas au Mozambique avec la guérilla de Résistance Nationale du Mozambique dans les années 1980[20], pour participer directement aux combats; elles servent de boucliers humains lors des combats entre factions armées qui se cachent en outre parmi elles pour échapper à leurs ennemis.

Elles constituent aussi un élément essentiel dans les économies de guerre: elles alimentent au quotidien les troupes; elles sont victimes d'extorsion et de vols; et elles sont utilisées comme main d'œuvre dans des activités hautement lucratives *(exploitation de mines de diamants et d'or, du bois, etc.)*.

Enfin, d'un point de vue politique et symbolique elles constituent un appui non négligeable et une source de contestation mobilisable à tout moment, y compris par la force, pour perturber l'ordre social et afficher ses capacités

---

20. Voir Christian Geffray. *La cause des armes au Mozambique, anthropologie d'une guerre civile*, Paris, Khartala, 1990.

de nuisance et de contrôle à l'ennemi *(stratégies de démonstration de force).*

Dans ce contexte, on comprend que "s'approprier" des populations devient un atout. Quitter celles passées sous le contrôle ennemi constitue un moyen d'attaquer et d'affaiblir l'autre camp sans forcément engager des combats directs avec lui. La guerre prend alors une dimension particulière où les principales victimes ne sont pas les acteurs directs du conflit mais les civils. Elle se convertit ainsi en un "conflit par populations interposées".

De nos jours, les principaux conflits africains se déroulent selon cette modalité de "combats par populations interposées". Bien sûr les affrontements directs entre acteurs armés n'ont pas disparu mais on se rend compte qu'ils ne sont pas les plus fréquents.

Compte tenu que les populations sont souvent entraînées malgré elles dans les conflits, peut-on encore parler de guerres civiles? Nous donnerons des éléments de réponse en plusieurs temps.

Rappelons en premier lieu qu'au cours du xxe siècle la notion de guerre interne s'est progressivement confondue avec celles d'insurrection, de "conflits de faible intensité"[21] et surtout de guerre civile. Aujourd'hui, les expressions "guerre civile" et "guerre interne" ont tendance à être employées comme synonymes. La notion de guerre civile semble victime de son succès: elle est souvent mentionnée mais très peu définie. Elle fait partie de ces notions qui semblent faire spontanément sens aux yeux de l'analyste et

---

21. Née aux Etats-Unis dans les années 1970, cette terminologie reflète plus profondément la réforme de la doctrine d'intervention militaire ébauchée au lendemain de la guerre du Vietnam. Cette doctrine a permis de dessiner un spectre d'opérations militaires allant des missions "coup de poing" (tentative de libération des otages américains détenus en Iran en 1979) jusqu'à l'affrontement armé entre les Etats-Unis et un pays aux moyens militaires limités (opération Just Cause au Panama en 1989 par exemple).

Selon les règles du droit international, les déplacés internes restent en tant que citoyens sous la juridiction des autorités nationales qui leur doivent protection et assistance humanitaire[22]. Quant au devenir des réfugiés, il repose en grande partie sur la responsabilité du pays qui les reçoit sur son territoire.

On dénombre aujourd'hui entre 8 et 10 millions de déplacés internes pour cause de guerre en Afrique soit environ la moitié des déplacés dans le monde[23]. Pour ce qui est des réfugiés, le Haut Commissariat des Nations Unies pour les Réfugiés (HCR) en a comptabilisé 11,5 millions en moyenne dans le monde entre 1989 et 1998 avec une année record en 1992 où ils étaient plus de 18 millions. Sur cette même période, le continent le plus affecté par les déplacements de réfugiés a été le continent asiatique *(environ 40% des réfugiés dans le monde)* suivi de l'Afrique *(environ 30%)*. Sur ce dernier continent, au début de l'année 2000 le HCR s'occupait à lui seul de 1,7 millions de déplacés internes et de 3,5 millions de réfugiés[24].

On peut distinguer trois grandes zones de déplacement forcé en Afrique. La première se situe dans l'Afrique des Grands Lacs *(Rwanda, Burundi, République Démocratique du Congo, Ouganda et Tanzanie),* la deuxième dans la corne de l'Afrique *(Soudan, Ethiopie, Erythrée et Somalie)* et la dernière dans la partie ouest du continent *(Liberia et Sierra Leone).*

---

22. Sur la condition de déplacés internes, voir la synthèse des principes du droit international établie par la Oficina del Alto Comisionado de las Naciones Unidas para los Refugiados en Colombia y Defensoría del Pueblo, "Principios rectores de los desplazamientos internos", Bogotá, 1999.
23. Chiffres extraits du rapport d'une conférence qui s'est tenue sur le thème en Ethiopie en 1998 à et qui a été publiée sous le titre: "Report of the workshop on internal displacement in África, Addis Ababa, October 19-20, 1998", *The International Migration Review,* Vol. 33, N °2, 1999, p. 469.
24. Tous ces chiffres sont disponibles sur le site internet du Haut Commissariat des Nations Unies pour les Réfugiés:www.unchr.ch

Sans entrer dans le détail des chiffres qui fluctuent d'une année à l'autre, nous noterons que les pays qui ont récemment le plus expulsé de personnes en Afrique pour cause de guerre sont le Rwanda, la République Démocratique du Congo, la Sierra Leone, le Soudan, la Somalie, l'Angola, l'Erythrée et le Burundi. Ceux qui en ont le plus reçus sont la Guinée, la Tanzanie, le Soudan et la République Démocratique du Congo.

Ces deux derniers pays ont la particularité de figurer à la fois parmi les nations qui expulsent et reçoivent le plus de déplacés. Cette particularité s'explique en grande partie par le fait que les deux pays connaissent un état de guerre qui est un facteur d'exode. Mais dans le même temps, les nations limitrophes vivent elles aussi des situations de violence (*Angola, Burundi, Rwanda et Congo pour la République Démocratique du Congo et Ethiopie et Erythrée dans le cas du Soudan*) qui provoquent à leur tour des mouvements de population en direction des territoires de la République Démocratique du Congo et du Soudan.

Bon nombre d'études réalisées par le HCR et des Organisations Non Gouvernementales (ONG) s'accordent pour souligner que les populations déplacées en Afrique affectent en premier lieu les femmes et les jeunes de moins de 25 ans. Sur ce dernier point, au cours de la dernière décennie, le HCR a observé que plus de 15% des personnes qui étaient prises en charge par ses services en Afrique avaient moins de 5 ans. La "juvénilisation" des déplacés Africains peut s'expliquer par trois variables.

Tout d'abord, elle provient de l'extrême jeunesse de la population Africaine dans son ensemble. En second lieu, les enfants se voient souvent obligés de fuir les combats et d'accompagner dans l'exil leurs parents ou des voisins comme c'est de plus en plus le cas lorsqu'ils sont orphelins. Enfin, cet exode est souvent la conséquence directe de menaces exercées contre cette catégorie de la population.

Aux yeux des acteurs armés les jeunes constituent en effet une "main d'œuvre" utile qu'il convient de recruter y compris par la force. Ces populations sont aussi les cibles directes des tueries car, pour certains acteurs armés, assassiner aujourd'hui des enfants c'est éviter de les voir devenir des ennemis dans le futur ou une façon d'éliminer à la "source" des groupes sociaux ou ethniques *(l'exemple des enfants tutsis assassinés par des hutus au Rwanda est à cet égard révélateur)*.

L'ensemble des données mentionnées antérieurement doivent être prises comme des ordres de grandeur et non comme des chiffres exactes. Le décompte des réfugiés et des déplacés internes est en effet sujet à de nombreuses erreurs et controverses.

Commençons par rappeler que la notion de "réfugié" n'est pas tout à fait la même entre les pays occidentaux et ceux de l'hémisphère sud. Pour les premiers qui se réfèrent principalement aux termes de la Convention des Nations Unies de 1951, sont considérés comme réfugiés les personnes qui ont fui leur pays et n'y retournent pas par crainte de persécution politique. Dans le second cas, la Convention sur les réfugiés de l'Organisation de l'Unité Áfricaine a par exemple une définition plus large parce qu'elle prend en considération les individus qui ont quitté leur pays pour cause d'agressions, de violence généralisée ou de troubles internes.

Autre source de confusion: les médias emploient sans distinction la notion de réfugiés et celle de déplacés internes. On parle de réfugiés pour décrire les mouvements de populations internes en ex-Yougoslavie, en Afghanistan, en Somalie, en Sierra Leone, etc. . Cette confusion traduit un manque de rigueur de la part des commentateurs et aussi le fait que les conflits actuels génèrent souvent des situations dans lesquelles il y a à la fois des réfugiés et des déplacés internes. Ces "nomades involontaires" de la guerre se déplacent tellement qu'ils peuvent être successivement réfugiés ou déplacés internes.

Dans ces conditions, le travail des Nations Unies et des Organisations Non Gouvernementales qui essaient de recenser le nombre de populations déplacées n'est pas simple. Comment ne pas compter plusieurs fois les mêmes populations? Il y a à l'inverse des oublis dans le décompte des réfugiés car la guerre entraîne parfois des mouvements de population aussi spontanés qu'inattendus. Les organisations humanitaires se trouvent alors dépassées en termes de logistique par la rapidité des déplacements comme on le voit dans la région des Grands Lacs. Il y a également des oublis du fait que les populations échappent volontairement au recensement effectué par ces organisations pour rester dans l'anonymat. Le décompte des déplacés internes est probablement encore plus délicat parce qu'eux aussi se soustraient au recensement qui doit se faire avec l'aval de l'Etat ou des acteurs privés en conflit.

Enfin, les risques d'approximation sont grands dans la mesure où les organisations humanitaires se livrent quelques fois à une sorte de concurrence dans l'administration des populations. Certaines d'entre elles peuvent être tentées d'augmenter artificiellement les chiffres pour obtenir plus d'aide économique, logistique et alimentaire ou de main d'œuvre au détriment des autres.

B. Les conditions de vie des déplacés: entre précarité, rejet et violence

La guerre en Afrique déstructure durablement les espaces sociaux. Elle jette notamment sur les routes de nombreuses populations qui, comme nous venons de le voir, sont largement composées de femmes et de jeunes.

Elle modifie profondément les structures familiales et redéfinit le rôle des femmes durant les combats mais aussi dans la période post-conflictuelle. Les femmes se voient attribuer de multiples fonctions pour cause de conflit dans des sociétés qui, jusque là, leur offraient peu de possibilités de s'affirmer. Elles deviennent ainsi les supports économiques et les principales éléments de cohésion des familles alors que leurs maris sont soit morts au combat, absents du foyer ou durablement affectés *(psychiquement et physiquement)* par les effets de la guerre[25].

Ce sont principalement elles qui mettent en œuvre au sein des structures parentales ce qu'on appelle les stratégies de *coping*[26] pour affronter les conséquences de la guerre. Elles s'efforcent ainsi de (re)créer des liens de solidarité sur le lieux des violences ou dans l'exil en se déplaçant.

En optant pour la fuite qui est souvent un choix forcé en raison de la dégradation des conditions de sécurité, les populations déplacées placent leurs modes de vie et leurs relations sociales sur le registre de la précarité et de l'incertain. Aussi bien les déplacés internes que les réfugiés vivent une situation d'exil: pour les premiers, il s'agit d'un exil dans leur propre pays où ils se sentent souvent comme des étrangers à l'image des seconds qui quittent le territoire national. Cette condition d'exilé "interne ou externe" s'explique en grande partie par la méfiance, l'incompréhension voire le rejet auxquels les déplacés sont exposés.

Dans ces conditions, les stratégies de *coping* de ces "nomades" de la guerre vont se développer à la fois sur les lieux d'exil et vont accompagner les phases de déplacement qui sont généralement longues et compliquées par l'attitude des populations locales.

---

25. Sur ce thème, voir les témoignages recueillis dans Panos Institute. *Armas para luchar, brazos para proteger: Las mujeres hablan de la guerra*, Barcelone, Icaria, 1995.
26. Isabelle Paulhan & Marc Bourgeois. *Stress et coping, les stratégies d'ajustement à l'adversité*, Paris, Presses Universitaires de France, 1995.

Les effets directs et secondaires de la guerre auxquels doivent faire face les populations déplacées sont variés et complexes. Nous ne mentionnerons ici que les plus connus.

L'abandon du foyer et de modes de vie fait perdre aux populations leurs repères sociaux et spacio-temporels. Il les plonge aussi dans un état de privation et frustration grandissantes. Brutalement, les populations se trouvent dépossédées de leurs biens et obligées de partager le peu qu'elles ont avec d'autres ou de dépendre de l'aide apportée par les agents humanitaires. Il en résulte un rétrécissement des activités quotidiennes qui s'apparentent à une lutte pour la survie sans "horizon d'attente"[27] bien défini.

Dans certains cas, cet horizon n'existe même pas du fait que les personnes se sentent perdues et incapables de se projeter dans le futur. L'ensemble de ces manifestations liées à un enfermement croissant de la personne et à la perte d'identité[28] sont parfois regroupées sous le terme générique d'"effet de clôture"[29]. Ces effets s'accompagnent d'autres troubles comme la répétition de scènes de violence, de problèmes physiques, de terreurs nocturnes, de sentiments d'angoisse, de méfiance et de honte[30].

C'est finalement contre tous ces éléments que doivent lutter les membres des organisations humanitaires qui

---

27. Notion développée par Reinhart Koselleck. *Le futur passé, contribution à la sémantique des temps historiques*, Paris, EHESS, 1990.
28. Contrairement à d'autres analyses, nous ne pensons pas que les déplacés perdent toute forme d'identité dans l'exil. Beaucoup d'entre eux parviennent à définir de nouvelles formes d'identité au prix de longs efforts d'adaptation à l'environnement. C'est pourquoi, lorsque nous parlons de "perte d'identité" nous nous référons à une perte provisoire et transitoire.
29. A. Chauvenet, V. Despret & J-M. Lemaire. *Clinique de la reconstruction, une expérience avec des réfugiés en ex-Yougoslavie*, Paris, L'Harmattan, 1996, p. 53.
30. *Ibidem*, pp. 56 y 57.

prennent en charge les populations dans les camps de déplacés mais aussi les femmes promues au rang de chef de famille avec la guerre. Leur tâche est d'autant plus difficile que les déplacés vivent une condition de "nomades" dans laquelle ils ont été dépossédés de leurs vies antérieures. Ils vivent des situations transitoires et incertaines. Ils ne se sont pas affranchis d'un passé récent ni de la présence des êtres proches qui sont morts et qu'ils n'ont pu enterrer comme ce fut le cas au Rwanda lors du génocide. Ils ne peuvent donc pas faire le deuil de la perte de ces êtres qui hantent leur quotidien en leur donnant mauvaise conscience. Ils n'ont pas non plus de grandes perspectives d'avenir et se trouvent pris au piège d'un temps présent qui privilégie l'immédiateté de la vie. Pour beaucoup d'eux, cette situation transitoire se prolonge de longs mois. Les camps de déplacés internes ou de réfugiés permettent de matérialiser dans l'espace et dans le temps cette transition "durable".

En se regroupant dans des camps, les déplacés internes et les réfugiés s'efforcent de créer des nouveaux espaces de sociabilité. Ces espaces sont caractérisés par une grande dépendance à l'égard des organismes chargés de leur apporter une assistance médicale, psychologique, nutritive et en termes d'infrastructures *(construction d'habitats, de latrines, de réseaux d'eau potable, etc.).* Peu à peu, "s'institutionnalisent" cette dépendance et tout un mode de vie précaire.

C. "L'institutionnalisation" de la violence à l'intérieur et autour des camps de déplacés

On observe dans le même temps une autre forme "d'institutionnalisation", celle de la violence qui entoure la mise en place et le fonctionnement de la plupart des camps de déplacés. Cette violence se décline en différentes catégories.

Il existe tout d'abord une violence intra-familiale dont les principales victimes sont les femmes et les enfants. Ce type de violence traduit souvent des problèmes sociaux et psycho-affectifs liés à la perte de personnes proches et de biens, à une situation de désocialisation *(les relations familiales et amicales des déplacés ainsi que leurs coutumes et valeurs ont été destructurées),* au syndrome de "clôture" décrit précédemment et à des troubles provoqués par le conflit armé *(post-traumatic stress disorders*[31]*).*

En parallèle, se développent des violences collectives inter-familiales et communautaires au sein des camps comme c'est le cas dans quelques lieux de regroupement de réfugiés somalis, soudanais et ethiopiens dans le nord du Kenya. Dans plusieurs rapports, les délégués des Nations Unies ont décrit les affrontements entre des membres des tribus Dinka et Nuer du Soudan[32]. Dans ce cas précis, les auteurs de ces violences reproduisent et importent dans un nouveau contexte une rivalité traditionnelle marquée par la violence. Mais cette violence collective n'est pas uniquement le fruit d'antagonismes historiques qui resurgiraient brutalement dans ces espaces de concentration de populations. Elle est aussi le reflet de problèmes de coexistence, de promiscuité et d'une compétition pour obtenir le maximum d'assistance humanitaire à l'intérieur des camps.

C'est pourquoi, les mêmes tribus Dinka ou Nuer pour ne citer que ces exemples sont traversées par des rivalités et des violences qui les fragmentent. Par exemple, l'appartenance à une certaine zone géographique du camp

---

31. Sur ce thème, voir Bernard Doray & Claude Louzoun (ed.). *Les traumatismes dans le psychisme et la culture,* Paris, Erès, 1993.
32. Voir par exemple Jeff Crisp. "A state of insecurity: the political economy of violence in refugee-populated areas of Kenya", U<small>NHCR</small> *Working Paper,* N° 16, décembre 1999.

permet de cristalliser les violences et de rompre les solidarités traditionnelles. Elle devient un facteur de nouvelles identités au moment de revendiquer ou défendre des intérêts: la violence est alors celle du "voisin contre le voisin", de clans provenant de la même tribu, etc.

Une autre forme de violence collective apparaît dans les camps lorsque ceux-ci abritent ou sont visités par des acteurs armés. C'est respectivement le cas dans l'est de la République Démocratique du Congo où se cachent des miliciens et des membres des Forces Armées Rwandaises hutu accusés d'avoir participé au génocide de 1994 et dans les camps du nord-ouest du Kenya qui sont régulièrement infiltrés par la guérilla de l'Armée de Libération des Peuples du Soudan. Ces groupes armés créent une insécurité à l'intérieur des camps en se livrant à des exactions *(extorsion, viol, etc.)*, en se vengeant de populations supposées ennemies et en essayant d'imposer leur ordre et de recruter de futurs combattants.

Enfin, il convient de signaler trois autres manifestations de la violence. La première est une forme de violence atomisée. Elle renvoie aux vols, aux règlements de compte individuels et aux viols de plus en plus fréquents. La deuxième oppose quelques populations déplacées aux autochtones qui par crainte de l'autre, d'une dégradation des conditions économiques ou par xénophobie, rejettent violemment ces nouveaux arrivants. La troisième fait référence au banditisme qui accompagne parfois l'installation des camps. Dans les zones mal contrôlées par l'Etat, comme dans le nord du Kenya[33], agissent des protagonistes armés plus ou moins structurés qui profitent

---

33. Zone frontalière habitée par des populations nomades et parcourue par divers groupes armés kenyans ou provenant du Soudan, de l'Ethiopie et de la Somalie limitrophes. Voir Katumanga Musambayi. "0,4° au nord de l'équateur: une souveraineté à l'abandon", *Politique Africaine*, N° 70, pp. 22-31.

de l'arrivée des déplacés et de l'aide humanitaire pour se livrer à des pratiques d'extorsion contre les populations locales, les organismes humanitaires et les personnes vivant dans les camps.

Plus qu'elles ne s'excluent, toutes ces catégories de violence entrent en interaction, s'alimentent et créent leurs espaces propres de reproduction.

III. Les interventions humanitaires en temps de guerre: caractéristiques et limites

A. L'humanitaire et les ONG dans le monde de l'après-guerre froide

On dit souvent que les conflits ont changé de nature surtout depuis la fin de la guerre froide en affirmant qu'ils sont beaucoup plus "barbares" et conditionnés par des considérations économiques que par le passé[34]. C'est oublier un peu vite que les groupes armés placés sous influence des grandes puissances à l'époque de la confrontation est-ouest n'ont pas toujours été faciles à contrôler. En outre, l'époque de la guerre froide a connu son lot d'atrocités contre les populations dans les conflits angolais et mozambicain par exemple. Non, les conflits armés ne sont plus violents contre les civils depuis la fin de la guerre froide[35]. Cela fait plus de quatre décennies que celles-ci sont les principales victimes des violences armées[36].

Par contre, avec la disparition de la guerre froide les opérations humanitaires ont profondément changé. La fin

---

34. Jean-Louis Dufour. "La guerre survivra-t-elle au XXIe siècle?", *Politique Etrangère*, N° 1, 1997, pp. 33-44.
35. Voir Didier Bigo. "Les conflits post-bipolaires: dynamiques et caractéristiques", *Cultures et Conflits*, N° 8, 1992/93, p. 12.
36. Dan Smith. "The state of war and peace atlas", London, Penguin Books, 1997.

de l'intervention des grandes puissances dans la plupart des conflits a rendu plus facile l'action des Organisations Non Gouvernementales (ONG) et de l'ONU, deux des principaux acteurs de l'humanitaire auxquels nous nous intéresserons ici.

L'humanitaire se développe en temps de paix ou suite à des catastrophes naturelles et pas uniquement au milieu des combats. C'est néanmoins ce dernier aspect que nous privilégierons en gardant à l'esprit que les catastrophes naturelles se combinent parfois avec les conflits[37].

Depuis environ 15 ans, l'expression "interventions humanitaires" a largement été utilisée dans le vocabulaire des sciences politiques et des relations internationales au point de devenir d'un usage courant. Cette "vulgarisation" de la notion n'a pas été sans conséquence sur son contenu. Aujourd'hui, elle recouvre de multiples réalités. Il n'est donc pas inutile de s'interroger sur les différents sens qu'on lui donne.

Dans son acception traditionnelle, elle désigne les opérations destinées à soulager et à assister des populations en danger ou dans le besoin. L'action humanitaire se veut neutre, dénuée de toute considération politique et économique et universelle. En théorie et d'un point de vue éthique, tout être humain doit pouvoir en bénéficier.

Après la seconde guerre mondiale, le dispositif humanitaire s'est institutionnalisé avec les conventions de Genève de 1949 et les protocoles additionnels de 1977 ainsi qu'avec le développement des agences spécialisées des Nations Unies tel le Haut Commissariat aux Réfugiés (le

---

37. Pour une comparaison des interventions humanitaires en temps de guerre et celles provoquées par des catastrophes naturelles proprement dites, voir J-M. Albala Bertrand. "Responses to complex humanitarian emergencies and natural disasters: an analytical comparison", *Third World Quarterly*, Vol. 21, N° 2, 2000, pp. 215-227.

H.C.R.). En outre, il s'est étendu aussi bien aux populations civiles victimes des effets de la guerre qu'aux groupes armés irréguliers comme les mouvements de guérilla.

Un premier changement est intervenu dans cette vision traditionnelle avec la guerre du Biafra en 1967. Région de l'est du Nigeria largement peuplée par les Ibo[38], le Biafra a connu une sanglante guerre avec le pouvoir central entre 1967 et 1970 suite à l'auto-proclamation de son indépendance. Pendant ces années, le pouvoir nigérian a violemment attaqué les populations de la région qui a été isolée militairement et économiquement du reste du pays[39]. Selon certaines estimations, la guerre aurait fait 1 million de morts et a provoqué une catastrophe humanitaire à l'origine de la mobilisation de certaines ONG.

En effet, des ONG comme "Médecins Sans Frontières" se sont alors engagées ouvertement dans une opération d'assistance aux populations biafraises en dépit des résistances de l'Etat nigérian. Elles ont ainsi perdu de leur neutralité et défié le principe de souveraineté nationale des Etats qui est l'un des principes fondamentaux du droit international.

L'intervention humanitaire au Biafra a servi de détonateur en faveur de la multiplication d'un nouveau type d'opérations humanitaires non seulement en Afrique mais aussi dans le monde. Ces opérations se veulent désormais beaucoup plus engagées allant jusqu'à accuser les parties en conflit qui empêchent le développement des interventions.

---

38. Au-delà des rivalités au sein des Ibo, le Biafra est traversé par de nombreux antagonismes qui sont le reflet de sa diversité ethnique et de ses minorités comme les Efik, Ibidio, Ijaw, Ogoja, etc.
39. Pour une présentation du conflit et du difficile problème de la réconciliation dans les années postérieures à la guerre, voir les travaux regroupés dans Ifi Amadiume & Abdullahi A An-Na'im (eds.). *The politics of memory- truth, healing and social justice* , London, Zed Book, 2000.

Cet engagement, dont l'ONG "Médecins Sans Frontières" est devenue l'un des symboles, s'est accompagné d'actions spectaculaires de plus en plus médiatisées comme en Somalie en 1992. Ceci, afin d'attirer à la fois l'attention des opinions publiques à l'heure de la globalisation des télécommunications et de récolter des fonds financiers.

Sur ce dernier point, il est important de noter que le financement de l'action humanitaire par les Etats ne va pas sans poser de problèmes : les Etats ont des intérêts *(politiques, économiques, géostratégiques, etc.)* étrangers aux ONG qui conditionnent irrémédiablement l'aide. En recevant des fonds étatiques, on peut donc se demander si les ONG ne perdent pas un peu de leur indépendance, de leur neutralité et ne deviennent pas les instruments "involontaires" du pouvoir politique.

C'est précisément au sujet de ce type de collusions "dangereuses", de la médiatisation de l'aide et du non respect de la souveraineté des Etats que se querellent aujourd'hui les ONG qui ne sont pas toutes partisanes d'un engagement "tous azimuts".

Ces divergences de vue sur l'action humanitaire marque une distanciation chaque fois plus grande de la vision classique de l'action humanitaire décrite plus haut. L'origine des dons qui proviennent en premier lieu des Etats, des organismes et ensuite des particuliers fait se côtoyer une multitude d'intérêts au sein de l'action humanitaire. La frontière entre le politique et l'humanitaire est parfois particulièrement floue d'autant que des ONG s'engagent seules ou avec l'appui d'Etats contre d'autres Etats.

Plus profondément, c'est tout le spectre des actions entrant dans le registre de l'humanitaire qui a changé lors des trois dernières décennies. Les ONG mènent aujourd'hui des campagnes de sensibilisation sur certaines crises humanitaires. Elles produisent aussi des rapports d'information d'une grande qualité. Elles interviennent dans l'assistance des populations directement dans les zones en conflit en négociant avec les acteurs armés étatiques ou non et dans les régions non directement affectées par la guerre. Elles sont donc au contact de la guerre et des protagonistes de la violence tout en risquant la vie de leurs membres. Elles s'impliquent aussi chaque fois plus dans la période post-conflictuelle et la reconstruction du pays *(programmes de réinsertion à la vie civile pour les ex-combattants, développement des infrastructures, scolarisation, attention psychologique aux victimes de la guerre, etc.)* comme on le voit au Mozambique où opèrent environ 35 ONG étrangères différentes. Enfin, elles essaient de mettre en place des systèmes d'alerte pour prévenir des catastrophes humanitaires provoquées par les conflits.

Autrement dit, elles se situent à la fois en amont et en aval des conflits armés et accompagnent leur développement au cœur des combats.

B. L'ONU et la militarisation de l'humanitaire

On peut faire la même remarque à propos de l'ONU qui, depuis la fin de la guerre froide, s'implique dans toutes les dimensions inhérentes aux conflits armés. Cet engagement plus prononcé ne signifie pas que l'organisation soit disposée à intervenir n'importe où et dans n'importe quelles conditions. Aujourd'hui, nous sommes loin des discours sur le nouvel ordre international dont l'ONU serait le principal garant. Formulés au lendemain de la guerre froide, ces discours ont perdu de leur vigueur avec les crises Africaines.

En effet, la tentative avortée de rétablir la paix en Somalie en 1992 ainsi que le retrait de l'ONU au moment du génocide rwandais ont montré les limites de l'interventionnisme onusien. Certes, dans ce dernier pays l'ONU et les ONG sont intervenus mais dans la période postgénocidaire principalement pour assister les milliers de déplacés fuyant la violence. L'ampleur de cette tragédie humaine et l'incapacité de la communauté internationale à empêcher les massacres conduisent à se demander si le nouvel ordre tant souhaité n'est pas mort *(provisoirement?)* au Rwanda[40].

A défaut d'être le principal régulateur du système international, l'ONU gère des interventions sélectives souvent guidées par les intérêts des puissances les plus influentes. Ses interventions sont également conditionnées par des problèmes liés à la sécurité régionale ou mondiale et par les opinions publiques. Ici, on mesure toute l'importance du travail de sensibilisation médiatique des ONG sur les catastrophes humanitaires comme l'a illustré le cas somalien. A l'inverse, il y a des catastrophes oubliées à l'instar de celle du sud-Soudan et de certains déplacés qui vivent dans des zones frontalières dans un état de ni paix ni guerre et finissent par tomber dans l'indifférence à mesure que se prolonge leur condition d'exilé *(réfugiés soudanais au nord de l'Ouganda par exemple)*.

Jusqu'à la fin des années 1970, les opérations de l'ONU ont été limitées au sein du Conseil de Sécurité et sur le terrain des guerres par l'affrontement est-ouest. Toutefois, peu avant la fin de la guerre froide l'ONU est parvenue en Namibie à aller au-delà de ses traditionnelles Opérations de Maintien de la Paix. A l'exception notable de l'intervention en Corée, l'ONU avait developpé jusqu'alors un archétype d'opérations qui consistait à déployer une force d'interposition afin d'éviter la reprise des combats entre belligérants. La particularité de ces interventions résidait dans le fait qu'elles intervenaient avec le consentement des

---

40. Jean-Claude Willame. *L'ONU au Rwanda*, Bruxelles, Editions Maisoneuve Larose, 1996.

Etats et des acteurs en conflit au terme d'une soluiton négociée.

En Namibie, l'Onu mit en place en 1989 une mission intitulée Groupe d'Assistance des Nations Unies pour la Période de Transition. Après avoir travaillé pendant des années pour obtenir l'indépendance de la Namibie, l'Onu participa au rapprochement de la guérilla de libération nationale et de l'occupant sud-Áfricain. Une fois la paix politique signée, l'Onu se chargea de: vérifier les accords de cessez-le-feu et de désarmement des factions, mettre fin à *l'apartheid* qui régnait dans le pays à l'image du voisin colonisateur sud-Áfricain, faciliter le retour des réfugiés, contrôler les élections présidentielles de 1990 et participer à l'élaboration d'une nouvelle constitution politique.

En fait, en Namibie l'Onu mena sa première Omp que l'on nomme aujourd'hui de "seconde génération". Comme jamais elle ne l'avait fait auparavant, elle déploya ses efforts pour rétablir la paix par la voie de la négociation et de jeter les bases de la reconstruction politique de la nation (*nation-building*) et d'apporter sa contribution à l'aide humanitaire.

Un peu à l'image du Biafra avec les Ong, le continent Áfricain avec le cas namibien a finalement enfanté un nouveau type d'interventions pour l'Onu mêlant à la fois des dimensions militaires, politiques et humanitaires. L'imbrication de ces trois éléments s'est renforcée et complexifiée par la suite avec la multiplication des interventions de "seconde génération". Ces interventions ont pris une nouvelle envergure avec la guerre contre l'Irak dans la mesure où l'Onu s'est donnée pour tâche d'imposer la paix par les armes. Depuis la guerre de Corée elle n'avait pas été impliquée dans une telle opération militaire offensive. A la différence de ce qui s'était passé en Namibie, l'Onu s'engagea massivement sans accord négocié préalable dans un environnement hostile pour forcer la paix. Elle développa une opération de rétablissement de la paix coercitive armée.

Pour revenir au continent Áfricain, là encore l'ONU innova, en Somalie cette fois, en essayant d'imposer la paix par les armes dans un conflit interne.

L'exemple de la Somalie est intéressant à plusieurs titres. Avec la chute du président Syad Barré en janvier 1991, la Somalie fut déchirée par des conflits factionnels, reflet de sa fragmentation socio-politique et ethnique, qui conduisit la population civile à une situation de famine. Il fallut attendre mars 1992 pour que les Nations Unies envoient un contingent d'hommes sur le sol somalien, dans la capitale Mogadiscio plus précisément, pour permettre le bon acheminent de l'aide humanitaire largement détournée par les factions en guerre. Face à la persistance des exactions des groupes armés contre la population et du détournement de l'aide, l'ONU amplifia sa mission en décembre de la même année puis en 1993 avec les résolutions 792 et 813. Lors de la première mission, légitimité par l'imminence d'une "catastrophe humanitaire", les Etats-Unis eurent le commandement des opérations. La seconde opération, invoquée au nom de la menace que représentait la crise somalienne pour la "sécurité régionale", fut particulièrement ambitieuse. Pour résumer, elle alla plus loin que la simple intervention militaire coercitive permettant la répartition de l'aide et la protection des membres de l'ONU, des ONG et des populations. Elle se donna pour ambition de rétablir l'ordre par la force, de désarmer les factions, de participer au retour des réfugiés dans tout le pays et de participer à la reconstruction de l'Etat et la nation. En d'autres termes, il s'est agi à la fois de maintien et d'imposition de la paix par la force, de protection humanitaire et de tentative de reconstruction post-conflictuelle.

Les raisons de l'échec des Nations Unies en Somalie qui s'est retirée du pays sont nombreuses. Nous nous limiterons à mentionner ici quelques éléments explicatifs. Tout d'abord, l'Onu s'est retrouvée confrontée à une situation politico-militaire et humanitaire interne inédite à laquelle elle n'était manifestement pas préparée. Elle s'est donnée des objectifs trop ambitieux à tel point que l'on peut se demander si elle savait où elle allait alors que des problèmes de coordination entre les Etats, de logistique et d'intérêts sont rapidement venus entraver son action. Surtout, elle s'est trouvée prise au piège d'un milieu non pacifié où elle a oscillé entre protection humanitaire et opérations militaires sans maîtrise de l'environnement. La mort des casques bleus américains est venue rappeler à la réalité la communauté internationale et les opinions publiques, dans un premier temps enthousiastes à l'idée d'une intervention humanitaire, que les coûts d'une telle mission étaient élevés. Ce problème se pose aujourd'hui un peu en des termes similaires en Angola et en Sierra Leone où les membres de l'Onu sont à la merci des actions armées des belligérants dans un milieu qu'ils ne contrôlent pas. En Somalie, il y a certainement eu une surestimation des capacités de l'Onu et une mauvaise évaluation des potentialités de nuisance des factions armées et de la réaction des populations qui n'ont pas toujours été favorables à une intervention étrangère. Enfin, les membres influents de l'Onu ont essayé d'envisager la construction d'un Etat qu'ils jugeaient inexistant selon des modes de pensée occidentaux en ne prenant pas en considération les particularismes et les structures de la société somalienne difficiles à comprendre depuis l'extérieur, *a fortiori* dans l'urgence comme ce fut le cas.

En somme, l'Etat somalien a été contourné de manière violente car il était faible. Mais il est peu probable de voir une intervention de ce genre dans un Etat plus à même de défendre ses espaces nationaux.

La spécificité de la crise en Somalie a fait coexister en même temps pratiquement tout ce que recouvre le champ d'intervention de l'ONU dans l'après-guerre froide et de l'humanitaire avec ses "liaisons dangereuses" avec le politique, la raison d'Etat et les militaires.

C. L'humanitaire en question

Tout ce qui précède pose des questions sur le devenir de l'humanitaire qu'il soit le fruit des actions de l'ONU ou des ONG. Pour revenir au cas somalien, cette mission a montré que les conflits internes avec leurs multiples acteurs, dimensions politiques et conséquences dramatiques pour les populations défiaient les acteurs de l'humanitaire et internationaux dans leur volonté d'établir un nouvel ordre. Le moins que l'on puisse dire est que tous ces protagonistes n'ont pas été à la hauteur des objectifs qu'il se sont fixés en intervenant dans ce type de conflit interne. L'ONU s'est décridibilisée et a montré les limites de ses capacités d'action en Somalie et au Rwanda. Elle reste fondamentalement dépendante des Etats, eux-mêmes influencés dans leur politique par leurs intérêts propres et les opinions publiques, qui la composent.

La question est ainsi posée de savoir jusqu'où et dans quelle région du monde ces Etats sont aujourd'hui décidés à s'engager et à perdre des vies humaines? Comment donner un sens, des objectifs légitimes et clairs à ces opérations aux multiples facettes? L'humanitaire s'est tellement dilué dans de multiples intérêts et l'incertain qu'on aurait envie de demander de manière un peu provocante: que doit-on inscrire sur la tombe des soldats tombés sur les champs de bataille de l'humanitaire?

En outre, l'ONU n'est pas juridiquement préparée pour intervenir dans les conflits internes. Avec la guerre froide ce problème avait été écarté car son rôle s'était essentiellement limité à des OMP négociées pacifiquement. Or, aujourd'hui les conflits internes sont les plus nombreux et l'ONU veut parfois intervenir par la force pour rétablir les conditions d'un environnement stable. Mais sur quelles bases juridiques internationales ? En Somalie, l'ONU a entrepris un tour de force en faisant une interprétation abusive du chapitre VII de la Charte, qui permet l'usage de la violence au nom d'une menace pour la sécurité collective, pour agir militairement dans une crise interne bafouant le sacro-saint respect de la souveraineté des Etats. Ce chapitre VII a donc servi de paravent à un interventionnisme et à un humanitarisme plus que jamais militarisé mettant de la sorte l'ONU dans une sorte de vide juridique qui n'a pas échappé aux experts en droit international.

En ce qui concerne les ONG, en Somalie elles ont quelque peu perdu de leurs capacités d'action et de médiation avec l'Etat car elles ont été supplantés par la machine politico-militaire de l'ONU. Ce qui n'est pas forcément le cas dans d'autres conflits où elles sont les principaux acteurs de l'humanitaire comme on le voit depuis des années au quotidien au Soudan. Leur implication est devenue tellement forte qu'outre les critiques formulées à propos de leurs liaisons avec le militaire et le politique, on leur reproche de favoriser la dépendance des pays d'Afrique à l'égard de ceux du nord qui sont les principaux donateurs financiers. Certains n'hésitent pas à parler d'assistance pervertie ou même de "néocolonialisme" sournois.

C'est pourquoi, de manière plus constructive des auteurs préconisent une approche de l'aide plus centrée sur la coopération avec les populations locales afin de permettre un développement plus autonome et moins dépendant. Néanmoins, ce type d'actions "développementalistes" ne peut être mené qu'en milieu pacifié et non dans l'urgence ou dans un environnement conflictuel. Il nécessite en effet de l'investissement en formation, en capital financier et humain sur le moyen et long termes.

Autre critique qui a notamment vu le jour avec les camps de réfugiés de rwandais installés le long de la frontière avec la République Démocratique du Congo: on reproche aux ONG et au Haut Commissariat des Nations Unies pour les Réfugiés d'ouvrir leurs portes et de porter secours à des criminels de guerre qui ont agi lors du génocide du Rwanda. Cette polémique prouve à quel point ces agents de l'humanitaire sont confrontés à des situations complexes. Comment savoir avec exactitude qui a commis des crimes? Comment identifier les coupables et sur quels critères les juger? Ldes agents de l'humanitaire ne sont pas des forces de police ni juridiques. Chose que l'on semble parfois oublier tant leurs fonctions sont désormais étendues.

Enfin, il est de plus en plus reproché aux ONG humanitaires de devenir les instruments de l'économie de guerre des acteurs en conflit[41]. Le détournement ou la taxation systématiques de l'aide au profit des groupes armés en Somalie, au Soudan, au Mozambique, en Angola et en Sierra Leone a posé la question de savoir si les ONG ne participaient pas à l'enrichissement de ces groupes. Sans tomber dans une critique outrancière de l'aide, il est établi que les factions armées se nourrissent parfois de l'aide. Cette dernière leur donne également du prestige et une certaine reconnaissance comme pouvoirs "de fait" armés sur un plan plus symbolique en obligeant les ONG voire l'ONU à négocier leur passage sur les territoires qu'elles contrôlent. Enfin, l'appropriation par les acteurs armés de l'aide humanitaire est perçue comme une ressource pour contrôler des populations. L'enjeu est de faire en sorte qu'elles passent sous contrôle ou au contraire affaiblir

---

41. Sur ce thème voir les études compilées dans Jean François & Jean-Christophe Rufin (éds.). *Economie des guerres civiles*, Paris, Hachette, 1996.

celles de l'ennemi en empêchant son acheminement. On entre alors dans des stratégies de guerre d'affaiblissement de l'autre qui conduisent quelque fois à des famines ou à l'aggravation de celles-ci comme on le voit depuis des années au Soudan et en Ethiopie.

Pour nuancer cette vision de l'aide humanitaire comme ressource de guerre et les critiques faites aux ONG, il convient d'ajouter que l'afflux de l'aide est aussi une contrainte pour les acteurs en conflit. En quête de légitimité ou pour soigner leur image internationale, ces protagonistes se voient obliger d'ouvrir des espaces de négociation avec des acteurs extérieurs susceptibles de mettre en évidence leurs exactions contre les populations et d'ouvrir leurs territoires.

D. Pour ne pas conclure...

Après un développement sans précédent, l'humanitaire doit donc être remis en cause. Non dans son existence même, car il permet de soulager le quotidien de milliers d'individus en Afrique et dans le monde, mais dans ses orientations. L'humanitaire est indispensable mais une réflexion est nécessaire sur ses liens "externes" et le degré de professionnalisation de ses membres au regard des besoins, de la complexité et de la dureté de la guerre.

L'humanitaire est clairement victime de son succès et en crise de croissance. Il semble pris dans des tendances contradictoires et multiples liées à la richesse et à la profusion des relations internationales à l'aube du XXIe siècle. Par exemple, comment concilier actions humanitaires et protection militaires des membres des ONG qui sont chaque fois plus exposées aux exactions des protagonistes en conflit? Ou encore, comment situer l'humanitaire transnational quand le respect de la souveraineté étatique est encore une des réalités les plus tangibles du droit international?

Les réponses à ces enjeux sont d'autant plus importantes qu'il y va de la crédibilité et de la sécurité des agents de l'humanitaire qui oeuvrent au péril de leur vie sur les théâtres de la violence armée partout en Afrique. On attend donc un débat en profondeur et des solutions pour faire en sorte qu'un nombre croissant d'Africains ne commencent pas un nouveau millénaire comme ils avaient quitté le précédent c'est-à-dire dans la souffrance voire l'oubli...

DEL ÁFRICA A AMÉRICA: LECCIONES Y RETOS ACTUALES EN LAS CRISIS HUMANITARIAS

Antonio Maldonado
Consultor Internacional en Derechos Humanos
y Derecho Internacional Humanitario
del Instituto de Defensa Legal de Perú,
y del International Human Rights Law Group

Primero nos referiremos al aporte de África al Derecho Internacional Humanitario como preámbulo necesario para entender los conflictos posteriores de los que nos ocuparemos. A continuación trataremos el tema de la *soberanía* y de la *intervención humanitaria*, como problema recurrente en los conflictos africanos y, finalmente, analizaremos algunas de las más graves crisis humanitarias en la región, principalmente en Somalia, Ruanda y Liberia. Al respecto veremos cuál fue la reacción de la comunidad internacional y las lecciones surgidas de aquellas experiencias con el fin de aplicarlas a los retos que enfrenta América hoy día.

I. ÁFRICA Y SUS APORTES AL DERECHO INTERNACIONAL HUMANITARIO

Generalmente, África es vista más como receptora que como contribuyente al desarrollo del derecho internacional.

Sin embargo, ha hecho en realidad importantes aportes a la teoría y la práctica del derecho internacional que deben rescatarse para América. Uno de éstos es en el ámbito del Derecho Internacional Humanitario[1].

De lo que se conoce, África parece ser el lugar donde nació el hombre y se desarrollaron las sociedades políticas. El ser humano fue respetado hasta la dominación extranjera y colonial, en que perdió su identidad y sus expresiones internacionales.

Antes de la colonización existió un sistema de estados africanos. Ciudades independientes, principados, reinos e imperios. Las relaciones entre estos estados se desarrollaban sobre la base del respeto a la soberanía, la independencia y la cooperación. Constituían un verdadero sistema de estados. La comunidad de estados africanos estaba caracterizada por la flexibilidad y la permeabilidad de sus fronteras, permitiendo el acercamiento entre sus pueblos, el cual era mayor cuando éstos compartían los mismos valores.

Desde el imperio Malí, que tenía relaciones culturales con los sultanes del Magreb y con El Cairo, hasta el imperio Songhay, que desarrolló relaciones culturales con el norte de África para intercambiar profesores y científicos árabes, África se caracterizó por un gran sentido humanista. Se dice que después de una peregrinación a La Meca, el emperador de Malí, Kankan Moussa, trajo arquitectos, poetas y científicos árabes, quienes fueron cautivados por el sentido de humanismo y por la extraordinaria riqueza del imperio Malí[2].

---

1. Adamou Ndam Njoya. "The Áfrican Concept of International Humanitarian Law", *International Dimensions of Humanitarian Law*, Geneva/Paris/Dordrecht, Henry Dunant Institute/UNESCO/Martinus Nijhoff Publishers, 1988, pp. 5-12.
2. *Ibid.*

El emperador de Songhay, Mamadou Touré, estableció relaciones de intercambio académico con profesores y científicos del norte de África. En su imperio existieron diversas universidades y centros culturales como: Djenné, Timbuktu, Oualata, entre otros[3].

En todos estos imperios y en los reinos que los sucedieron se otorgó gran respeto a los valores humanos. La tierra poco importaba y es por ello que las fronteras eran móviles e indefinidas. La vida en África estaba organizada alrededor de la familia y existía un concepto colectivo de la propiedad. Las monarquías africanas eran limitadas y descentralizadas, con un gran respeto por las autonomías.

África precolonial realizó importantes aportes al derecho humanitario. La atmósfera humanitaria fue fácilmente creada a partir de la organización social que giraba alrededor de la protección de los miembros de la familia y de las personas en el círculo inmediato a la misma, pues el sentido era brindar protección también a quienes podían incrementar la familia.

Los conflictos en África precolonial intentaban ser resueltos pacíficamente. En Togo, la resolución pacífica de los conflictos estaba encargada a los nobles; en Burkina Faso, a la Guardia Imperial; en Burundi y Ruanda, a los nobles; en Uganda y Kenia, a los ancianos. Había reglas que gobernaban el inicio de las hostilidades. En las más antiguas civilizaciones, la guerra estaba precedida por declaraciones enviadas por mensajeros. Existía un código de conducta que se aplicaba a la guerra, a la conducta entre los combatientes, a los no combatientes y sus propiedades, aunque muchas veces estaba restringido a la lucha entre adversarios del mismo grupo étnico. La guerra en general era un privilegio de los nobles. La tradición prohibía el uso

---

3. *Ibid.*

de armas consideradas muy peligrosas. Una tradición Bantú, en el este de África, decía: *puedes golpear a tu enemigo pero no matarlo*. Así, las armas que provocasen un daño innecesario en el enemigo, tales como las flechas envenenadas, estaban prohibidas. Incluso existían restricciones en los métodos del combate. Un enemigo caído no debía ser asesinado, un enemigo desarmado no debía ser golpeado y la lucha debía llevarse a cabo cara a cara[4].

En África existía una tradición por la clemencia. La protección de los no combatientes era ejemplar. Estaba asegurada la protección de las mujeres, los niños y los ancianos. El respeto por la mujer era imperativo, pues era considerada el origen y la fuente de la vida. Los niños representaban la inocencia y los ancianos eran considerados cercanos a los espíritus de los ancestros. Los prisioneros de guerra eran respetados en general. En algunos casos eran sacrificados con propósitos rituales o reducidos a la esclavitud o devueltos por un rescate o muertos, pero en otros casos eran asimilados a la población vencedora.

Aunque la participación de África en el desarrollo del Derecho Internacional Humanitario, compilado en los Convenios de Ginebra, fue limitada, debe destacarse que conjuntamente con otros países del Tercer Mundo, aportaron principios muy importantes en la Conferencia Diplomática de Ginebra entre 1974 a 1977, tales como el relativo al reconocimiento de las guerras de liberación nacional como conflictos armados internacionales, incluida dentro de la definición del artículo 2º común de los Convenios de Ginebra.

Los Estados africanos aportaron al principio de no interferencia en los asuntos internos de los Estados, para proteger a las víctimas de los conflictos armados no

---

4. *Ibid.*

internacionales de Estados que recientemente habían adquirido su soberanía nacional. Debido a la iniciativa de Nigeria, la Conferencia Diplomática prenombrada adoptó el artículo 47 del Protocolo Adicional I que define a los mercenarios y les niega el estatuto de combatientes y la calidad de prisioneros de guerra.

Toda esta herencia cultural y de respeto al ser humano se trastocó debido al impacto que produjo la dominación extranjera y la colonización, una de cuyas primeras consecuencias fue que la vida humana ya no era más sagrada. La colonización, que duró desde el siglo XIX hasta los años sesenta del siglo XX, destruyó todos los patrones históricos y cortó los vínculos geográficos, económicos, culturales, legales y humanos entre los imperios africanos.

Impidió la participación del continente en la vida internacional y destruyó el sagrado concepto de la vida humana existente hasta entonces. Los colonialistas europeos –alemanes, franceses, ingleses, italianos, belgas y portugueses– azuzaron e instigaron la violencia entre los grupos étnicos como una forma de consolidar su dominación –*divide et impera*– y sin respeto por las tradiciones africanas ni por precepto jurídico alguno, destruyeron sin piedad la solidaridad predominante entre los pueblos del África y provocaron enormes pérdidas de vidas humanas.

II. LA INTERVENCIÓN COMO HECHO DE LA HISTORIA

El término intervención significa la interferencia de un poder externo con la integridad territorial o la independencia política de un Estado, mediante la invasión, intimidación o subversión[5]. Su etimología en latín está

---

5. Lori Fisler Damrosch. "Introduction", *Enforcing Restraint, Collective Intervention in Internal Conflicts*, New York, Council on Foreign Relations Press, p. 3.

compuesta por las partículas *inter*, que significa "entre", y *venire*, que significa "por venir".

La historia de África es la de un continente permanentemente sometido a la presencia y voluntad de potencias extranjeras, en especial europeas. De hecho, algunos autores consideran que en la época actual, *África es la demostración más palpable de la farsa de las intervenciones humanitarias y el fracaso de las Naciones Unidas*[6]. Esta tesis es ciertamente interesante pero discutible. En realidad con el fin del colonialismo y de la guerra fría, la intervención grosera ha dado paso a formas más sutiles[7]. La intervención humanitaria comprende otros aspectos que serán analizados de manera implícita en los casos concretos objeto de examen y, por ello, es necesario tratar ciertos aspectos preliminares indispensables para la comprensión de este fenómeno.

Una intervención humanitaria está justificada única y exclusivamente por la presencia de una crisis humanitaria, definida ésta como la existencia de una grave situación de amenaza o de conculcación sistemática de los derechos humanos de una nación, un pueblo o una etnia por la acción del soberano bajo cuya jurisdicción se encuentra dicho pueblo[8].

Las intervenciones por razones humanitarias no son nuevas en el mundo. En el siglo XIX se produjeron numerosas intervenciones militares y diplomáticas para proteger minorías cristianas, frecuentemente en el Medio Este hasta los Balcanes. La más destacada fue la intervención francesa en el Líbano en 1860. Entre 1840 y 1850, bajo el poder del imperio Otomano, en el Líbano, surgieron graves pugnas

---

6. Alejandro Santos Rubino. "África adiós", *Semana*, 4 de octubre de 1999.
7. "Sins of the secular missionaries", *The Economist*, January 29, 2000.
8. Ravi Mahalingam. "The Compatibility of the Principle of Nonintervention with the right of humanitarian intervention", UCLA *Journal of International Law and Foreign Affairs*, spring 1996.

y tensiones entre los drusos musulmanes y los maronitas cristianos, debido a cambios económicos y sociales. En junio de 1860, estas tensiones subieron al grado de la violencia cuando grupos de drusos atacaron a los maronitas por todo el Líbano y en Damasco. Los franceses inicialmente previnieron al gobierno otomano para que adoptara las medidas necesarias a fin de evitar la violencia y restaurar el orden. Más tarde milicias drusas atacaron el pueblo libanés de Dair al-Qamar y masacraron cientos de maronitas, sin que el gobierno otomano hiciera algo para evitar la violencia. Un incidente similar al narrado ocurrió en Damasco. Fue éste último incidente el que llevó a Francia a la decisión de intervenir. El dilema de los maronitas se difundió en Europa y se hizo un llamado para la intervención humanitaria. Así, las potencias europeas decidieron intervenir. Los ingleses temían que el problema de los maronitas sirviera a los franceses de excusa para intervenir con otros propósitos, así que limitaron su intervención a los aspectos estrictamente humanitarios, y en agosto de 1860 las potencias europeas y el imperio Otomano firmaron un protocolo y una convención con los cuales acordaron la formación de una fuerza multinacional de 12.000 hombres para ir al Líbano por seis meses y contribuir a restaurar la tranquilidad. Las fuerzas militares francesas proveyeron la mayor parte de este contingente y tuvieron a su cargo la dirección de la operación. Francia pidió la extensión de su mandato de intervención pero Inglaterra se opuso. Las fuerzas europeas abandonaron el Líbano en junio de 1861, cuando gran parte del orden había sido restablecido.

La intervención de Francia en el Líbano representó numerosos retos al principio de no intervención. Fue un ejemplo de intervención colectiva de parte de los poderes europeos que previamente negociaron un acuerdo con la potencia soberana, el imperio Otomano, para establecer ciertos límites a la erosión del poder otomano. Demuestra así mismo, que soberanía e intervención no están necesariamente en conflicto y pueden conciliarse muchas veces. En dicha crisis, los Estados europeos demostraron actuar por motivos de humanidad para prevenir la persecución religiosa.

Principalmente debido al contexto político de polarización bajo la guerra fría, los gobiernos fueron reticentes a establecer un precedente que permitiera el inicio de intervenciones humanitarias. Durante los años 70 y los 80, el Consejo de Seguridad de las Naciones Unidas mantuvo una política de silencio frente a las crisis humanitarias. En la pos-era de la guerra fría, en los 90, el Consejo de Seguridad tomó posturas claramente abiertas a favor de autorizar intervenciones humanitarias. Así lo ha hecho en los casos de Iraq, Haití, Ruanda, Burundi y Zaire.

En 1948, Pakistán se dividió en este y oeste. Aunque ambas naciones tenían como común denominador el Islam y su odio por la India, eran básicamente distintas; diferente idioma, historia cultural, geografía y desarrollo económico. Al comienzo de los años 70, después de las primeras elecciones democráticas en Pakistán del Este, que establecía una corriente independentista en su Asamblea Nacional, el gobierno de Pakistán del Oeste realizó una ofensiva militar brutal contra el pueblo de Pakistán del Este. Antes de la intervención militar de la India, alrededor de tres millones de personas, defensores de la independencia e hindúes, fueron asesinadas por las fuerzas militares de Pakistán del Oeste. Cerca de diez millones de refugiados cruzaron la frontera y se dirigieron al estado indio de Bengal. India intervino en el conflicto en diciembre de 1971. Luego de una guerra de dos semanas entre India y Pakistán, en la que la India resultó vencedora y aseguró la independencia de Pakistán del Este como Bangla Desh, que fue inmediatamente reconocido como nuevo Estado independiente y luego por toda la comunidad internacional. Durante la referida crisis, fue poco lo que hicieron las Naciones Unidas para enfrentar la situación. Sin embargo, la intervención de la India generó una gran tormenta entre sus miembros, quienes cuestionaban la legalidad de esa intervención. La India justificó sus acciones sobre dos argumentos: primero, la legítima defensa de sus territorios, y segundo, su preocupación por la situación de los derechos humanos en el este de Pakistán y su impacto en el estado indio de Bengal. El delegado Indio mencionó en su discurso ante el Consejo de Seguridad de las Naciones Unidas, que "no seremos parte de ninguna solución que signifique la continuación de la opresión del pueblo del este de Pakistán, cualquiera que sea el pretexto. Mientras tengamos alguna luz de conducta civilizada dentro de nosotros, los protegeremos". Las Naciones Unidas no censuraron a la India pero tampoco legitimaron su intervención. La comunidad internacional dio su consentimiento tácito a la intervención de la India, mediante el reconocimiento del Estado de Bangla Desh. La actitud de la India es un ejemplo de intervención unilateral basada principalmente, aunque no exclusivamente, en la protección de los derechos humanos.

III. Experiencias de África: Somalia, Ruanda y Liberia.
De la soberanía a la intervención humanitaria

África poscolonial es distinta de la precolonial. Los conflictos armados internos, la corrupción y las graves crisis humanitarias han caracterizado o caracterizan infortunadamente a muchos de sus estados. De esas graves crisis también África nos enseña. Organismos regionales africanos[9] han tenido una gran y decisiva participación en la resolución de dichas crisis, dejando al descubierto la pobre participación de la Organización de las Naciones Unidas.

A. Somalia[10]

Somalia obtuvo su independencia de Gran Bretaña e Italia en 1960. Durante nueve años después gozó de un gobierno democrático estable. Sin embargo, en 1969, denuncias de fraude supuestamente cometido por el gobierno electo provocaron un golpe de Estado, liderado por el Mayor General Mohamed Siad Barre, quien se mantuvo en el poder debido a la manipulación de los clanes, la represión de los grupos de oposición y la corrupción.

Durante la guerra fría, tanto los Estados Unidos como la Unión Soviética, gracias a la estratégica localización de Somalia cerca al golfo de Adén, proveyeron al gobierno de Barre de toda clase de ayuda. Con el fin de recibir el apoyo de la Unión Soviética, Barre se proclamó marxista, y cuando en 1977 la Unión Soviética firmó un tratado con Etiopía, el enemigo histórico de Somalia, lo buscó de los Estados Unidos.

Hacia los 80, los Estados Unidos redujeron su ayuda a Somalia, la cual descendió de 34 millones de dólares en 1984 a 8.7 millones en 1987, 75% menos en tres años. En 1988, los Estados Unidos y Europa, con excepción de Italia, abandonaron a Somalia. Hacia el final de la guerra fría la posición estratégica de Somalia se había desvalorizado,

---

9. Tales como la Comunidad Económica de los Estados Áfricanos del Oeste (ECOWAS, por sus siglas en inglés).
10. Ved P. Nanda, Thomas F. Muther, Amy E. Eckert. "Tragedies in Somalia, Yugoslavia, Haiti, Rwanda and Liberia: Revisiting the validity of Humanitarian Intervention under International Law" - Part II, *Denver Journal of International Law and Policy*, winter 1998.

circunstancia que afectó la posición de poder de Barre. La corrupción generalizada, las rivalidades entre los clanes y la represión del gobierno desencadenaron una guerra civil. Aun antes de la caída del gobierno de Barre en enero de 1991, el Estado somalí había dejado de cumplir con sus funciones como tal, tanto en el ámbito político como en el económico.

A la caída de Barre, el Congreso Unido de Somalia –Usc–, designó a Alí Mahdi Mohamed como el Presidente interino de Somalia. El más grande clan los Hawiye apoyó a Mohamed, pero éste tuvo la oposición del general Mohamed Farah Aideed, un miembro de otro clan derivado del clan de los Hawiye.

Durante la lucha por el poder que siguió entre ambos grupos, éstos literalmente destruyeron Mogadishu, lo cual, sumado a la aparición de grupos violentos fuertemente armados, condujo a la virtual destrucción del gobierno de Somalia. Esta situación fue agravada por una gran sequía, en la que perecieron aproximadamente 300.000 personas.

Las Naciones Unidas se refirieron por primera vez a la situación de Somalia en enero de 1992. El Consejo de Seguridad reconoció que la gravedad de la situación en Somalia era una amenaza para la paz y la seguridad internacionales, imponiendo un embargo de armas y haciendo un llamado para incrementar la ayuda humanitaria.

Tres meses más tarde, después de un acuerdo de cese al fuego que fue firmado por las partes en conflicto a comienzos de 1992, el Consejo de Seguridad adoptó la Resolución 746. Además de pedir a las partes en conflicto un cese al fuego, la resolución aceptó la recomendación del Secretario General en el sentido de que un cuerpo técnico fuera enviado a Somalia con el propósito de observar la administración de la ayuda humanitaria y llegar a un acuerdo de paz permanente entre las partes. Ante el continuo deterioro de la situación y la ineficacia de la resolución, el Consejo de Seguridad se vio forzado a adoptar una nueva resolución.

Adoptó entonces la Resolución 751, que ordenó la formación de una operación de las Naciones Unidas en Somalia (UNOSOM), con 4.200 efectivos. La resolución autorizó al Secretario General a designar un enviado especial en Somalia, así como el establecimiento de tropas para supervisar el cese al fuego y en principio establecer una fuerza de seguridad para, que actuara tan pronto como fuera posible. UNOSOM fue concebida como una clásica operación de mantenimiento de la paz. En palabras del Secretario General, esto significaba que "no se movilizará sin el consentimiento de las autoridades de facto y que no haría uso de la fuerza excepto en legítima defensa".

En agosto de 1992, el Consejo de Seguridad volvió a actuar debido a las condiciones de deterioro de Somalia, autorizando a través de la Resolución 775, el envío de ayuda humanitaria por aire.

Cerca de un año desde el reconocimiento de que en Somalia se cometían abusos de los derechos humanos, el Consejo de Seguridad reconoció el fracaso del embargo y del desplazamiento de las tropas de las Naciones Unidas. Así, adoptó la Resolución 794, en la que estableció que la situación en Somalia constituía una amenaza a la paz y a la seguridad internacionales y acogió la recomendación del Secretario General en el sentido de que debía tomarse acción bajo el capítulo VII de la Carta de las Naciones Unidas para garantizar la adecuada entrega de la ayuda humanitaria.

Esta resolución es histórica en el sentido de que fue la primera vez que el Consejo de Seguridad invocó el capítulo VII y el artículo 42 de la Carta para actuar sobre bases humanitarias. El Secretario General sostuvo que "al presente no existe gobierno en Somalia. Esto obliga al Consejo de Seguridad a decidir bajo el artículo 39 de la Carta que una amenaza para la paz existe, como consecuencia de las repercusiones del conflicto somalí en la región. Debe decidir también sobre las medidas a adoptar para mantener la paz y la seguridad. El Consejo debe determinar que las medidas no militares no han sido capaces de dar fuerza a las decisiones del Consejo".

Así, dada la ausencia de gobierno real y efectivo y las luchas internas, el Consejo de Seguridad fue forzado a intervenir sin el consentimiento del gobierno. La Resolución 794 parece extender la perspectiva del capítulo VII para incluir violaciones a los derechos humanos, pues al invocar sus poderes bajo el capítulo VII, el Consejo señaló que "la magnitud de la tragedia humana causada por el conflicto en Somalia constituía una amenaza a la seguridad y a la paz internacionales". Al mencionar las graves violaciones a los derechos humanos producidas dentro de las fronteras de un país y considerarlas como una amenaza a la paz y seguridad internacionales, el Consejo de Seguridad expandía el campo de acción del capítulo VII considerablemente.

La Resolución 794 dio los poderes para que los Estados Unidos lideraran una coalición de fuerzas denominada United Task Force-UNITAF, con el mandato de "usar todos los medios necesarios para establecer tan pronto como sea posible un ambiente seguro para las operaciones humanitarias en Somalia".

Antes de otorgar amplios poderes a esta misión liderada por los Estados Unidos, el Consejo de Seguridad consideró cinco opciones que el Secretario General Boutros Boutros-Ghali puso en conocimiento del Consejo, dos de las cuales se referían a una intervención directa de las Naciones Unidas. Sin embargo, las Naciones Unidas carecían de los recursos necesarios, la logística, los planes de contingencia y la capacidad de organización de una misión de esta naturaleza.

La fuerza de la UNITAF tenía 37.000 soldados, de los cuales 28.000 eran de los Estados Unidos. Esta nueva operación permitió llegar a un acuerdo de cese al fuego, el

8 de enero de 1993, y al desarrollo de la ayuda humanitaria, tarea en la que concurrieron Naciones Unidas y un número cada vez más creciente de ONGS. Los Acuerdos de Addis-Abeba comprometían a los líderes de los clanes a cooperar en el respeto del cese al fuego y en la entrega de sus armas. Estos logros no habrían podido ser obtenidos por la sola presencia de Naciones Unidas, pero, de otro lado, Estados Unidos no deseaba permanecer más allá del tiempo estrictamente necesario en una atmósfera hostil, pese al deseo del Secretario General, quien expresó que la partida prematura de los Estados Unidos "podría provocar que Somalia vuelva a la anarquía y al hambre".

El 26 de marzo de 1993, el Consejo de Seguridad de las Naciones Unidas adoptó la Resolución 814, estableciendo la Operación de las Naciones Unidas en Somalia (UNOSOM II), con la esperanza de establecer una transición pronta de la UNITAF a una fuerza de intervención liderada por las Naciones Unidas. Bajo los poderes del capítulo VII de la Carta, el Consejo amplió el tamaño y el mandato de UNOSOM II, que incluía la consolidación y el mantenimiento de una atmósfera de seguridad en Somalia, el desarme de los grupos rebeldes, y la demanda de que los clanes respetaran los Acuerdos de Addis-Abeba de enero de 1993. También incluía su mandato acciones de fortalecimiento institucional del Estado y la creación de una fuerza policial somalí. UNOSOM II fue concebida como una operación de mantenimiento y aseguramiento de la paz en Somalia.

Cuando uno de los clanes atacó a fuerzas paquistaníes de UNOSOM II, en el que resultaron muertos 20 soldados y 50 heridos, el Consejo de Seguridad adoptó la Resolución 837, en la que se autorizó a tomar todos los medios necesarios para la investigación, el arresto, la detención y el juzgamiento de los responsables. Las fuerzas de las Naciones Unidas fueron autorizadas para atacar los cuarteles de Aidded. Las fuerzas especiales norteamericanas sufrieron un grave revés en el ataque a varios cuarteles de Aidded, y las cámaras de televisión del mundo y por tanto la opinión pública norteamericana vieron cómo las masas arrastraban por las calles el cuerpo desnudo de un soldado estadounidense y cómo otro herido era tomado prisionero. Como consecuencia, los Estados Unidos retiraron inmediatamente sus fuerzas, varios países europeos los siguieron y en enero de 1995 las tropas de UNOSOM II, al advertir el fracaso de su misión, emprendieron su retirada. Hacia comienzos de marzo todas las tropas de UNOSOM II habían dejado Somalia.

Lecciones de Somalia

• En Somalia fue la primera vez en la cual se puso en marcha un nuevo modelo de intervención colectiva que sólo fue posible de materializar después del fin de la guerra fría.

• La intervención de las Naciones Unidas extendió la perspectiva del capítulo VII de la Carta de las Naciones Unidas, al incluir violaciones a los derechos humanos.

• La intervención en Somalia empezó como de ayuda humanitaria y luego se convirtió en una operación de mantenimiento de la paz.

• La misión de las Naciones Unidas fracasó debido a sus múltiples objetivos y sus políticas y métodos poco coherentes. Por ejemplo, se dio mucho énfasis al desarme de los grupos y poco a la reconstrucción de las instituciones del Estado y de la sociedad.

B. Ruanda[11]

Durante tres meses, en el verano de 1994, entre 500.000 a

---

11. *Ibid.*

800.000 ruandeses, la mayoría hutus, fueron dados por muertos en una campaña genocida. Estas masacres no eran las primeras cometidas en Ruanda, pues anteriormente ocurrieron en 1959, 1963, 1966, 1973, 1990, 1991, 1992 y en 1993.

Con base en estos antecedentes, la comunidad internacional estaba advertida pero no hizo nada significativo para evitarlas.

Ruanda era uno de los países más poblados de la región. Existían dos grandes grupos étnicos: los hutus (85% del total de la población) y los tutsis (14%). A pesar de ello, los tutsis gobernaron sobre los hutus desde el siglo XVI. Antes del colonialismo, hutus y tutsis mantuvieron obligaciones recíprocas y contuvieron la violencia étnica. Después de la primera guerra mundial, colonizadores alemanes y belgas explotaron las diferencias raciales entre ambos, creando un sistema de diferencias étnicas entre dos grupos cultural y lingüísticamente homogéneos.

En 1959, Bélgica, bajo la presión de la Asamblea General de las Naciones Unidas, realizó reformas democráticas en Ruanda, las cuales fueron bien recibidas por los hutus, pero no por los tutsis. A pesar de que estas reformas les dieron a los hutus una mayor representación diplomática, los tutsis retuvieron el control sobre Ruanda. En aquella época se produjo la primera masacre de tutsis por hutus. Los hutus ganaron el poder al lograr Ruanda su independencia en 1961. El temor al gobierno hutu provocó el exilio de casi 200.000 tutsis hacia Uganda y otros países vecinos.

En 1973, el general Habyarimana, un hutu, tomó el control del poder en Ruanda y gobernó el país por 20 años a través del Movimiento Nacional Republicano para la Democracia y el Desarrollo, el único partido político de Ruanda. En 1990, la Organización de la Unidad Africana y el UNHCR obligaron a Habyarimana a entrar en negociaciones sobre reformas políticas. Pero se produjo una invasión del Frente Patriótico Ruándes desde Uganda, integrado por tutsis que habían huido anteriormente, provocando cientos de muertos y desplazados.

El régimen en el poder era responsable de graves violaciones a los derechos humanos en agravio de tutsis y hutus moderados, más sin embargo, el proceso de paz se reanudó el 17 de octubre de 1990. El presidente Habyarimana a través de una campaña tiránica, mantuvo el odio y el miedo contra los tutsis. El relator especial sobre ejecuciones sumarias, extrajudiciales y arbitrarias estableció que desde los ataques del Frente Patriótico Ruandés, todos los tutsis habían sido calificados como cómplices del Frente y considerados traidores. Entre 1990 hasta la masacre de 1994, el régimen de Habyarimana frenó cualquier posibilidad de reforma política, mientras promovió el odio étnico en Ruanda.

La violencia étnica hizo erupción cuando el avión de Habyarimana fue derribado en el momento en que retornaba de una cumbre de paz en Dar Es Salaam. Su muerte desencadenó una masacre indiscriminada de tutsis y miembros hutus de la oposición a cargo de su Guardia Presidencial. La masacre reanudó la lucha entre el Frente Patriótico Ruandés y el Ejército del Gobierno de Ruanda, que duró hasta el 18 de julio de 1994, fecha en que el Frente Patriótico tomó el poder. Este conflicto originó 1.5 millones de desplazados.

Al comienzo, la intervención de las Naciones Unidas se centró en promover acuerdos de cese al fuego entre el gobierno de Ruanda y las guerrillas tutsis. Estos esfuerzos permitieron la celebración del Acuerdo de Paz de Arusha, que buscaba la instalación de un gobierno amplio y transitorio hasta la celebración de elecciones nacionales.

El acuerdo buscaba ayudar a la unificación de las fuerzas armadas del gobierno con las del Frente Patriótico Ruandés y verificar el acuerdo de cese al fuego. Ambas partes, bajo la dirección del Presidente de Tanzania, el señor Mwinyi, solicitaron la asistencia de las Naciones Unidas para la celebración de dicho acuerdo.

Las Naciones Unidas habían estado previamente involucradas en la región a través de la Misión de Observación de las Naciones Unidas Uganda-Ruanda (UNOMUR), desplegada en junio de 1993. El principal objetivo de UNOMUR fue asegurar que ninguna ayuda militar llegase a Ruanda desde los países vecinos.

El Acuerdo de Arusha permitió la instalación de una Misión de Mantenimiento de la Paz, así como la de la Misión de Asistencia de las Naciones Unidas para Ruanda (UNAMIR). La misión de UNAMIR fue la de proveer operaciones cortas de mantenimiento de la paz, vigilando el cese al fuego, construyendo zonas de seguridad, asesorando a la transición del gobierno y dando seguridad en Kigali. La UNAMIR tendría cuatro fases. Primero, las Naciones Unidas establecerían un gobierno transitorio en Kigali; segundo, las fuerzas armadas serían desmovilizadas e integradas; tercero, las Naciones Unidas expandirían y controlarían las zonas desmilitarizadas a través de Ruanda y a lo largo de la frontera Uganda-Ruanda, y cuarto, la misión terminaría al celebrarse elecciones nacionales en Ruanda.

UNAMIR tuvo éxito en la mayor parte de sus objetivos, pero fracasó en el principal de traer paz a la región. Durante 1993, dos grandes masacres se cometieron cerca de la zona desmilitarizada, y los esfuerzos para dar ayuda humanitaria fueron suspendidos debido a la violencia ocurrida en Burundi. El Secretario General llamó a la cooperación de los Estados miembro, pero ésta nunca se atendió.

Luego, el 6 de enero de 1994, el Consejo de Seguridad aprobó la Resolución 893, autorizando un segundo despliegue de tropas. A pesar de ésto, la creación de un gobierno transitorio continuó demorada y un día antes del accidente de aviación del 6 de abril, el Consejo de Seguridad aprobó la Resolución 909, extendiendo el mandato de UNAMIR y llamando a las partes a resolver sus diferencias. Después de la muerte del presidente Habyarimana y el inicio del genocidio, las Naciones Unidas, lejos de incrementar su presencia, redujeron las fuerzas de UNAMIR de 2.165 a 1.515 miembros.

Un mes después del inicio del genocidio en Ruanda, el Consejo de Seguridad adoptó la Resolución 918 e incrementó el número de miembros de UNAMIR a 5.500. Bajo el capítulo VII de la Carta, el Consejo impuso un embargo de armas a Ruanda, pero los Estados fueron reticentes para apoyar con tropas y equipo a la fuerza de las Naciones Unidas, demora que agravó el genocidio. Particularmente, Estados Unidos, después de su experiencia en Somalia, fue muy reticente incluso a reconocer que se estaba cometiendo un genocidio, limitándose a señalar por sus voceros oficiales que "actos de genocidio podrían estarse cometiendo".

Mientras se demoraba la organización de la fuerza de las Naciones Unidas, Francia se ofreció a liderar una misión de fuerza. El Consejo de Seguridad adoptó la Resolución 929, que autorizaba a Francia a "usar todos los medios necesarios" para lograr sus objetivos humanitarios en Ruanda. La Operación Turquesa representó la segunda vez que una fuerza que no pertenecía directamente a las Naciones Unidas recibía autorización para cumplir una misión de orden humanitario.

Francia logró cumplir con los objetivos trazados, que consistían en el establecimiento de zonas de seguridad para los hutus que huían. El triunfo de esta operación, más el triunfo del Frente Patriótico de Ruanda, significaron el fin del desplazamiento de millones de personas. Cuando la seguridad en la zona fue garantizada, las tropas de UNAMIR y UNAMIR II reemplazaron a la Operación Turquesa el 21 de agosto de 1994.

Lecciones de Ruanda

- ¿Pudo la comunidad internacional haber evitado el genocidio con el desplazamiento de una fuerza de intervención internacional? La respuesta es sí pero no dispuso de la voluntad ni de los medios para hacerlo.

- Las Naciones Unidas y sus miembros, principalmente los cinco miembros del Consejo de Seguridad y los Estados Unidos, fallaron en prevenir el genocidio en Ruanda.

C. Liberia[12]

En Liberia intervinieron por razones humanitarias, las fuerzas de una organización subregional, la Comunidad Económica de los Estados Africanos del Oeste (ECOWAS, por sus siglas en inglés), y las Naciones Unidas en forma asociada frente a una situación de graves violaciones de los derechos humanos.

Las raíces del conflicto en Liberia se remontan a 1989. El sargento mayor Samuel Doe dio un golpe de Estado el 12 de abril de 1980, que puso fin a 130 años de gobierno de américo-liberianos, descendientes de esclavos americanos que fundaron Liberia en 1847. El golpe de Doe acabó con el gobierno autoritario y represivo del presidente William Tolbert (1971-1980).

A su vez, el gobierno de Doe devino en corrupto y brutal. Impuso leyes draconianas, violó sistemáticamente los derechos humanos y favoreció en forma abierta a su grupo étnico, una minoría llamada krahn.

Charles Taylor, miembro de los américo-liberianos, quien había servido bajo las órdenes de Doe, lanzó a su vez un movimiento insurgente guerrillero con el propósito de derrocar a Doe; pero en vez de lograrlo, la lucha se convirtió

---

12. *Ibid.*

en una grave guerra civil. El grupo de Taylor se denominó Frente Nacional Patriótico de Liberia.

La comunidad internacional permaneció indiferente ante las atrocidades cometidas. Ni las Naciones Unidas, ni la Organización de Estados Áfricanos hicieron nada, constreñidas por el principio de no intervención.

En agosto de 1990, bajo los auspicios de Ecowas, seis de sus miembros acordaron enviar contingentes militares desde Sierra Leona y Guinea apoyados por un pequeño contingente militar, con la intención de establecer cierta seguridad. Tres de los seis Estados, Gambia, Malí y Togo, se agruparon como parte del comité de mediación y Sierra Leona y Guinea se dedicaron a apoyar a los cientos de refugiados liberianos. Intentaron instalar un gobierno provisional en Monrovia y convocar a elecciones en seis meses.

Este plan fue objeto de ataques por parte de Charles Taylor, quien lo calificó como una invasión. El escenario se complicó cuando otra facción rebelde se formó, liderada por Prince Yormie Johnson, un antiguo comandante de Charles Taylor.

La situación presionaba para la intervención de los Estados Unidos, la Oua no se atrevía a intervenir, mientras que Taylor denunciaba las posibles intervenciones de Nigeria y Estados Unidos como violaciones a su soberanía nacional.

Ecowas realizó una minicumbre en Gambia y se determinó que la acción no podía considerarse como una violación de la soberanía de Liberia, simplemente porque ya no había gobierno efectivo en Liberia. Por tanto, la intervención de Ecowas fue anunciada como una intervención humanitaria para asegurar que la comida y los medicamentos llegasen a aquéllos que los necesitaban.

Ecowas, que asumió el nombre de Ecomog (Grupo de Supervisión del Cese al Fuego), desembarcó en 1990. Dentro de ECOWAS se produjo una división entre países anglo parlantes, como Nigeria y Ghana, y países francófonos, como Senegal y Burkina Faso. Senegal no demostró ningún interés en la operación de mantenimiento de paz, mientras que Burkina Faso, acusada de ayudar a Taylor, se mantuvo totalmente en la oposición a la intervención militar de ECOWAS. Charles Taylor declaró la guerra a la intervención de ECOWAS. El gobierno francés apoyó a los países francófonos opuestos a la operación de mantenimiento de la paz. Se dijo que las fuerzas de Taylor se abastecían de armas francesas a través de Costa de Marfil y de Burkina Faso.

A partir del incidente que terminó con la muerte del presidente Doe, a manos de los rebeldes liderados por Johnson, las fuerzas de ECOMOW fueron reestructuradas y se convirtieron en una fuerza para obligar a la paz.

Los países integrantes de ECOWAS organizaron una reunión de exiliados liberianos y formaron un gobierno en el exilio. Lo propio hizo Taylor, autodenominándose presidente. ECOMOW entró totalmente en el conflicto y, junto con el Frente Patriótico Nacional Independiente de Liberia, las fuerzas de Johnson y las Fuerzas Armadas de Liberia, las fuerzas de Doe lucharon contra las fuerzas de Taylor.

ECOWAS propuso una reunión pero, debido a la división entre miembros angloparlantes y francoparlantes, esa reunión no se pudo llevar a cabo. En medio del caos, las organizaciones humanitarias trataron de ayudar a medio millón de refugiados y decenas de miles de desplazados, enfermos y civiles acosados por el hambre.

Finalmente, el 28 de noviembre de 1990, en una cumbre extraordinaria de ECOWAS celebrada en Malí, Taylor aceptó un cese al fuego, que duró 20 meses. Esto significó un triunfo sobre los países que apoyaban a Taylor, como Burkina Faso, Costa de Marfil y Libia. En 1990, el Secretario

General de Naciones Unidas, Javier Pérez de Cuéllar, dijo que la acción de Ecowas era un buen precedente en la resolución de conflictos. El cese al fuego llevó finalmente al Acuerdo de Yamoussoukro IV en octubre de 1994.

Este acuerdo también se quebrantó cuando se reanudó una nueva guerra entre antiguos seguidores de Doe y todos los demás grupos, que causó 3.000 nuevos muertos, hecho que determinó que los Estados Unidos sacara a su embajador de Burkina Faso y que este país acusara a Francia de apoyar con armas a los rebeldes.

Debido a los nuevos hechos, Ecowas buscó la intervención de las Naciones Unidas. El Consejo de Seguridad se reunió el 19 de noviembre de 1992 y adoptó una resolución que impuso un embargo de armas y autorizó una misión de verificación de los hechos.

Las Naciones Unidas apoyaron la acción de Ecowas, sin mencionar específicamente la intervención militar. En el verano de 1993, las facciones en guerra firmaron el Acuerdo de Cotonou, y en virtud de él se creó la Misión de las Naciones Unidas de Observación en Liberia (Unomil). Este acuerdo convino la creación de un gobierno transitorio, el desarme de las fuerzas en confrontación y el llamado a elecciones nacionales. Sin embargo, también fracasó debido principalmente a que las fuerzas centralistas que apoyaban Ecomow, Nigeria y Ghana, no incrementaron su presencia militar.

Posteriormente, se produjo el Acuerdo de Akosombo en 1994, que también fracasó, y el Acuerdo de Abuja de 1995. El Consejo de Seguridad extendió de manera periódica el mandato de Unomil. Finalmente, no sin antes reanudarse el conflicto para proceder a un nuevo desarme, hubo elecciones nacionales en julio de 1997 y, en agosto de 1997, Charles Taylor fue elegido Presidente de Liberia.

- El Consejo de Seguridad nuevamente tomó acciones bajo el capítulo VII en respuesta a situaciones ocurridas dentro de un Estado, basado en la amenaza a la paz y a la seguridad internacional, es pues las acciones de violencia traspasaban las fronteras de Liberia y las medidas adoptadas bajo el capítulo VII de la Carta fueron hechas con el consentimiento del gobierno interino de Liberia.

- Se ha sostenido que dos estructuras paralelas actuaron en Liberia: ECOWAS y UNOMIL. No obstante que ECOWAS debiera subordinarse a UNOMIL, la debilidad de UNOMIL conduce a que la autoridad de la comunidad internacional esté realmente representada por la organización regional que es ECOMOG.

IV. LECCIONES Y RETOS PARA AMÉRICA

- África y América comparten una larga historia de *intervenciones* (guerras de conquista, colonialismo). Como consecuencia, en estos dos continentes existe una antigua y consolidada tradición antiintervencionista. Por ello es necesario, a la luz de las experiencias africanas, que los Estados de América y su órgano regional –la OEA– apliquen el concepto de intervención humanitaria como política de la organización, desarrollada en forma eficaz y concurrente con los esfuerzos e iniciativas de otros organismos internacionales, fundada en el interés de ayudar a la humanidad que se encuentre en sufrimiento y no en el interés nacional de cualquier potencia o grupo de potencias.

- Así como la comunidad internacional ha avanzado en la creación de un Tribunal Penal Internacional para investigar y sancionar los crímenes contra la humanidad, debe avanzar en definir una política internacional común para hacer frente a las graves crisis humanitarias bajo un racional denominador común no sujeto al interés de las potencias que integran el Consejo de Seguridad. Mientras que hay suficiente legitimidad dentro de las decisiones del Consejo de Seguridad para justificar las intervenciones humanitarias, no existe la misma claridad sobre los fundamentos o criterios políticos que pueden llevar al Consejo de Seguridad de las Naciones Unidas a decidir cuándo debe realizarse o no una intervención humanitaria.

• África nos enseña cómo la comunidad internacional tiene un doble estándar para juzgar las crisis humanitarias y que no en todas las situaciones en las que sufren los seres humanos la grave y sistemática violación de sus derechos produce una oportuna e inmediata intervención humanitaria.

• Nos demuestra también que la comunidad interna-cional se moviliza mejor frente a las crisis internacionales ahora, que durante la guerra fría, pero aún con la debilidad derivada de su falta de organización y definición de políticas adecuadas y consistentes. A pesar de la magnitud y gravedad de las crisis humanitarias, el Consejo de Seguridad es muy ineficiente para organizar una fuerza rápida de intervención de la comunidad internacional. De otro lado, también representa cómo la práctica internacional de las Naciones Unidas ha legitimado las intervenciones humanitarias e incluso ha ido más allá de lo establecido por su propia Carta.

• Las experiencias africanas reseñadas muestran que el concepto de soberanía se encuentra en crisis. Como lo enunció Louis Henkin[13], en un discurso pronunciado en la Facultad de Derecho de la Universidad Fordham el 23 de febrero de 1999, el reciente desarrollo del derecho internacional a la luz de la prohibición del uso de la guerra, del *crecimiento* de la cooperación internacional como objetivo cada vez más importante de la comunidad internacional y los avances realizados en materia de protección universal y regional de los derechos humanos, han puesto el concepto tradicional de la soberanía bajo una revisión absoluta.

• El concepto más claro de limitación y de relativización de la soberanía es la limitación al ejercicio de la guerra. La comunidad internacional surgida de la segunda guerra mundial, ha establecido que la guerra ya no es más un medio legítimo a través del cual los Estados pueden afirmar su soberanía. El desarrollo del concepto de cooperación, mediante el cual los Estados buscan resolver los problemas universales, es otro elemento importante y el último, el respeto a los derechos humanos, que expresa la preocupación internacional más urgente en estos tiempos. En la actualidad ya no se acepta la fórmula hitleriana en virtud de la cual la forma como un soberano trata a sus nacionales o a las personas bajo su jurisdicción es un asunto de su interna y estricta incumbencia, mas no de la comunidad internacional. De la relativización del concepto de soberanía, moldeada por estos tres factores, se ha pasado a la aceptación cada día más consensual y universal de la intervención humanitaria.

• En el fondo, con la mayor aceptación consensual del concepto de intervención humanitaria, lo que ponemos en

---

13. Louis Henkin. "That word: sovereignty, and globalization, and human rights, etcetera", *Fordham Law Review*, October 1999.

cuestión es el concepto vigente de soberanía. Louis Henkin ha señalado estas cuestiones centrales cuando se pregunta, ¿quién es el soberano de un Estado destruido o inexistente, cuando se trata del caso de Liberia, por ejemplo? ¿Qué pasa cuando hay Estados que no obstante ser miembros de la ONU, en realidad no existen, como Somalia? ¿Quién es el soberano cuando el Estado es impotente frente a ataques terroristas? ¿Quién es el Estado soberano cuando los conflictos étnicos recorren trágicamente dentro o a través de sus fronteras y cuando las guerras civiles se incrementan y llegan a afectar otros territorios? ¿Cómo puede la soberanía ser un elemento constitutivo de un Estado cuando éste no puede prevenir el genocidio? ¿Qué puede hacer la soberanía para enfrentar e impedir las masas de refugiados y de desplazados internos?

- Finalmente, África nos enseña de su pasado pre-colonial y de su presente. Respecto a lo primero, nos enseña a respetar estándares mínimos humanitarios, tales como los reseñados al inicio de esta presentación. De su presente, que los Estados pueden llegar a autodestruirse si la violencia y la guerra se degradan al nivel de la barbarie y la inhumanidad. También que la corrupción de los líderes de una nación puede llevar a situaciones políticas de grave inestabilidad altamente conflictivas e imposibles de predecir.

Expectativas y realidad de la reconciliación: la Comisión para la Verdad y la Reconciliación en Sudáfrica

Belinda Eguis
Egresada de la Facultad de Finanzas,
Gobierno y Relaciones Internacionales
Universidad Externado de Colombia

El proceso de reconciliación en Sudáfrica es el comienzo de una nueva era, la era de la democracia y la internacionalización del país. La base del proceso se encontraría en una Constitución interina, producto de un foro multipartidista, documento-guía del proceso de transición democrática que culmina con la expedición de una nueva Constitución. La Constitución interina se compromete con el respeto de los derechos humanos y la promoción de la unidad nacional; en ella se prevé la confrontación de una Comisión para la Verdad y la Reconciliación.

Esta idea se consideró desde 1994, ya que se desechó la opción de adoptar modelos de tribunales como el de Nuremberg y Tokio. En estos casos los vencedores impusieron ante los vencidos su idea de justicia; sin embargo, en Sudáfrica, el antiguo régimen pasaría a formar parte del gobierno y podría ejercer su poder para obstruir la labor del tribunal, tal vez llevando al país a reanudar el conflicto[1].

---

1. Antjie Krog. *Country of my Skull*, Johannesburg, Random House, 1998, p. 23.

De hecho, la idea de una comisión para la verdad ya había sido utilizada. En Sudáfrica, ya habían estado en ejercicio dos comisiones de la verdad[2] de carácter no gubernamental, creadas por el Congreso Nacional Africano para investigar los abusos a los derechos humanos de los que eran acusados.

La nueva Comisión de la Verdad tendría la particularidad de emprender un proceso de reconciliación de carácter interno; la reconciliación debía ser un esfuerzo sudafricano. Esto debido a que el conflicto sudÁfricano tuvo características históricas, políticas y culturales, las cuales debían considerarse. Históricamente, la colonización trajo consigo holandeses e ingleses, quienes se encontraron con un territorio ocupado por culturas diferentes, ante las que se impusieron. La minoría oprimió a la mayoría, y ésta última fue excluida por un sistema que se mantuvo en el poder por 50 años. Como no había homogeneidad cultural, el balance político se mantuvo en permanente inestabilidad; existía rivalidad entre xhosas y zulúes, lo mismo que entre blancos de ascendencia holandesa (*afrikaners*) e inglesa, y cada grupo buscaba su representación política. Por otra parte, culturalmente, los valores Áfricanos contrastaron con una cultura impuesta con la colonización; por lo tanto, las tradiciones Áfricanas debían contemplarse en un proceso de reconciliación.

La transición democrática fue el producto de una coyuntura: el conflicto había llegado a un punto muerto en el cual las partes reconocieron que de continuar sería a un costo inaceptable[3]. Las negociaciones dieron como resultado

---

2. Commission of Enquiry into Complaints by Former Áfrican National Congress Prisoners and Detainees, en 1992 y Commission of Enquiry into Certain Allegations of Cruelty and Human Rights Abuse Against ANC Prisoners and Detainees by ANC Members, en 1993.
3. David Welsh. "South Africa's Democratic Transition", *The Brown Journal of World Affairs*, Vol. II, Issue 1, Winter 1994, p. 1.

un acuerdo de paz cuyo último fin era la reconciliación. Las diferentes concepciones y percepciones del deber ser y cómo llegar a él chocan unas con otras y debió encontrarse una filosofía que se impusiera ante las divisiones emanadas a partir de los ejes de la reconciliación: Desmond Tutu y Nelson Mandela. Durante todo el proceso se presentó una paradoja: las expectativas frente a la realidad. Las expectativas son altas: perdón y olvido, pero existen limitantes en la práctica: las demandas de justicia y verdad. Al anteponer lo social a lo individual, la CVR salió triunfante y se constituyó en el cimiento a partir del cual se puede construir el futuro de la democracia sudÁfricana basada en la reconciliación.

I. Mirando al pasado

La discriminación y segregación racial se institucionalizaron en Sudáfrica desde la primera década del siglo pasado, en 1910. Fueron consagradas por primera vez con la expedición del Decreto de Tierras Nativas (*Natives Land Act*) de 1913, el cual otorgó una mayor proporción de las tierras a los blancos, aun cuando la mayoría de la población era negra, quitándole a estas últimas el derecho a adquirirla en determinadas zonas. Los sectores destinados a la población nativa se constituyeron en la base de los llamados bantustanes o *homelands*. En 1948 llegó al poder el Partido Nacional (PN), que se había constituido en el representante de la filosofía de la separación racial. Éste, se podría decir, fue el nacimiento electoral del *apartheid*[4].

---

4. Kader Asmal, Louise Asmal y Ronald Suresh Roberts. *Reconciliation through truth*, Claremont, South Africa, David Philip Publishers, 1996, p. 7.

El PN, en su mayoría de miembros afrikaners, sostenía, de acuerdo a la tradición cultural de los mismos, que existían diferentes grupos étnicos y los afrikaners eran los elegidos para convertir a los paganos, por lo que era necesario preservar su identidad racial. Previo al triunfo del PN existía la idea de la supremacía blanca, sin embargo, con su triunfo esta creencia se acentuó. Entorno a esta política se expidieron leyes como: la prohibición de los casamientos mixtos (1949) que declaraba nulos los matrimonios entre europeos y miembros de otra raza, la ley sobre las regiones de reagrupamiento (1950) que define la existencia de tres razas que debían residir en regiones distintas y la ley sobre la inscripción de la población (1950) que creó el registro civil con base en la raza. Estas leyes demostraron una configuración jurídica creada y respaldada por la discriminación.

La existencia de resistencia por parte de ciertos grupos políticos llevó al PN al recrudecimiento de las normas para institucionalizar un sistema de separación de razas conocido como Apartheid[5]. Para la década de los 60, la oposición fue criminalizada mediante la expansión de leyes como la de la Supresión del Comunismo de 1950 y la ley que criminalizó la desobediencia civil de 1953, orientándolas directamente contra la resistencia anti-apartheid, encontrando todas ellas su cumbre en la Ley de Organizaciones Ilegales/ *Unlawful Organisations Act* de 1960, la cual fue utilizada para proscribir el Congreso Nacional Áfricano (CNA) y el Congreso Pan-Africano.

En 1959, se expidió la Ley de Autonomía Bantú que creó las "unidades nacionales autónomas bantús" donde los individuos de las comunidades nativas tendrían derechos civiles. En 1970, con el Decreto de Ciudadanía de los

---

5. Apartheid, palabra en Afrikáans que significa separación.

Bantustanes (*Bantu Homelands Citizenship Act*), se determinó que los nativos, según su clasificación étnica, debían convertirse en ciudadanos de sus respectivos bantustanes para obtener derechos políticos.

Los bantustanes se encontraban localizados en zonas desérticas y dispersas de su geografía. Además, al no ser autosuficientes en lo económico, dependían totalmente de la ayuda del gobierno. Para finales de los 80, el 70% de la población estaba concentrada en el 13.6% del territorio[6]. El PN impulsó esta medida, ya que la disposición territorial de los bantús dividía a las etnias, lo que servía para contrarrestar el temor racial de la minoría a ser superados demográficamente en una proporción de 5 a 1 y a un repentino levantamiento en su contra.

La creación de los bantustanes fue tan sólo la continuación de la filosofía *afrikaner* la cual se agudizó con la expedición del Decreto de Educación Bantú en 1953, que dispuso un sistema de educación estructurado racialmente, con departamentos separados para blancos, asiáticos, de ascendencia india y nativos fuera de los bantustanes. Para éstos últimos se crearon 10 departamentos de educación separados. Todas las clases debían ser impartidas en *afrikaans*. A finales de 1994, el gasto *per cápita* en la educación negra era cuatro veces inferior al invertido en los blancos. Los profesores negros no se encontraban igualmente calificados y los colegios negros tenían menos salones, libros de texto y laboratorios científicos.

Como consecuencia de esto, a principios de los 90 sólo 40% de los aspirantes negros recibían su matriculación (requisito para ser bachiller y para la entrada a la universidad). Según la filosofía afrikaner, los nativos debían ser educados teniendo en cuenta sus valores culturales y

---

6. Patti Londoño. *La Sudáfrica del apartheid*, Bogotá, Universidad Externado de Colombia, 1991, p. 36.

de acuerdo con su lugar en la escala socioeconómica. Esta convicción se derivó en la perpetuación de su condición de inferioridad, limitando sus posibilidades y marginándolos económicamente.

En 1979, el jefe del gobierno, P.W. Botha, se vio forzado por la presión ejercida por los industriales, quienes se veían afectados por las sanciones económicas internacionales, a iniciar una serie de reformas que no modificaron el régimen de raíz.

II. El principio del fin

Durante los años 80 se empezaron a producir los primeros acercamientos entre el gobierno y la oposición, representada por el Cna. Nelson Mandela, líder encarcelado del Cna, emprendió en prisión un esfuerzo individual de acercamiento con el gobierno, al menos al principio lo mantuvo en secreto, por lo que se puede hablar del "factor Mandela". Después de enviar numerosas cartas a los ministros del gobierno sin obtener respuesta, en 1986 recibió la visita del Grupo de Personas Eminentes del Commonwealth, a quienes manifestó su apoyo a las negociaciones. Las conclusiones de esta visita fueron enviadas a las directivas del Cna e incorporadas a su política de paz. Son estos esfuerzos de Mandela los que reforzaron la aproximación del Cna a las negociaciones[7]. La importancia de Mandela en el proceso radicó en el amplio margen de maniobra que le otorgó su prestigio; incluso en la prisión, tenía un carácter intocable tanto para el gobierno como para la población negra.

---

7. Johannes Rantete. *The african National Congress and the negotiated settlement in South África*, Pretoria, J. L. van Schaik Publishers, 1998, p. 130.

En 1989, el CNA adoptó la Declaración de Harare[8], en la cual estableció los pasos requeridos para llegar a un acuerdo negociado. Entre ellos debía ponerse fin al estado de sitio y liberarse a todos los prisioneros políticos[9]. Para el CNA era impensable iniciar negociaciones con sus líderes en prisión[10], por lo que las conversaciones se empezaron sólo a finales de la década de los 80. En 1990 acordaron crear un grupo de trabajo que definió los parámetros de las negociaciones formales. El CNA aceptó de forma unilateral suspender el conflicto armado, lo que fue percibido positivamente por el gobierno, por lo que éste último otorgó fechas específicas para la liberación de todos los prisioneros políticos[11].

En esta coyuntura se encuentra una tercera fuerza: el Inkatha Freedom Party (IFP). Este partido giró en torno a la etnia zulú localizada, en particular, en KwaZulu-Natal. Tradicionalmente, la etnia zulú y la xhosa se han disputado el liderazgo en la población negra y de ello surgió este partido, que busca reivindicaciones para su población. Natal se constituyó en un foco de violencia debido a los enfrentamientos entre el IFP y el CNA. Éste último, de directivas en su mayoría xhosas, buscó representación en la región, por lo que el IFP lo considera un rival político.

Otra causa de conflicto lo constituyeron los vínculos entre el IFP y el gobierno en Pretoria. En la medida en que las políticas federalistas del PN lo beneficiaban, el IFP estableció lazos políticos que no eran bien vistos por la resistencia antiapartheid, en particular, el CNA. Las

---

8. En la Conferencia de la Organización de Estados Africanos, Alfred Nzo presenta ante ellos la posición de negociación del CNA. Todos los Estados africanos la respaldan, aunque reconocen que el momento no es propicio para que se inicien las mismas. El 22 de agosto de 1989 se adopta la Declaración.
9. Nelson Mandela. *Long walk to freedom*, London, Abacus, 1995 , p. 677.
10. *Ibid.*, p. 144.
11. *Ibid.*, p. 162.

negociaciones se vieron presionadas por la escalada de violencia en Natal y el descubrimiento del apoyo financiero otorgado al Inkatha por parte del gobierno.

El milagro de las negociaciones se puede atribuir en parte a la presión internacional, que se manifestó en sanciones económicas y condenas internacionales[12] aunque los Estados Unidos y Gran Bretaña mantuvieron su respaldo al régimen. En realidad, el líder del PN, Frederick W. de Klerk, inició un desmonte gradual del sistema al reconocer que "Sudáfrica se acercaba a un *impasse* absoluto"[13] y, por ello, dio el primer paso hacia la transición democrática con su discurso el 2 de febrero de 1990, en el cual anunció el levantamiento de la proscripción de todas las organizaciones políticas y la liberación del líder del CNA, adoptando gran parte de la Declaración de Harare del CNA. El 11 de febrero de 1990 salió de prisión Nelson Mandela[14] y, desde entonces, las negociaciones estuvieron marcadas por su autoridad moral y filosofía de la reconciliación.

En 1991 se congregaron en el World Trade Center de Kempton Park, reunión que culminó con la creación de la Convención para la Sudáfrica Democrática (*Convention for a Democratic South Africa*) (CODESA), la que se constituyó como un foro multipartidista compuesto por ocho partidos políticos, entre los que se destacan el CNA, el PN y el IFP. El 3 de junio de 1993, el foro fija la fecha de las primeras

---

12. En el seno de las Naciones Unidas se presentaron las primeras manifestaciones en contra del régimen del *apartheid* y datan de 1946. Para la década de los 70, la oposición se agudiza y se contemplan: un recorte en los fondos, embargo de armas y reducción de la inversión. En la década de los 80 la oposición se manifiesta como sanciones de carácter económico y político, los cuales se impusieron con el auspicio del Movimiento de Países No Alineados.
13. Welsh. *Op. cit.*, p. 1.
14. Mandela fue condenado a cadena perpetua por su militancia en el declarado ilegal CNA; ejerció su presidencia y participó en la creación de su brazo militar el *Umkhonto we Sizwe* (MK, *Spear of the Nation*). Fue liberado tras 27 años de encarcelación.

elecciones multirraciales que se llevarían a cabo en Sudáfrica, para el 27 de abril de 1994 y sobre la base de una persona, un voto[15]. En estos comicios se eligieron, en representación proporcional de listas nacionales y regionales, 400 representantes para la Asamblea Nacional y el Senado, los que juntos hicieron las veces de Asamblea Constituyente y se encargaron de la redacción de la nueva Constitución permanente.

La Asamblea Nacional trabajó en el marco de la Constitución interina, la cual prevé la soberanía de la Constitución, una carta de derechos, una Corte constitucional y representación proporcional. Esta constitución transitoria con su carta de derechos propendió "por primera vez en Sudáfrica, que los ciudadanos estarían protegidos de los abusos autoritarios"[16], como las detenciones que caracterizaron al régimen anterior. Igualmente, creó una serie de instituciones de derecho como: la Comisión de Derechos Humanos, la Comisión de Igualdad de Género, la Comisión para la Restitución de los Derechos sobre la Tierra y el Defensor del Pueblo.

Después de dos años de negociaciones se concretó la Constitución interina. Su intención última fue asegurar que los blancos no controlaran el proceso de elaboración de la Constitución. A su vez, los grupos minoritarios buscaron impedir que el control total del gobierno lo tuviera el CNA; de esta forma se estipuló un Gobierno de Unidad Nacional (GNU), cuyo gabinete debía comprender representantes de todos los partidos que obtuvieran una proporción superior al 5% de los votos[17].

_____

15. Mandela. *Op. cit.*, p. 732.
16. Jeremy Sarkin. "The Development of a Human Rights Culture in South Africa", *Human Rights Quarterly*, Vol. 20, N° 3, 1998, p. 630.
17. Welsh. *Op. cit.*, p. 3.

Las elecciones se realizaron con gran aceptación en un período de tres días y la votación fue superior al 86%. En el ámbito nacional, el CNA obtuvo 252 de los 400 escaños, el PN, 82 y el IFP, 43 (Ver anexo). De esta manera, el GNU quedó conformado por los partidos de mayor trascendencia nacional, el CNA, el PN y el IFP. Sin embargo, su durabilidad fue cuestionada desde el principio dada la rivalidad entre el CNA y cada uno de los otros partidos.

El 9 de mayo, la Asamblea Nacional se reunió para elegir a Nelson Mandela como el primer presidente democrático de Sudáfrica[18]. Mandela tomó posesión de su cargo al día siguiente y nombró como vicepresidentes a Thabo Mbeki y F. W. de Klerk[19]. De esta forma se inició el primer gobierno democrático en Sudáfrica, el cual debió enfrentarse a las realidades de la reconciliación. Las expectativas en torno a la Comisión para la Verdad y la Reconciliación eran claras: perdón y olvido, y debían enfrentarse al peso de la historia que reclamaba justicia y la exposición de la verdad.

III. LA COMISIÓN PARA LA VERDAD Y LA RECONCILIACIÓN

La Constitución interina dispone la creación de una Comisión para la Verdad y en su última cláusula determina que la adopción de la misma se constituye en la base para una nueva Sudáfrica en la que trascenderán las divisiones y el antagonismo del pasado. Asimismo se reconoce *the need for understanding but not for vengeance, a need for reparation but not for retaliation, a need for ubuntu (the African philosophy*

---

18. Rantete. *Op. cit.*, p. 249.
19. T. R. H. Davenport. *The birth of a new South África*, Toronto, University of Toronto Press, 1998, p. 22.

of humanism) but not for victimization[20] / comprensión y no venganza, reparación y no retaliación, ubuntu (la filosofía Áfricana del humanismo) y no victimización. En la última parte especifica que para que exista reconciliación es necesaria la amnistía y, para que se dé, el Parlamento debe adoptar una ley en la cual establezca las condiciones de su concesión. De esta forma, un año después se emitió la Ley para la Promoción de la Unidad Nacional y la Reconciliación (*Promotion of National Unity and Reconciliation Act*) (1995).

En esta ley se estableció la creación de una Comisión para la Verdad y la Reconciliación (CVR) como "vehículo para llegar a la justicia"[21]. Su objetivo general fue, como su nombre lo indica, la promoción de la unidad nacional y la reconciliación. De manera específica, debía establecer las causas, la naturaleza y la magnitud de las violaciones graves de derechos humanos (*gross human rights violations*), facilitar el otorgamiento de amnistía, sacar a la luz el destino que sufrieron las víctimas, de tal forma que se restaure la dignidad civil y humana de las mismas y, por último, presentar un informe que exponga recomendaciones con el objetivo de prevenir que se cometan los mismos errores en el futuro[22].

La comisión constó de 17 comisionados elegidos por el Presidente de una lista producto de las propuestas de organizaciones no gubernamentales, la iglesia y los partidos políticos. Los candidatos fueron evaluados ante un panel en audiencia pública y se buscó la representación de todos los sectores de la población; debían ser personas reconocidas por la comunidad, pero no por hacer parte del conflicto, y

---

20. Krog. *Op. cit.*, p. vi.
21. Asmal. *Op. cit.*, p. 14.
22. Preámbulo de Promotion of National Unity and Reconciliation Act, 1995. Office of the President N° 1111, 26 July 1995.

su perfil debía garantizar la imparcialidad en sus funciones; se le dio, por tanto, prioridad al sector de derechos humanos, servicio comunitario y religioso. Pese a ello, los miembros del Comité de Amnistía fueron elegidos directamente por el Presidente, en lo que algunos llaman un proceso sin transparencia, ya que no hubo propuestas por parte de terceros[23]. Como resultado, el arzobispo Desmond Tutu, premio Nobel de Paz en 1984, fue elegido para presidirla, y sus 17 miembros, junto a los del Comité de Amnistía, cubren el espectro de representación nacional[24].

La comisión constó, a su vez, de tres comités: el de Derechos Humanos, que consideró las violaciones graves de derechos humanos; el de Amnistía y el de Reparación y Rehabilitación, cada uno con funciones específicas. La ley, en su capítulo 3, establece que el Comité de Derechos Humanos (CDR) debe realizar pesquisas, reunir información proveniente de cualquier organización, comité o individuo, recibir la evidencia, y llevar un registro de argumentos y quejas. La comisión cuenta con una unidad investigativa que se encarga de esclarecer todo hecho que recaiga bajo el cubrimiento de la comisión y de los comités. Este comité debe remitir al Comité de Reparación y Rehabilitación los casos en que se han presentado violaciones graves de derechos humanos. Bajo el concepto innovador de violaciones graves de derechos humanos (*gross violations of human rights*) se agrupa cualquier violación que inplique "asesinato, secuestro , tortura o maltrato severo de cualquier

---

23. Sarkin. *Op. cit.*, p. 658.
24 Afrikaners: Wynand Malan y el abogado Chris de Jager; ingleses: Alex Boraine, Mary Burton, Wendy Orr y Richard Lyster; indios: Faizel Randera y Yasmin Sooka; negros: se podrían dividir en dos grupos: los representantes del Black Caucus, Dumisa Ntsebeza y Bongani Fina, y las mujeres, Mapule Ramashala, Hengiwe Mkhize y Sisi Khampepe. Hacen parte del Comité de Amnistía los jueces: Hassen Mall, Andrew Wilson y Bernard Ngoepe, y los comisionados Sisi Khampepe y Chris de Jager.

persona" o "cualquier intento, conspiración, provocación, instigación, orden o adquisición" para cometer las anteriores.

En su capítulo 4 se estipulan las funciones del Comité de Amnistía (CA). La amnistía es la figura en torno a la cual gira la CVR, establecida previamente en la Constitución. La amnistía es considerada necesaria, pues la transición democrática tuvo las características de un proceso de paz. Como lo afirmó Dullah Omar[25], la Constitución interina (la cual garantiza la amnistía) era en realidad un acuerdo de paz y la amnistía el precio para asegurar la paz y la cooperación[26].

El debate que se presentó en el Parlamento en torno a la concesión de la amnistía se centró en si debería concederse amnistía automática (*blanket amnesty*) mediante la cual se perdonarían todos los delitos en un período de tiempo sin adentrarse en ellos, sin descubrir los perpetradores y sin retomar el pasado. Sin embargo, para dar por terminado el *apartheid* (lo que llaman *closure*) debía concederse la oportunidad a las víctimas de saber la verdad, y, si no se obtiene justicia, sólo la verdad permitiría el perdón.

Los requisitos para conceder la amnistía son: que el acto realizado haya tenido un objetivo político y que haya una completa divulgación (*full disclosure*) de los hechos relacionados cometidos en el período de tiempo establecido. Para establecer si se cumplen los requisitos para la amnistía, las definiciones se hicieron específicas en la sección 20 de la Ley. Los criterios para determinar si un acto fue asociado con un objetivo político son: que haya tenido lugar en el transcurso de un alzamiento político, que su naturaleza se

---

25. Ministro de Justicia durante el gobierno de Nelson Mandela.
26. "South Africa looks for truth and hopes for reconciliation", *The Economist*, Vol. 339, N° 7962, abril 20 de 1996, p. 33.

dirija a un oponente político, que haya sido la ejecución de una orden y que se haya alcanzado una relación entre el acto y el objetivo político. En cuanto a las fechas, la ley sólo impuso la fecha inicial el 1º de marzo de 1960 y la fecha final establecida en la Constitución era el 6 de diciembre de 1993, posterior a la adopción de la Constitución interina; debido a las protestas concernientes a que ciertos crímenes no serían cubiertos, se fijó una nueva fecha para el 10 de mayo de 1994, que marca el inicio del GUN bajo la presidencia de Mandela. Por su parte, la fecha límite para la recepción de solicitudes de amnistía fijada para el 14 de diciembre de 1996 se extiende hasta el 10 de mayo de 1997[27] debido a la modificación de la anterior.

La Comisión no tuvo carácter jurídico y las solicitudes de amnistía deben surgir del individuo. Una persona puede solicitarla porque considera que es lo correcto incluso si no hay suficiente evidencia en su contra. Es el imperativo moral el que predomina, la búsqueda del perdón y la tranquilidad de conciencia. Durante el día límite aún llegaron peticiones, y a la medianoche se habían recibido un total de 7.700.

En 1996, el ministro Omar aseguró que la CVR no impediría que las cortes llevaran juicios en contra de autores de crímenes contra los derechos humanos, la amnistía en tales casos no sería automática y la existencia de la CVR no impediría que, de surgir evidencia contra una persona que no hubiese solicitado la amnistía, ésta fuera llevada a juicio[28]. Es decir, la evidencia presentada ante la comisión no podría ser usada en ninguna otra demanda de carácter criminal o civil. Es más, de coincidir los procesos judicial y ante la CVR, el primero debía interrumpirse y, de ser con-

---

27. Krog. *Op. cit.*, p. 117.
28. Davenport. *Op. cit.*, p. 98.

cedida la amnistía, se anularía el proceso y las sentencias se suspenderían.

El Comité de Reparación y Rehabilitación (CRR), por su parte, debía recibir los casos remitidos por los otros comités, reunir información y evidencia acerca de las víctimas y hacer recomendaciones, al presidente y a instituciones gubernamentales, para restaurar la dignidad de las mismas. La ley es muy específica en que debe ser determinada la condición de víctima del individuo para así emitir recomendaciones en cuanto a una reparación. La idea de este comité es llevar más allá el concepto de la reconciliación; debe proporcionar apoyo para asegurar que el proceso en marcha conduzca al restablecimiento de la dignidad de las víctimas. La importancia de este comité, por ende, era central para la labor de la Comisión, ya que de sus resultados dependería la percepción del público de la misma.

El ejercicio que implica la labor de la Comisión es el de propiciar la cicatrización o *healing* y las reparaciones son la base del reconocimiento del dolor y el sufrimiento de las víctimas. Según la ley en su sección 1 (1) (XIV) la reparación es "cualquier tipo de compensación, pago *ex gratia*, restitución, rehabilitación o reconocimiento". La política de reparación comprende un alivio interino por el cual las víctimas pueden solicitar R1.000 (aproximadamente US$140[29]) para acudir a servicios médicos y una compensación monetaria al terminar la labor de la Comisión. Los actos simbólicos de reparación comprenden la emisión de certificados de defunción, la exhumación, el entierro y sus ceremonias correspondientes, la instalación de lápidas, renombramiento de calles e instituciones, la construcción de monumentos e incluso se considera posible un día de rememoración.

---

29. R1 = US$0,14 en agosto de 2000.

Las víctimas, según la ley en la sección 1 (1) (XIX), son las "personas que sufrieron daño en la forma de perjuicio físico o moral", incluso "sufrimiento emocional, pérdida pecuniaria, un deterioro sustancial de derechos humanos". La unidad investigativa debió corroborar si se trataba de una víctima, y establecer el parentesco más cercano –la madre, el padre, esposa(o) e hijos[30], en su orden–, de ello depende la reparación.

Los procedimientos de la Comisión se realizaron mediante audiencias públicas. En el caso del CDH, hubo cinco tipos de audiencias: para las víctimas, sobre eventos específicos determinantes en el conflicto[31], especiales sobre temas como la infancia y la juventud, la mujer y el servicio nacional obligatorio, e institucionales, sobre el sector salud, legal, la prensa, el sector empresarial, las prisiones y la iglesia, y de partidos políticos. El CA desarrolló sus funciones a través de dos procedimientos; primero, recibió las solicitudes por escrito a partir de las cuales, segundo, aún continúa llevando a cabo audiencias. Para facilitar el proceso de este comité, la unidad investigativa clasificó las solicitudes en tres grupos: quienes trabajaron con el Estado o apoyando el *statu quo* previo, quienes trabajaron en contra del Estado, y la derecha blanca[32].

---

30. Krog. *Op. cit.*, p. 165.
31. El levantamiento de estudiantes en Soweto en 1976; la guerra de seis días en Alexandra, después de los ataques a los consejeros en 1986; el conflicto de incorporación de KwaNdebele/Moutse; el asesinato de campesinos en Transvaal; la emboscada en 1985 de las fuerzas de seguridad en el Western Cape; el asesinato de "Gugulethu Seven" en 1986; la guerra de siete días en 1990 resultado de los enfrentamientos IFP-CNA en Pietermaritzburg; The Caprivi Trainees, quienes fueron entrenados por la South African Defence Force (SADF) y enviados a KwaZulu-Natal como fuerza paramilitar en 1986; la rebelión de Pondoland de 1960, en respuesta a la imposición del Bantu Authorities Act; la masacre de Bisho en 1992, en respuesta a la campaña nacional del CNA por la libertad en la actividad política en las *homelands*.
32. Report of the Truth and Reconciliation Commission, Vol. 1, Chapter 4, párrafo 54.

Los tres comités representan, en cierta forma, una cadena de acontecimientos o la secuencia en un proceso; primero se deben determinar los errores, luego se deben perdonar, y finalmente se deben tratar de enmendar. El CDH expone las violaciones; el CA las perdona a cambio de la verdad; el CRR intenta compensar a quienes fueron víctimas. En síntesis, son interdependientes.

IV. LA FILOSOFÍA PARA LA RECONCILIACIÓN

Retomando el factor Mandela que se mencionaba anteriormente, debe reconocerse que él, junto con Tutu, se constituyen en los ejes en torno a los cuales se ha desarrollado el proceso de reconciliación en Sudáfrica. Desmond Tutu recibió el premio Nóbel de la Paz por sus esfuerzos conciliatorios en Sudáfrica en 1984 y dos años después fue nombrado arzobispo de Ciudad de El Cabo.

Su vida se constituye en el ejemplo de la reconciliación. Visita a personas que le han manifestado su odio abiertamente, acude a sus entierros, se interpone entre criminales y víctimas, defiende a los blancos argumentando que son seres humanos temerosos y sostiene que los negros deben perdonar. Sus acciones son producto de creencias religiosas y no de intereses políticos; esto lo diferencia de los demás. Su filosofía, por ende, trasciende las diferencias entre blancos y negros. La fe es la respuesta; para los primeros puede disipar el miedo y para los segundos estimula creer en la libertad.

Tutu esperaba que su rol cambiara con la liberación de Mandela y que la Iglesia pudiera cumplir una función comunitaria dejando a un lado lo político. Sin embargo, la oposición abierta entre las partes en conflicto les impedía llegar a un entendimiento y fue él quien consiguió reunir a Mandela y Buthelezi para dialogar sobre sus diferencias.

Las negociaciones lo mantuvieron en la arena política y debió enfrentarse al CNA, ya que para él el fin no justifica los medios ni, de ninguna manera, la violencia.

Nelson Mandela, por su parte, creció pensando que la pérdida del ubuntu se debía a la tiranía de los blancos, y por ello apoyó la corriente fuerte del nacionalismo africano, llegando incluso a considerar la violencia como medio justificado. Al ser condenado a cadena perpetua, debió cambiar su pensamiento y pasó a ser un promotor de unidad desde la prisión y luego de reconciliación. De ello se derivaron sus iniciativas individuales para la negociación, y al ser liberado se manifestaron en una serie de acciones simbólicas, como invitar a sus antiguos guardias en la prisión a su posesión como presidente.

El período en prisión de Mandela fue determinante en la formación de su filosofía de la reconciliación. Forjó sus lazos con la comunidad blanca y disminuyó su odio contra individuos, pasando a odiar el sistema. Su nacionalismo radical desaparece y se torna en perdón y reconciliación. Así, durante su gobierno demostró su cambio vistiendo un uniforme de rugby, deporte que solía odiar por ser la representación de la supremacía blanca, presentándose en el mundial de este deporte. Además visitó al juez que lo condenó en su juicio. Todas éstas son pruebas de la voluntad de cambio que propició el proceso de reconciliación.

La reconciliación puede verse desde dos puntos de vista: como perspectiva, o punto de vista, y como fenómeno social. Como perspectiva, está construida y orientada a los aspectos relacionales del conflicto, y como fenómeno social, reconciliación representa un espacio de encuentro[33]. Es una paradoja que une ideas contradictorias que se vuelven interdependientes, justicia y paz, verdad y compasión, y

---

33. John Paul Lederach. *Building Peace: sustainable reconciliation in divided societies*, Washington, United States Institute of Peace Press, 1997, p. 34.

pasado y futuro. Se debe sacrificar la justicia para obtener la paz y ante la verdad se debe demostrar compasión para así perdonar, y, por último, ante un pasado doloroso se debe anteponer la búsqueda de un futuro mejor.

Nelson Mandela, durante su discurso de la victoria el 2 de mayo de 1994 se refiere al presente como el momento donde no importan los individuos sino la colectividad. Éste era el momento para sanar las viejas heridas y construir una nueva Sudáfrica. Su misión sería la de predicar la reconciliación, cerrar las heridas del pasado y generar confianza[34]. De este modo, la palabra reconciliación adquirió gran importancia y diferentes interpretaciones. En general, existió un choque entre conceptos. Para las víctimas significa castigo, mientras que para los responsables, perdón. Sudáfrica no escapó a esta situación; sin embargo, se diferenció de otros escenarios debido al debate emprendido entre líderes de gran autoridad moral, los cuales lograron que sus puntos de vista predominaran. El significado común de la palabra es el restablecimiento de la armonía, y en afrikan significa restaurar la amistad, aceptar, no resistir, lo que planteó una dificultad, porque en Sudáfrica no había a qué regresar o qué restablecer; por ello el concepto debió Áfricanizarse, y Desmond Tutu lo hizo parte de su pensamiento teológico desde 1979 con una noción particular.

Para Tutu, la reconciliación es el comienzo de un proceso de transformación: trascender lo individual y transformar la sociedad, incluyendo a la gente de todas las razas, de acuerdo con su noción de "nación arco iris"[35]. Thabo Mbeki[36]

---

34. Mandela. *Op. cit.*, p. 744.
35. Krog. *Op. cit.*, p. 110.
36. Durante el gobierno de Nelson Mandela se desempeñó como vicepresidente, luego fue nombrado jefe del Congreso Nacional Áfricano y elegido Presidente de la República en 1999.

tiene otra idea de reconciliación; para él, la reconciliación debe darse entre los negros para así conseguir una coexistencia pacífica con los blancos[37], como el producto de una transformación total. A pesar de las diferencias, el centro de lo que es la reconciliación es invariable: enfrentar el pasado, terminar el círculo vicioso de recriminaciones, reconocer las diferencias, aceptar los errores del pasado y proveer resarcimiento moral y político.

Cabe destacar la relación entre reconciliación y justicia, ya que muchas de las víctimas han criticado la ausencia de castigo para los perpetradores, pues consideran que ellos deben "pagar" por sus crímenes mediante una justicia retributiva. Sin embargo, la reconciliación no es tan sólo producto de la justicia sino también un proceso de reflexión, y en Sudáfrica, específicamente, se podría decir que contiene dos bloques: uno, remplazar el *apartheid* por democracia, y, otro, una transformación social.

La Comisión, en su informe final, llegó a la conclusión de que la reconciliación es "una meta y un proceso"[38] y con ello existen diferentes niveles de reconciliación, primero la aceptación y superación de los hechos por las víctimas, luego la superación del odio por los autores de los crímenes, para dar inicio a la cicatrización. En este último punto, la Comisión reconoció que a través de ella se dieron tan sólo los primeros pasos hacia la reconciliación, ya que la verdad no llevó necesariamente a la cicatrización, pero al menos la facilitó.

Existieron otros niveles de reconciliación, como el comunitario, ya que el conflicto propició divisiones internas entre comunidades. En este nivel fue más difícil la labor de la Comisión, por lo cual recomiendan una mayor atención.

---

37. Krog. *Op. cit.*, p. 111.
38. Report of the Truth and Reconciliation Commission, Vol. 1, Chapter 5, párrafo 12.

Este micronivel conduce al fin último de la Comisión en el ámbito nacional: la promoción de la unidad y la reconciliación. Los comisionados reconocieron que las concepciones religiosas se enfrentaron con la noción política de reconciliación la que es aplicable en una sociedad democrática.

La noción cristiana, basada en el perdón sin exigencias, se mostraba limitada. Si se adoptaba, se subestimarían hechos y acciones de gran contenido simbólico, como las disculpas y manifestaciones de arrepentimiento de gran valor, y habría un déficit de verdad. Por lo tanto, se tomó un término medio, que se constituye en el gran aporte de la Comisión. Su esfuerzo por el esclarecimiento de la situación en el pasado es una contribución a largo plazo.

La relación entre verdad y justicia es importante. La verdad puede ser resultado de la justicia, una verdad producto de la evidencia contundente e irrefutable debido a que ha sido sometida al rigor de la ley. Se podría decir que la verdad resultante de juicios es limitada, ya que no todas las personas pueden ser llevadas a juicio. Por otra parte, en la mayoría de los casos donde se sacrifica la justicia lo que se busca es conocer la verdad. En Sudáfrica, la amnistía permitió que se llegara a un mayor número de personas, pero ello no garantizó que la verdad fuera revelada en su totalidad. En este caso, la verdad fue más amplia pero refutable, ya que las confesiones pudieron ser incompletas.

Existen, de esta manera, diferentes nociones de la verdad. La Comisión llega a la conclusión de que existen cuatro tipos: factual o forense, personal o narrativa, social y sanadora o restauradora. La primera es el resultado de la verificación y corroboración de los hechos y emana del requisito por parte de la ley de exponer los patrones tras las graves violaciones de derechos humanos.

El segundo tipo de verdad destaca la importancia del proceso narrativo de los hechos, ya que la ley reconoce la capacidad sanadora de retomar el pasado. De esta manera, al proveer un ambiente adecuado, la Comisión se constituyó en un instrumento para llegar a la verdad. La verdad personal o narrativa junto con la verdad factual o forense llevan a la verdad social, la cual se "establece a través de la interacción, la discusión y el debate"[39]. Finalmente, la verdad sanadora y restauradora se constituye en el fin último de la Comisión, ya que el establecimiento de la verdad podrá contribuir al resarcimiento de los daños sufridos en el pasado.

La verdad es crítica para un proceso de reconciliación, debe ser reconocida para permitir el restablecimiento de la dignidad de las víctimas. La Comisión trató de descubrir la verdad sobre los abusos del pasado para dar paso al perdón, el perdón colectivo, que implica renunciar al resentimiento y la amargura, dejar de ser una víctima pasiva y sobreponerse al pasado, aun cuando sea difícil de olvidar. La Comisión no pretendió igualar perdón a olvido; según Tutu, la verdad expuesta sería perdonada y el olvido sería facilitado por la misma.

Retomando el concepto de ubuntu, mencionado en la Constitución e incluido por Tutu en su filosofía de la reconciliación, es importante destacar su trascendencia dentro de los valores tradicionales Áfricanos. Su significado literal es "humanidad", metafóricamente *umuntu ngumuntu ngabantu* –la gente es gente a través de otra gente–. Su mención en la Constitución implica un compromiso con las diferentes dimensiones de la justicia, en especial la restauradora (*restorative justice*).

La justicia restauradora busca redefinir el crimen; está basada en la reparación y estimula a los involucrados a hacer parte directa de la resolución del conflicto, tanto víctimas como perpetradores. La Comisión intentó que las víctimas recuperaran su dignidad mediante audiencias

---

39. *Ibid.*, párrafo 40.

públicas que evidenciaban que no sólo se habían violado leyes sino que se había irrespetado su dignidad humana. De la misma forma, la Comisión trató de identificar a los responsables por las violaciones de derechos humanos, tratando de establecer una responsabilidad política y moral.

El proceso de amnistía incidió en el proceso de reparación y rehabilitación. El compromiso del Estado, al aceptar la responsabilidad en el pago de las reparaciones, se contrapuso a su política de negación de todas las violaciones en el pasado, lo mismo que al impedimento de demandar civilmente a los perpetradores a quienes se les ha concedido la amnistía. Debe reconocerse que muchas víctimas no hubieran podido entablar una demanda debido a su falta de recursos y la Comisión fue el escenario propicio para contar sus historias y descubrir la verdad sobre los crímenes del pasado.

La Comisión se constituye en el escenario de una memoria compartida; sin debate y recordación sería difícil desarrollar una nueva cultura sudÁfricana[40]. La memoria compartida se constituye en un proceso que evidencia la obligación de dar cuenta sobre lo que ocurrió en el pasado (*historical accountability*). La Comisión expone su filosofía partiendo de su naturaleza pública y destaca su apertura al escrutinio público y a su participación como una de sus principales características. La prensa tuvo una presencia permanente y la Comisión la percibió como un beneficio, pues fomentó el debate e incrementó la conciencia sobre el pasado.

V. Verdad o justicia

La creación de una comisión de la verdad siempre genera

---

40. Asmal. *Op. cit.*, p. 9.

debate. La mayor preocupación derivada de su creación es la renuncia a la vía jurídica. El rechazo a imponer la justicia del vencedor fue resultado de la filosofía que mantuvo el CNA con sus ideales humanistas y de reconciliación. A su vez, el PN no hubiese aceptado de ninguna forma el castigo promovido por un tribunal.

La aproximación de la CVR se guió mucho en la experiencia de 15 comisiones de la verdad, en Argentina (1984), Chile (1991), El Salvador (1993) y otras. Hubiera sido fácil expedir una ley de amnistía total (*blanket amnesty*) pero ello hubiera ignorado por completo a las víctimas. En su lugar, se optó por una justicia ejemplarizante y se incluyó una novedad: la amnistía es ilimitada sólo si se presenta una completa divulgación de los crímenes (*full disclosure*).

La comisión sudÁfricana, podría decirse, es la suma de las ventajas de las comisiones anteriores. Por ejemplo, además de cumplir con las nociones estándar de una comisión (centrarse en el pasado, ser de carácter temporal, tener cierta autoridad y emitir recomendaciones) no es de carácter gubernamental. La iniciativa lo es, pero a la vez es el producto de un acuerdo de fuerzas políticas. Los comisionados fueron elegidos de forma transparente, con una gran participación de la sociedad civil, por lo que se le dota de imparcialidad, pudiendo exponer incluso al gobierno en el poder. Asimismo, la amnistía es individual y tiene requisitos específicos. La labor de la Comisión no es únicamente exponer la verdad sino reconocerla y perdonar.

El que la Comisión no tenga poder de enjuiciamiento no significa que no tenga poder de mandar a comparecer testigos y de conducir investigaciones con acceso a todos los documentos[41]. Ésta es otra de las diferencias y novedades que dotaron a la Comisión de mayor legitimidad, el poder

---

41. Brian Frost. *Struggling to forgive*, London, Harper Collins Publishers, 1998, p. 142.

remitir a juicio individuos que se resistan a colaborar, lo que en última instancia contribuyó a descubrir la verdad jurídica. En suma, el pensamiento de la Comisión se concentró más en la verdad que en la justicia. Los procesos judiciales se habrían enfocado más en los perpetradores que en las víctimas. Además, habría condenado a pocos de los primeros, como en el caso de la Alemania nazi, cuando únicamente se enjuiciaron a ciertos dirigentes. Este tipo de proceso sólo hubiese abarcado una parte de la sociedad ante la indiferencia de la gran mayoría que no se involucraría en el proceso de reconciliación. Además, no se debe olvidar que los procesos judiciales tienden a generar altos costos, los cuales deben ser asumidos por el Estado, y se convierten en largos procesos en los que las víctimas deben exponer su dolor una y otra vez[42].

La insistencia en un proceso judicial se basa en las exigencias del derecho internacional, que los críticos de la ley consideran de aplicación automática[43]. Algunas víctimas y sus familiares de víctimas han entablado demandas en contra de la constitucionalidad de las secciones de la ley que impiden iniciar procesos civiles o criminales en contra de los perpetradores[44]. Para ellos la Comisión tan sólo puede permitir el reconocimiento público de los crímenes pero los culpables no tendrán castigo, lo que impide el perdón individual[45].

La viuda de Steve Biko, las hijas de Ruth First y el esposo de Jeanette Schoon[46] han rechazado la amnistía

---

42. Asmal. *Op. cit.*, p. 19.
43. *Ibid.*, p. 20.
44. *Ibid.*, p. 22.
45. "Tell all, maybe", *The Economist*, Vol. 338, N° 7953, febrero 17 de 1996, p. 38.
46. Steve Biko fue un líder político en la década de los 60, fundador de varias organizaciones negras anti apartheid. Su militancia lo convirtió en perseguido del gobierno; se le proscribió la participación política y fue arrestado varias veces. Finalmente, en 1973, fue objeto de tortura, que lo dejo en coma y murió en prisión. Las profesoras Ruth First y Jeanette Schoon fueron asesinadas por paquetes bomba.

para los asesinos de sus seres queridos. Para ellos es inconcebible que sólo por estar arrepentidos la hayan obtenido. Como víctimas, alegan que sólo ellos pueden perdonar. Invocan un perdón individual, y rechazan de plano el perdón colectivo, objetivo de la CVR. En suma, la CVR reafirma el principio de perdón colectivo, ya que toda Sudáfrica fue víctima del sistema, de una forma u otra, y es el perdón social el que propicia la reconciliación.

VI. CRÍTICAS AL PAPEL: DEBATES SOBRE LA CVR

La CVR, a pesar de haber sido creada a partir de las bondades de comisiones previas, tuvo deficiencias. En este punto se evaluarán las limitantes en su mandato y se destacarán, de la misma forma, los logros que se derivan del cumplimiento del mismo. Las fallas son las siguientes: la fecha inicial a partir de la cual se consideraron los crímenes se estima arbitraria; los comisionados enfrentaron un dilema moral, pues bajo su mandato no se tuvieron en cuenta las violaciones de derechos humanos cotidianas y tampoco consideraron ciertas áreas de interés. Más adelante se actualizarán las expectativas frente a la realidad.

A pesar de la existencia previa del sistema del *apartheid*, la Comisión para la Verdad y la Reconciliación tiene como término de referencia desde 1960 hasta 1993, fecha postergada hasta 1994, como se ha mencionado. La escogencia arbitraria de esta fecha de inicio (1960) refleja el recrudecimiento y la criminalización de todo tipo de resistencia ante el gobierno por parte de agrupaciones representativas de la población negra. Según el profesor Nigel Gibson[47], es

---

47. Invitado durante el simposio Procesos de paz en África: una experiencia para Colombia, Universidad Externado de Colombia, 8 y 9 de mayo de 2000.

una pena que esta haya sido la fecha escogida pues demuestra cómo el enfoque de la Comisión fue en realidad el legado del *apartheid* y no sus raíces y desarrollo.

Otra de las fallas es que la Comisión no tuvo competencia para analizar sobre detenciones y remociones, las injusticias más comunes en Sudáfrica durante el *apartheid*, ya que sólo podía cubrir las violaciones graves de derechos humanos con una definición específica[48]. En un primer momento se consideró que esta definición podía comprender una noción más amplia de los crímenes. De acuerdo con el mandato, las funciones de la Comisión en la sección 4 (i) de la ley incluye la investigación de "graves violaciones de derechos humanos, incluyendo las que parten de patrones sistemáticos de abuso", como las antes mencionadas.

Al publicar su informe, la Comisión reconoció que la definición limitada de violaciones graves de derechos humanos (*gross human rights violations*) restringió su atención. Se esperaba que la Comisión investigara injusticias, como las remociones forzosas, el maltrato de los trabajadores en conflictos laborales y la discriminación en términos educativos y de trabajo. Sin embargo, los comisionados no consideraron que ellos recayeran en su mandato[49]. Esta limitante en el alcance del mandato de una comisión de la verdad tiende a ser común. Generalmente tienen objetivos específicos, como las desapariciones, en casos como la de Uruguay, o violaciones serias a los derechos humanos en El Salvador.

Entre sus fallas, la Comisión menciona, en su volumen 5, capítulo 6, que no identificaron a tiempo ciertas áreas de interés que requerían de atención, como en el caso de la violencia en la década del 90. También omitieron convocar

---

48. Sarkin. *Op. cit.*, p. 659.
49. Report of the Truth and Reconciliation Commission, Vol. 5, Chapter 1, párrafo 48.

a ciertos actores clave del conflicto, como Mangosuthu Buthelezi[50], quien al presentarse ante la Comisión declaró que no tenía nada que agregar, y al considerar el caso de P. W. Botha, que se mencionará más adelante, parece haberse aplicado una doble moral (*double standards*)[51].

Otro de sus errores fue no haberle dado suficiente consideración a la complicidad de la sociedad civil; la CVR debió haber investigado gobiernos locales e instituciones públicas como las educativas. Por último, no observó en detalle áreas de importancia geopolítica, por ejemplo las violaciones cometidas en los anteriores bantustanes. Ante todo esto, se manifestó la carencia de recursos, tanto físicos como personales, para llevar a cabo semejante labor. Preocuparon los gastos innecesarios financiados por la Comisión, como automóviles y bonos, y los altos salarios[52]. Al mismo tiempo, la Comisión se enfrentó a restricciones debido a su capacidad investigativa. Al no poder investigar todos lo casos, debió seleccionar los más representativos de acuerdo con su periodicidad y perpetradores. Además, el acceso a archivos militares fue limitado en la práctica.

Otra de las evidencias de la falta de recursos se percibe en la continuación de su funcionamiento. La Comisión empezó sus labores en 1996 y su período de duración era de dos años. Durante este período, el CDR escuchó cerca de 21.000 testimonios, mientras que el CA, después de recibir 7.700 solicitudes, sólo ha otorgado la amnistía a 150 personas. Es así como, al llegar a su término, sus funciones no han concluido, ya que el CA tiene 2.000 casos pendientes y

---

50. *Ibid.*, Chapter 7, párrafos 53-57.
51. La Comisión solicitó su presencia en una audiencia y, a pesar de que se presentó, se mostró renuente a colaborar en sus declaraciones y no insistió en ello. La preocupación de la Comisión era que al presentarse ante ella Buthelezi la utilizara como plataforma para atacarla y desatar el conflicto en Natal.
52. Sarkin. *Op. cit.*, p. 660.

dependiendo de ellos el CRR evalúa sus informes, lo que prolonga aún más su labor.

Uno de los mayores logros de la Comisión en el cumplimiento de su mandato fue la imparcialidad. La Ley para la Promoción de la Unidad Nacional y la Reconciliación debía proporcionar "un vehículo para llegar a la justicia a través de un dominio claro y ético de la verdad acerca del pasado"[53] y así lo hizo. En las funciones de la Comisión (sección 11) se especificó que al tratar con víctimas se haría con compasión y respeto y de manera igualitaria sin importar raza, color, género, sexo, orientación sexual, edad, idioma, religión, nacionalidad. En la práctica, las palabras del comisionado Alex Boraine son contundentes; a pesar de enfrentarse a un dilema moral, los comisionados debían mantener su compromiso con la ley y una violación grave de derechos humanos lo era sin importar su autor[54].

Precisamente por ello, a medida que se aproximaba el cierre de la Comisión se presentaban resistencias a la publicación. F. W. de Klerk y el CNA expusieron demandas ante la Corte para detener la publicación de alegaciones en su contra[55]. La Comisión había informado a organizaciones e individuos que sus indagaciones podían traer consigo recomendaciones de ser llevados a la Corte. El expresidente De Klerk alegó ante ella que la Comisión actuaba en su contra y obtuvo permiso para que el informe fuera publicado sin mencionarlo. Tutu manifestó su indignación por tales acusaciones y afirmó que se enfrentaría a ellas y el informe sería publicado en su totalidad, pero no tuvo éxito.

---

53. *Ibid.*, p. 14.
54. Frost. *Op. cit.*, p. 147.
55. "South Africa's ruling party tries to block release of Truth report", en CNN (citado octubre 28 de 1998) disponible en http://www.cnn.com/world/africa/9810/28/safrica.report.03/index.html

El CNA, por su parte, alegó no haber tenido tiempo de responder sus acusaciones a la Comisión, pero no corrió con la misma suerte que De Klerk y no logró ser eliminado del informe. La Corte no halló soporte en su petición[56]. El CNA, aunque reconoció la labor de la Comisión, aún mantiene dudas sobre el proceso y el informe debido a que, según sus dirigentes, muchos hechos habrían sido erróneamente considerados como violaciones graves de derechos humanos. Ante esto, la CVR se defendió, pues consideró que la pérdida de vidas de civiles en su lucha sí se constituyó en una violación grave de derechos humanos[57].

El día 29 de octubre de 1998 se le entregó el informe al presidente Mandela. En él la CVR destacó sus virtudes de apertura y transparencia y el desarrollo de un trabajo más extenso que otras comisiones. Es más, la Comisión halló que ambas partes en conflicto son culpables, demostrando su imparcialidad. Tanto el Estado como los movimientos de liberación cometieron graves violaciones de derechos humanos. El gobierno utilizó términos como "eliminar" o "neutralizar" la oposición y, a pesar de alegar ser malinterpretados, sus órdenes se llevaron a cabo. El CNA, fue criticado por igualar sus métodos a los del gobierno, utilizando la tortura y asesinando a personas inocentes. El IFP fue mencionado de manera específica debido a que, a diferencia de otras *homelands*, donde la violencia fue generada por las fuerzas de seguridad provinciales, en KwaZulu las violaciones fueron cometidas en gran parte por miembros y seguidores de este partido. El IFP promovió

---

56. "Apartheid indictment finds fault on all sides", en CNN (citado octubre 29 de 1998) disponible en http://www.cnn.com/world/africa/9810/29/truthcommission.03/
57. "We still feel the prick of Riebeeck's thorns", *Sunday Times* (citado febrero 28 de 1999) disponible en http://www.suntimes.co.za/1999/02/28/insight/in02.htm

el entrenamiento paramilitar y arraigó las prácticas militares realizando ataques, asesinatos y masacres.

Por su parte, los obstáculos inherentes a la realidad se constituyeron en una dificultad considerable. Las expectativas de verdad, arrepentimiento, perdón y resarcimiento eran muy fuertes, por eso las críticas a la CVR abundaron, ya que la verdad producto de una comisión tiende a ser cuestionada por la ausencia de juicios e interrogatorios. Se considera incompleta y no es contundente por no ser medida bajo el peso de la ley.

A medida que pasaba el tiempo, la preocupación de la CVR por su incapacidad de obtener la verdad se agudizó. Por ejemplo, en octubre de 1997 llegó el momento de intentar responder uno de los mayores interrogantes: ¿Quién dio las órdenes? Éste fue uno de los objetivos más importantes de la Comisión. Pese a ello, el interrogante se mantuvo sin respuesta, tal vez debido a que el objetivo de la Comisión era muy ambicioso[58]. Los militares convocados a la Comisión negaron haber dado las órdenes y culparon a sus subalternos, alegando haber sido malinterpretados y, de esta forma, evadieron la justicia.

Otro de los retos en la búsqueda de la verdad a los que la Comisión debió enfrentarse fue la negativa a presentarse por parte de algunos de los líderes del PN como P. W. Botha[59] e incluso Winnie Madikisela Mandela[60]. Botha se

---

58. "Ambiguity's path to murder", *The Economist*, Vol. 345, N° 8039, octubre 18 de 1997, p. 47.
59. Report of the Truth and Reconciliation Commission, Vol. 1, Chapter 7, párrafo 114.
    El 5 de diciembre 1997, la Comisión, de acuerdo con la sección 29, envió a P. W. Botha una notificación solicitándole se presentara ante ella para responder preguntas sobre el Consejo de Seguridad Estatal/State Security Council. Botha no se presentó y se le demandó. Fue juzgado del 1° al 5 de junio de 1998 y hallado culpable de no atender a la hora y el sitio especificados en el comparendo, el 21 de agosto. Se le sentenció a una multa de R10.000 o 12 meses de cárcel, y 12 meses de cárcel suspendidos por cinco años.
60. Fue la esposa de Nelson Mandela quien se convirtió en líder popular durante

opuso a presentarse ya que consideraba a la Comisión "un circo destinado a humillar al pueblo afrikaner"[61], y la señora Mandela afirmó que era un instrumento manipulado por sus adversarios para conseguir su eliminación política[62]. Ésta última finalmente se presentó ante la CVR en una audiencia a puerta cerrada, en la que negó todos los crímenes de los que la culpaban. La Comisión trató de remediar esta situación solicitando testimonios por escrito, pero su renuencia hace evidente que el asumir que los individuos acudirían a la Comisión por voluntad propia, derivada del arrepentimiento, presenta sus fallas. La crítica radicó en que no debía concederse la amnistía, a menos que se obtuviera toda la verdad; de lo contrario se debería acudir a la Corte[63].

Esto último se relaciona directamente con otra de las expectativas: la amnistía a cambio del arrepentimiento o la culpa. Por ello, se dice que quienes aplican a la Comisión recibieron casi de manera inmediata su amnistía. Sin

---

su encarcelamiento, llegando a ser considerada "madre de la nación". Su separación se produjo en abril de 1992. El CNA inició una campaña de desprestigio en su contra debido a acusaciones respecto a su grupo de protección, el Mandela Football Club. En 1991, Winnie Mandela fue llevada a juicio bajo los cargos de secuestro y complicidad en asalto. Fue hallada culpable y sentenciada a seis años de prisión; salió bajo fianza y un año más tarde fue exonerada en la apelación. Sin embargo, esto no significó su aceptación por parte de la sociedad, ya que unos la consideran un ejemplo de supervivencia ante la represión del sistema, y otros, una criminal. La señora Mandela no solicitó la amnistía, así que su audiencia ante la Comisión no fue considerada parte de tal proceso, y su mención en el reporte sólo confirma su participación en la creación del Mandela United Football Club, el cual se convertiría en un grupo de vigilancia involucrado en una serie de actividades criminales que incluyen el asesinato, la tortura y el asalto.

61. Mbuyi Kabunda. "Sudáfrica después de Mandela", *Política Exterior*, Vol. XII, N° 65, septiembre/octubre, 1998, p. 123.
62. Miguel Salvatierra. "La evolución de Sudáfrica", *Política Exterior*, Vol. V, N° 19, invierno de 1991, p. 123.
63. "We are paying a high price for half-truths", *Sunday Times* (citado el 13 de septiembre de 1998) disponible en http://www.suntimes.co.za/1998/09/13/insight/in12.htm

embargo, estas críticas provienen de una mala interpretación. La problemática radica en que no se exigió que el perpetrador mostrara remordimiento o arrepentimiento por los crímenes cometidos al presentarse ante la Comisión.

En la sección 3 (2) de la ley se especifica que la Comisión tiene el poder de investigar o recomendar en cualquier caso en el que considere necesario que se puede promover la unidad nacional y la reconciliación. El poder de hacer recomendaciones es aplicable incluso a sus tres comités; por lo tanto, la Comisión podría haber recomendado al Comité de Amnistía que exigiera como requisito el arrepentimiento[64].

Por otra parte, la Comisión puede recomendar medidas reparatorias. La solicitud de perdón se constituye en la forma más simple de reparación y podría haber sido fácilmente impuesta por los comisionados como condición para la amnistía. Por último, en un momento dado se presentó la discusión sobre si se debía otorgar amnistía automática (*blanket amnesty*). La creación del Comité de Amnistía con su mandato y requisitos para otorgarla, es una reacción evidente en contra de esta idea.

El perdón implícito en la concesión de la amnistía también fue objeto de críticas. Se evidenció con la extensión en la fecha límite de las solicitudes de amnistía que propició la presentación de 7.000 solicitudes más. De las personas que aplicaron gracias a esta extensión, un 50% se encontraban en prisión. Esto incrementó la preocupación sobre la habilidad de la Comisión para facilitar la unidad nacional y la reconciliación, ya que serviría para abrir casos cerrados. Las condenas habían sido impuestas y si las personas recibían la amnistía, debían ser liberadas.

Por último, con respecto al pago de reparaciones, ni la ley ni la Constitución interina consideraron que el

---

64. Asmal. *Op. cit.*, p. 17.

perpetrador se hiciera responsable individualmente por resarcir el daño causado. Esto debería haberse mencionado, ya que la necesidad de pagar las reparaciones no debía constituirse en un problema fiscal dadas las necesidades apremiantes en otros campos. El pedir perdón y asumir la reparación[65] hubiesen sido señales de sinceridad y remordimiento, siendo la suma de dinero secundaria. La CVR puso valor al sufrimiento por medio de una fórmula matemática y se dispuso que la reparación sería monetaria[66].

La reparación monetaria se estableció en la suma de R21.700 (aproximadamente US$3.120), el ingreso medio familiar en Sudáfrica en 1997, bajo la premisa de que esta suma permite acceder a los servicios básicos y establecer una forma de vida digna. El valor real que recibieron las víctimas fue producto de los siguientes criterios: un reconocimiento del dolor causado por la violación, una cantidad para acceder a servicios básicos y una cantidad para subsidiar los costos diarios[67].

Este aspecto se constituye en una de sus mayores fallas. Después de reconocerse la labor del CRR como primordial para el fin último de la CVR, la reconciliación, han pasado cuatro años desde la primera audiencia y aún no saben las víctimas qué reparación recibirán. Por esa razón están disputadas incluso a acudir a las Cortes ya que se sienten traicionadas[68]. La Comisión ha recomendado que cerca de 20.000 víctimas reciban entre R17.000 y 23.000 (entre US$2.500 y 3.300) al año hasta por seis años. Esto costaría

---

65. Casos como el del coronel Eugene de Kock, quien entregó las regalías por la venta de su autobiografía a un fondo para las víctimas, o el de Sakkie van Zyl, quien participó en la limpieza de minas antipersonales en Angola, como restitución, deben estimularse.
66. Report of the Truth and Reconciliation Commission, Vol. 5, Chapter 5, párrafo 97.
67. *Ibid.*, párrafo 70.
68. "Neglecting reparation imperils a fragile peace", *Financial Times* (citado el 17 de abril de 2000) disponible en http://www.ft.com/globalarchive

tres mil millones de rands, más de 400 millones de dólares, y el gobierno sólo ha reunido una décima parte de esa cifra. Cerca de 10.000 víctimas han recibido pagos iniciales pero de tan sólo 2.000 rands[69] (US$287). El haber excluido el componente internacional en la Comisión impide acudir a la comunidad internacional.

Algunos sostienen que el objetivo de la Comisión fue superior a lo que realmente podía alcanzar, descubrir el quién, y que su informe confirmó esta afirmación. No obstante, el informe resultó ser satisfactorio en términos de imparcialidad y cumplimiento de su mandato. Los problemas que se han presentado después de su término, como el de las reparaciones monetarias, demostraron que se antepuso el concepto de justicia restauradora ante el de una retributiva y que los pasos hacia la reconciliación son más a largo que a corto plazo, por lo que su labor se percibirá sólo en el futuro.

Ante las críticas en su contra por su énfasis en la verdad que dejanban a un lado la justicia, y aportaban poco a la reconciliación, la CVR aseguró que éste es un trabajo en progreso y que sólo el tiempo dirá en qué medida su aporte fue considerable. Las recomendaciones, por ende, cubren todos los aspectos de la sociedad. Se destaca la necesidad de crear una cultura de derechos humanos, pero para hacerlo se deben derribar ciertas barreras: la brecha entre ricos y pobres debe reducirse (20% de la población concentra un 75% de las riquezas), y el desempleo, pues un tercio de la población económicamente activa se encuentra sin trabajo. Detrás de esto se encuentra la discriminación racial latente, así que las instituciones públicas y las empresas del sector privado deben hacer lo posible para doblegarla, con políticas de cambio estructural y cultural.

---

69. "Half truth", *The Economist* (citado el 17 de junio de 2000), disponible en http://www.economist.com/archive

El gobierno y la sociedad civil deben concentrarse en torno al mismo objetivo. El primero mediante el fortalecimiento de instituciones como la Comisión de Derechos Humanos y la presidencia con el liderazgo de reformas a favor del arraigo de la democracia. Por su parte, la Iglesia debe convertirse en un actor responsable. Su rol durante la labor de la CVR fue mínimo y ahora debe colaborar en la generación de una cultura de tolerancia y realizar foros de promoción de la reconciliación.

Conclusión: los retos del futuro

El *apartheid* se institucionalizó junto al triunfo electoral del Partido Nacionalista y sólo éste último podía ponerle fin. El milagro de las negociaciones fue el producto de dos factores: la marginación internacional y el reconocimiento por parte de los actores de que se había llegado a un punto muerto y de proseguir sería a un costo inaceptable. Así se produjeron los primeros acercamientos con el Congreso Nacional Africano, y en particular con su líder en prisión, Nelson Mandela.

La llegada al poder de F. W. De Klerk marcó el inicio de un desmonte gradual del sistema y la prueba fehaciente fue la liberación de Mandela en 1990. Desde entonces las negociaciones se encaminaron a consolidar una transición democrática. Sin embargo se desenvolvieron más como un proceso de paz, en el que no había vencedores ni vencidos y, por lo tanto, no se impuso la justicia, pero se buscó la reconciliación.

La Constitución interina es el logro de las negociaciones. En ella se estipuló la realización de las primeras elecciones democráticas que se celebraron en abril de 1994 y se constituyeron en el triunfo del CNA. A su vez se adoptó la amnistía como la base del proceso. Para ello se expidió una ley que determinó en qué condiciones debía otorgarse. Ésta fue la Ley para la Promoción de la Unidad Nacional y la Reconciliación, que, como su nombre lo indica, buscó contribuir a lograr este objetivo y para ello creó la Comisión para la Verdad y la Reconciliación.

La Comisión es el centro en torno al cual se inicia el proceso de reconciliación sudÁfricano y sus tres comités formaron una cadena que lo garantiza. El Comité de Derechos Humanos se centró en la investigación de las violaciones graves de derechos humanos; el Comité de Amnistía se encargó de perdonar estas violaciones sólo si tuvieron un objetivo político y realizaron una completa divulgación de los hechos y, finalmente, el Comité de Reparación y Rehabilitación buscó resarcir el dolor causado, responsabilidad asumida por el Estado. La Comisión buscó beneficiarse de la apertura y resultó ser imparcial y transparente.

Por otra parte, a través de la Comisión se reconoció que para superar el pasado debía buscarse la verdad y sacrificarse la justicia: la verdad que proviene de una comisión de la verdad puede ser refutable pero permite que su acceso sea más amplio. La reconciliación no proviene del castigo sino del perdón y para lograrlo debe saberse la verdad; la amnistía, entonces, es el precio que se debe pagar por asegurar un proceso de reconciliación y de transición democrática. El reconocimiento del pasado y del dolor permite que las víctimas recuperen su dignidad humana y tal vez de allí se llegue al perdón, el cual es de tipo colectivo. La sociedad sudÁfricana en su totalidad fue víctima del sistema y por ello una amnistía, a cambio de una completa divulgación, era necesaria.

El optar por una justicia restauradora, en vez de la retributiva, es la única forma de descubrir la verdad. En este caso, la amnistía era el precio por emprender una transición democrática y para asegurar la cooperación de las fuerzas en conflicto. Así, la CVR buscó sacar el provecho de su mandato y superar la preocupación en cuanto al rechazo a la vía jurídica.

La filosofía de la reconciliación es la base del proceso y los ejes en torno a los cuales gira son Desmond Tutu y Nelson Mandela. El primero hizo de su vida un ejemplo que sobrepasó las diferencias entre blancos y negros, y el segundo en prisión se convirtió en promotor de la unidad. La reconciliación, en su definición más objetiva, se incorporó a la filosofía Áfricana del ubuntu y adquirió gran importancia gracias a ellos.

La reconciliación puede verse desde diferentes perspectivas y es difícil llegar a un solo concepto. Es parte de un proceso y es una meta. Se debe dar en diferentes niveles y éste es el objetivo de la Comisión; llegar a todos ellos enfrentando sus críticas y comprometiéndose con su mandato. Los resultados de la Comisión fueron positivos, en términos de su imparcialidad y cumplimiento; sin embargo, tuvieron fallas al enfrentarse a la realidad.

Sus limitantes en la práctica se vieron al investigar el pasado de un régimen ilegítimo ante la indiferencia de la sociedad civil, preocupación que manifestó la CVR, y los reclamos por justicia de las víctimas que no olvidan y no están dispuestas a perdonar, exigiendo una justicia retributiva. Además, se suman las condiciones del Estado que se encuentra en consolidación y debe soportar dificultades presupuestales y enfrentamientos políticos.

Sudáfrica debe construir una cultura de la democracia, de respeto por la vida humana y la ley, sólo así logrará consolidar la unidad nacional y la reconciliación. El Estado debe promover esta transformación fortaleciendo sus instituciones, desde el sistema de justicia criminal hasta la presidencia. La Comisión es sólo un aporte y su verdadero valor se percibirá en el futuro. El reto de hacer del perdón una política superó las resistencias consolidando la CVR.

Este es el cimiento sobre el que se debe crear un futuro y el proceso hasta ahora comienza.

ANEXO

RESULTADOS PRIMERAS ELECCIONES DEMOCRÁTICAS EN SUDÁFRICA, 1994			
PARTIDOS	VOTOS	PORCENTAJE	ASIENTOS
Pan Africanist Congress of Azania	243 478	1,2	5
Soccer Party	10 575	0,1	
Keep It Straight and Simple Party	5 916	0	
Freedom Front	424 555	2,2	9
Women's Rights Peace Party	6 434	0	
Worker's List Party	4 159	0	
Ximoko Progressive Party	6 320	0	
African Muslim Party	34 466	0,2	
African Christian Democratic Party	88 104	0,5	2
African Democratic Movement	9 886	0,1	
African Moderates Congress Party	27 690	0,1	
African National Congress	12 256 824	62,7	252
Democratic Party	338 426	1,7	7
Dikwankwetla Party of South Africa	19 451	0,1	
Federal Party	17 663	0,1	
Luso-South African Party	3 293	0	
Minority Front Party	13 433	0,1	
National Party	3 983 690	20,4	82
Inkatha Freedom Party	2 058 294	10,5	43
Votos anulados	193 081	Total 100	Total 400

Tomado de Johannes Rantete. *The African National Congress and the negotiated settlement in South Africa*, Pretoria, J. L. van Schaik Publishers, 1998, p. 296.

TERCERA PARTE

COOPERACIÓN SUR-SUR: UNA ALTERNATIVA EN RESOLUCIÓN DE CONFLICTO

Conflict management and resolutions in Africa: The nigerian experience

A. O. Oyesola
Embajadora de Nigeria en Venezuela
autorizada para Colombia

Conflicts and problems arising therefrom have been with man since the beginning of time. These conflicts are brought about by differences of culture, race, politics, religion, socio-economic situation, etc. As long as man exists, therefore, there will continue to be conflicts, whether inter-personal, intra or inter- state. However, the ability and the effectiveness of the mechanism put in place for the prevention, management and resolution of conflicts in the different continents are what have been the major determinants in the disparity between the more developed and prosperous nations of the world and those that are still struggling to hop on the fast track of globalisation. While some states have witnessed tremendous progress and achievements in the areas of economic and technological advancements as a result of the enduring structures they have successfully put in-place to prevent or settle conflicts, others especially the countries of the Third World, are still battling with intra-and interstate conflicts and wars which have continued to impede and stall their social and economic progress.

The greatest problem faced by Africa since the struggle against apartheid was successfully waged is the menace of pervasive conflicts and wars in the continent. This unsettling state of affairs is primarily fuelled by several factors among which are:

– Unstable political conditions and lack of good governance;

– Inequitable distribution of national wealth and resources, compounded by corruption and lack of accountability;

– Dictatorial tendencies and practices by political leaders, and gross violation of human rights.

As a result of the increasing number of this violent and often protacted state of instability, Africa has acquired quite a notoriety, in the last two or three decades as a continent at war with itself. The countries affected have suffered severe damage to the polity and population, especially in terms of economic depression and retrogression, environmental degradation, and in some extreme cases, disruption or total cessation of essential social services like education and health.

Held down by these sad circumstances, Africa has not been able to come of age, nor keep pace with the rapid developments in the world. Simply put, Africa is marginalised, on the periphery of globalisation and the tremendous economic and technological developments taking place in the rest of the world today. Considering the very close relationship between peace and stability on one hand, and economic development and prosperity on the other, it is imperative that Africa should endeavour to get its acts right, and embark on a serious and conscious journey to eliminate or minimise the causes of conflicts and wars in the continent.

In the West African sub-region, Nigeria along with other member-states of the regional economic grouping,

ECOWAS, has accepted the sobering but inevitable reality that with the absence or minimization of conflicts, comes political stability which in turn engenders economic development and prosperity for the state and the people. Nigeria is very much aware of this and has done much internally to manage and prevent avoidable ethno-religious misunderstandings and strifes within the polity. Since its political independence in 1960, the country has co-operated with the United Nations as well as the OAU and ECOWAS in the urgent task of ridding Africa of the scourge of inter-state conflicts and violence.

The Republic of Nigeria is a Federation of 36 states and a Federal Capital Territory (Abuja). It has a total landmass of 954,000 sq. kms. and is located in the Western part of the African Continent. The country shares international borders with the Benin Republic to the East, Republics of Niger and Chad to the North, the Republic of Cameroun to the West and the Atlantic, specifically the Gulf of Guinea, to the South. With an estimated population of about 120 million, Nigeria is the 9th most populous nation in the world and the most populous black nation. It is interesting to note that one out of every five Africans and one out of every six black persons in the world is a Nigerian. This reality endows the country with a leadership destiny and pre-eminence in Africa and the black diaspora.

Nigeria attained independence from Britain on 1st October, 1960 and became a Republic 3 years later in 1963. And with over 250 ethnic groups, Nigeria represents one of the most heterogeneous countries in the world. The most pressing issue of nation-building which Nigeria has faced since 1960 has been the question of defining the new nation and the consequent issue of creating an effectively integrated polity. As with other emerging new nations of Africa, the concept of nationhood in Nigeria has been largely vague and nebulous.

In such a tenuous and culturally diverse political unit, as Nigeria, even minor teething problems of nation-building tend to manifest in ethnic mistrust, misunderstanding and political instability. Barely seven years after independence, the country became enmeshed in a bitter intra-state conflict which lasted from May 1967 to January 1970. Despite the defeat of the Biafra seccessionists, Nigeria was magnanimous in victory with its "no victor, no vanquished" declaration. The Federal Government therefore embarked on a Programme of Reconciliation, Rehabilitation and Reconstruction in order to reabsorb the hithero seceding region into the mainstream of Nigerian life.

Nigeria has since risen from the rubble of that civil war conflict to forge a common front in order to tackle mounting developmental problems. Internal conflicts primarily fuelled by religious and ethnic differences and misunderstanding still erupt, but there are permanent and functional mechanisms and structures already in place for the promotion of national cohesion, unity and stability through timely management and resolution of any erupting conflict. For example, the Nigerian Inter-religious Council, (co-chaired by the Presidents of the two main religious groups in the country, that is, the National Council of Islamic Affairs and the Christian Association of Nigeria) arbitrate with the aim of brokering peace in the ethnic and religious strife that occasionally afflict the country.

Before I continue with Nigeria's contribution to the promotion of peace in Africa, through participation in conflict resolution arrangements, let me say a word or two about that portion of Nigerian's foreign policy objectives which is of relevance to the topic at hand. At independence in 1960, the then Prime Minister, late Sir Abubakar Tafawa Balewa articulated the guiding principles and purposes of the country's external relations to be, inter-alia:

– Promotion of African unity and the total political, economic and social emancipation of the continent;
– Promotion of international co-operation conducive to the consolidation of world peace and security, mutual respect and friendship among all peoples and states;
– Combating racial discrimination in all its ramifications;
– Promotion of the dignity and welfare of peoples of African descent all over the world.

It will be recalled that there was a time when the two most important issues that faced the African continent were the challenges of de-colonisation and the eradication of apartheid. Nigeria, without holding back and guided by the afrocentric thrust of her foreign policy option, rose up stoutly to these challenges with all the resources she could muster. No sooner were these two goals achieved than other problems emerged to divert attention from the urgent task of nation building, economic development and poverty alleviation in the continent. Brothers rose against brothers in civil wars, state rose against state in inter-state conflicts and border clashes. This seemingly endless deluge of crises led the continental organisation, the OAU, and other regional organisations like the ECOWAS in West Africa and the SADCC in Southern Africa to launch initiatives and institute mechanisms to prevent and manage these crises. Nigeria, as a responsible and concerned member of the African comity of nations, has always worked within the framework or mechanism provided by these organisations, in the search for peace and collective security in Africa. Nigeria's efforts at mediation in African conflicts can be classified into three categories. First, unilateral intervention, secondly, mediation under the aegis of either the UN, OAU or ECOWAS and thirdly, mediation on the basis of Nigeria's good offices, usually at the behest of the warning entity or factions.

I. The Congo crisis

In the history of Nigeria's foreign policy implementation, the Congo crisis in 1960 was the first test case of my country's participation and contribution to conflict management in Africa. The Congo crisis was unique in the sense that it erupted before Nigeria and most African countries got their independence and before the birth of the continental organisation, the Organisation of African Unity (OAU). In keeping with her nature-endowed vocation in the African continent, Nigeria demonstrated an understandable concern for this African problem by participating in the United Nations Advisory Committee on the Congo. The country also served on the Secretary-General's Congo Club, presided over the Congo conciliation Commission as Chairman and contributed 1,796 soldiers and policemen to the United Nations Operation in Congo (UNOC). Nigeria's participation in the United Nations civilian and military operation in the Congo therefore signalled the country's entry into the world community as a key player in many United Nations Peace keeping Missions.

II. The benin/togo conflict (1975)

The conflict between the Republics of Togo and Benin, two contiguous countries in West Africa was reported to have erupted as a result of ideological differences and a personality clash between Presidents Mathew Kerekou and Gnassingbe Eyadema respectively of Benin and Togo. The possibility that the conflict could spill over into Nigeria (at least in economic terms) led Nigeria to become actively involved in the search for a peaceful resolution of the conflict. Nigeria waded into the crisis and used her good offices to achieve a peaceful settlement of the dispute.

III. NIGERIA IN CHAD

The civil war in Chad broke out on 12th February, 1979 between the forces of President Felix Malloum and Mr. Hissene Habre. Even with the intervention of France, the situation deteriorated and was further complicated by the emergence of the third force of Goukoni Waddaye who operated around lake Chad with his own army. It was under these circumstances that Nigeria endeavoured to bring the three warring parties together at a conference table. The Chad Peace talks took place at the Baguada Lake, in Kano, Nigeria and subsequently in the former Nigerian capital of Lagos. Nigeria's first intervention in Chad was therefore undertaken on the basis of the peace accord signed in Kano. The accord provided for a general cease-fire in Chad and the formation of the first Government of National Unity (GUNT) headed by Goukoni Waddaye with Hissene Habre as Minister of Defence. In accordance with the accord, Nigeria despatched a 1,000-strong neutral force to N'djamena, the capital of Chad to maintain law and order while the warring factions were to withdraw their armies from the capital. Upon arrival in the capital, the Nigerian troops discovered that the warring factions had retained their various armies in the capital contrary to the provisions of the agreement. The operation was characterised by frustration, extreme provocation, uncertainty and selfishness on the part of the warring factions. Nigeria found the situation in Chad impossible and had to withdraw its troops in June 1980.

Determined to find an acceptable solution to the conflict in Chad, Nigeria again initiated several peace conferences towards the achievement of this objective. The Nigerian demarches resulted in the creation of OAU's first peace-keeping force comprising Nigeria, Senegal and Zaire. The OAU Mission of 3,000 men was under the command of

General Geoffrey Ejiga of Nigeria and arrived in Ndjamena in 1981. The mandate of the peace keeping force was three fold: maintenance of law and order; supervision of election, and training and integration of the various factional armies into one national army. Nigeria's second intervention in Chad, this time under the aegis of the OAU did not yield much fruit like the first experience. The OAU peace keeping operation was under-funded and ill-equipped with a consequent negative impact on the efficiency and effectiveness of both the force and the resolution of the conflict. The OAU force found itself outnumbered by the army of Hissene Habré which at the time was about 7,000. In these circumstance, the OAU peace-keeping force had to withdraw because OAU member-states were unwilling to beef up the force or supply the much needed material. Irrespective of the not too satisfactory outcome of the Chadian operations, by her participation, Nigeria again demonstrated her irrevocable commitment to the cause of a strife-free Africa.

Nigeria also played laudable mediatory roles in other crises in Africa. The country was involved in the search for understanding during a season of strained relations involving Kenya, Uganda and Tanzania. The situation among the three countries was such that it posed a serious threat to the survival of the now defunct East African Community. Other peace initiatives involving Nigeria included the Angolan conflict, the Somalian/Ethopian crisis, the Rwandan crisis, the Western Sahara problem, the Sudanese civil war, Ghana/Togo crisis etc.

IV. NIGERIA IN LIBERIA. SIERRA LEONE AND GUINEA BISSAU

Nigeria's mediatory role in Liberia was undertaken within the Framework of the Economic Community of West

African States, ECOWAS. The ferocity of the conflict in Liberia had become remarkable in the high level of atrocities and carnage, to the extent that sub-regional economic organisation, Ecowas with limited resources and capacity, was compelled to organise and send a peace-keeping mission in Liberia after the international community refused to get involved. It will be recalled that at the time Nigeria, and other troop contributing ECOWAS memberstates intervened in Liberia, the world's attention was rivetted on the Gulf area, with the Iraqi invasion of Kuwait. As has became the practice, little attention was paid to the carnage going on in Liberia.

For almost eight years while the civil war raged in Liberia Nigeria, along with other countries in the sub-region, engaged in a long and expensive search for the peacefull resolution of the conflict. When the war broke out in 1989, Nigeria considered the state of anarchy in the country as a threat to the political and economic stability of the entire sub-region. For that reason, the situation could not be allowed to continue; if the sub-region was not to be consumed by the threat. First there was the human issue of refugees generated by the war, many of whom had already found themselves displaced to Liberia's immediate neighbours and even further afield, to Ghana and Nigeria. The result of hosting large numbers of such refugees was the pressure on the resources and capacities of the receiving countries. Moreover, the threat of the spill-over of armed conflict to neighbouring countries became real, as was subsequently witnessed in Sierra Leone, with the start of rebellion and armed conflict against the central government by Corporal Foday Sankoh's Revolutionary United Front (RUF).

Consequently, the countries of the sub-region joined Nigeria in Banjul, the Gambia, in August, 1990, to set up the ECOWAS Monitoring Observer Group, ECOMOG. The group was first constituted as a peace-keeping force to separate the warring parties. However, its mandate was later expanded to include peace enforcement due to circumstances in Liberia. Apart from the presence of the ECOMOG forces within Liberia to enforce peace, Nigeria also initiated several peace meetings, the success of which eventually paved the way for general elections in Liberia in 1997. The result of that exercise is the emergence of one of the warlords, Mr. Charles Taylor, as the President of Liberia.

This was a remarkable achievement for Nigeria in particular and for the sub-region as a whole. Except for the immediate period leading to the general elections, Nigeria was virtually synonymous with ECOMOG as 80% of its personnel was contributed by Nigeria. My country also single-handedly financed the operations of ECOMOG, whose formation and mission in Liberia became an innovation in sub-regional peace-keeping. The ECOMOG operations which Nigeria lost a lot in terms of finance and lives, is the first ever successful peace-keeping operation undertaken under Chapter 8 of the United Nations Charter.

Here again, Nigeria's leadership and involvement was imperative and inevitable. For a sub-region of 16 countries where one out of every three West AfricanSis a Nigerian, it was the responsibility of any government in Nigeria to make serious efforts to contain any crisis which could compromise or threaten the political stability, economic prosperity and the collective security of the sub-region.

The euphoria of ECOMOG success in Liberia was jolted on 25 May, 1997 when some dissident elements of the Sierra Leone Army, acting in concert with the Revolutionary United Front (RUF), violently seized power and overthrew President Ahmad Tejan Kabbah's legitimate government. The situation in the country, followin,g this event, was such that, anarchy and strife became the order of the day. Again, for the West African sub-region, the situation in

Sierra Leone could not be seen as an isolated event. It posed a very serious threat to the peace and security of the neighbouring countríes and the sub-region. Furthermore, the development had serious consequences for the fragile peace that was subsisting then in Liberia and which the sub-region had assiduously worked for in the last seven years. At the time of the "coup d' état", the peace plan for Liberia was almost on the verge of a successful conclusion, after many years of frustrations.

It is no surprise therefore, that right from tne start of the Sierra Leone crisis, the leadership of our sub-region under the able direction of Nigeria took a principled stand and position to the effect that the illegal seizure of power in Sierra Leone was untenable and should be reversed. This position was articulated at a meeting of the Foreign Ministers of ECOWAS in Conakry, Guinea on 26 June, 1997. Three objectives were identified for sub-region action, as follows:

– Early reinstatement of President Tejan Kabbah´s legitimate government;

– Return of peace and security to Sierra Leone; and

– Resolution of the issues of refugees and displaced persons. Equally a combination of three measures were identified for the realisation of these objectives as follows:

• dialogue and negotiation;
• imposition of sanctions and embargo; and
• the use of force.

A Committee of Four Foreign Ministers from Nigeria, Guinea, Ghana and Cote d'lvoire was established at the Conakry Meeting and charged with the monitoring and implementation of the response of ECOWAS to the situation in Sierra Leone. The membership of the Committee was subsequently expanded to five with the inclusion of Liberia, at her request during the August, 1997 Summit in Abuja.

This sub-regional initiative once again successfully worked in Sierra Leone, as ECOMOG was able to rout the rebels out of the Capital, Freetown and re-install President Tejan Kabbah to power. The hurdles have not yet been totally scaled in the Sierra Leone imbroglio as the search for a lasting peace is continuing. In the meanwhile however the ECOMOG soldiers, the majority of whom are Nigerians, have been withdrawn to make room for the newly constituted United Nations Peace Keeping Mission in Freetown, Sierra Leone. Nigeria's troops deployment to date under this Mission is over 1,560 men. Nigeria's contingent comprises two infantry battalions, four military observers, staff officers and a Deputy Force Commander.

Ladies and Gentlemen, permit me to deviate a bit to speak briefly on the role played by Nigeria in bringing to an end, minority rule in Zimbabwe, South Africa's colonisation of Namibia and racial discrimination in the areas mentioned above and in South Africa itself.

The Southern African problem while it lasted constituted the heart of Nigeria's diplomacy. Indeed, Nigeria's general policy toward Southern African derived from one of the basic tenets of the country foreign policy, that is, its commitment to help achieve accelerated de-colonisation in Africa and to uphold the dignity of the black man. Nigeria displayed an ardent concern over the blatant denigration of the dignity of the black man by the minority settler regimes of Southern Africa. Nigeria held the view that the forces of change in Southern Africa were the forces of freedom; and the forces of freedom were the forces of peace, peace would come about whenever apartheid and colonialism were wiped out of the continent of Africa.

Distinguished Ladies and Gentlemen, the concept of conflict Resolution was adopted in 1956 by the United Nations as a compromise between collective security or permanent paralysis. For Nigeria, her involvement and devotion to regional and subregional peace-keeping is not just a matter of choice, it is equally a matter of necessity and a clear manifestation of Nigeria's commitment to actively participate in the maintenance of international peace and security in accordance with the charter of the United Nations.

Consequently, one can safely state that, Nigeria's concept of military power is defensive rather than offensive. Although Nigeria has since independence in 1960 and particularly after its civil war 1967- 1970, built up a certain level of military power, she has preferred to use it to play active roles to ensure international collective security.

One very painful experience of Nigeria in conflict resolution in Africa however is the realisation of the nonchalance and almost total indifference with which the international community approaches African problems. Conflicts in Africa as other problems facing Africa do not usually receive the international attention and priority that they deserve. The international community almost always turn to African problems as an afterthought and quite often very reluctantly. The result is that like in the Liberian conflict, after observing what looked like an international conspiracy of silence, the ECOWAS leaders had to initiate a decisive and far-reaching action to save the sub-region.

The above was possible because Nigeria was a willing to assume the leadership and to bear the cost of the operation this goes to confirm the fact that for any regional or sub-regional organisation to be effective, there must be a leading nation among them, a primus-inter-pares with a measure of capability and dedicated to collective aspirations and security. It is the possession of this measure of capability in human and natural resources that has enabled Nigeria to assume such onerous responsibilities in Regional peace-keeping and conflict resolution.

The United Nations cannot be everywhere and certainly cannot afford present over-stretching of its resources. Regional organisations can provide quicker or faster responses to conflicts in their areas. It is therefore time to give more wide-spread application to both the letter and spirit of Chapter VIII of the United Nations Charter on Regional Arrangements. That should be the trend of the future. There is today a compelling need to empower regional and sub-regional organisations and leave the United Nations as it ought to be - an apex organisation and humanity's last resort for salvation.

Finally, I am of the opinion that regional and comprehensive quick response to conflicts may well be the only possible solution to the complexity and magnitude of today's international conflicts. As the Nigerian experience with ECOMOG has demonstrated, peace-keeping is an expensive venture and requires adequate financial base. This financial base, a sine qua non for a properly constituted and executed peace mission, should be provided and assured by the United Nations. After all regional peace-keeping operations are only a proxy arrangements on behalf of the world body.

O ÁRDUO PROCESSO DE PAZ EM ANGOLA E A PRESENÇA BRASILEIRA: *PEACE-KEEPING*, NAÇÕES UNIDAS E PARTICIPAÇÃO DO BRASIL NO MONITORAMENTO DA PAZ PRECÁRIA

José Flávio Sombra Saraiva
Universidade de Brasília
Departamento de História

I. CONSIDERAÇÕES INICIAIS

O objetivo deste texto é o de avaliar o peso da presença brasileira no monitoramento da paz em Angola. Fundamentada na lógica e nos objetivos das operações de paz das Nações Unidas em várias partes do mundo, as ações do Brasil em Angola entre 1994 e 1997 foram relevantes para diminuir os níveis da crise político-militar vivida por aquele país africano. No momento em que se iniciava o mandato brasileiro como membro não permanente do Conselho de Segurança das Nações Unidas no biênio 1993-1994, Angola vivia um dos momentos mais dramáticos de sua história pós-colonial. As posições da delegação brasileira no Conselho em muito contribuíram para amenizar as dificuldades decorrentes da ruptura do processo de paz angolano.

Pretende-se aqui argumentar que a participação direta do Brasil na região –por meio da presença de tropas na terceira Missão de Verificação das Nações Unidas em

Angola (UNAVEM III)– reafirmou a tradicional política africana do Brasil. Desenhada ao longo de muitas décadas, antes mesmo da independência angolana em 1975, a história das relações privilegiadas entre o Brasil e Angola é a base sobre a qual a presença militar brasileira, sob os auspícios das Nações Unidas, deve ser entendida. Ademais, a participação brasileira direta em Angola a partir de 1995 –amparada na resolução 976 das Nações Unidas, de 8 de fevereiro do mesmo ano, nos Acordos de Paz de Bicesse (1991) e no Protocolo de Lusaca (1994)– reanimou a vocação internacionalista dxso Exército. Saudosos da sua participação nos conflitos internacionais, especialmente da participação brasileira na Segunda Guerra Mundial, os oficiais de alta patente encontraram um certo sentido, uma nova identidade para o Exército e uma boa razão para manter o ânimo da tropa. Os soldados e sub-oficiais, sentindo-se desvalorizados em parte pelos soldos irrisórios e pela ausência de prestígio social da carreira no Brasil nos anos noventa, encontram uma boa solução para a melhoria da situação para mais de mil famílias por meio de salários adicionais.

A exposição está articulada, portanto, em duas partes. Na primeira, discute-se a evolução do processo de paz em Angola nos anos noventa, com ênfase nos esforços empreendidos pelas Nações Unidas por meio das três UNAVEM e do Conselho de Segurança. No entanto, para a compreensão desse processo, identificam-se alguns elementos para a compreensão das duas décadas anteriores. Na segunda parte, é analisada a participação do Brasil no monitoramento da Paz e reforça-se a tese de que a participação de Brasil na recondução da tranqüilidade em Angola vincula-se à própria história do relacionamento especial construído, ao longo da década de setenta, entre o Estado brasileiro e as elites do MPLA.

II. Um conflito sem fim e um árduo processo de paz: de Alvor a Lusaca

Em luta prolongada desde o final dos anos cinqüenta, a tradicional colônia protuguesa do Atlântico Sul assistiu na década de setenta –diante da mudança do panorama em Portugal com a Revolução dos Cravos em 1974– sua possibilidade de independência. O ambiente favorável criado pela alteração do quadro metropolitano alimentou as expectativas dos movimentos de libertação nacional. Os três movimentos –MPLA (Movimento para a Libertação de Angola), FNLA (Frente Nacional de Libertação de Angola) e UNITA (União para Independência Total de Angola)– lograram concertação acerca do papel de Lisboa na construção do novo Estado, mas divergiam, desde o início da década de setenta, acerca dos objetivos que cada um deles traçava para si mesmo na formação do governo nacional.

Espalhando um banho de sangue que durou quatro décadas, a deflagração angolana chegou à atualidade com um saldo aterrador: mais de meio milhão de mortos, dois milhões de mutilados, refugiados e deslocados; um esforço de guerra que queimou mais de US$ 12 bilhões; um país destruído fisicamente e desarticulado social e economicamente. O núcleo animador da guerra –os embates acerca do controle político do Estado– já estava presente no primeiro esforço de paz, em Janeiro de 1975. O Acordo de Alvor explicitou o despreparo da exmetrópole no processo de encaminhamento da descolonização. Os ánimos foram acirrados diante da perspectiva de uma presidência colegiada em Angola. O fracasso do acordo, que previa uma supervisão de Portugal em um governo de transição com a presença dos três movimentos, ficou evidente em 11 de novembro de 1975. O MPLA unilateralmente anunciou, concomitante á retiradas das tropas e administração portuguesas, o novo governo, a ser dirigido pelo movimento.

Uma relevante mutação ao longo do conflito foi sua gradual elevação da condição de questão nacional ou africana para um problema internacional. Um conflito sem fim, internacionalizado nos cânones da Guerra fria e da *détente* marcaram as décadas de setenta a oitenta. O envolvimento da África do Sul, dos Estados Unidos, da União Soviética e a participação cubana deram uma cor toda especial a questão. Os norteamericanos, especialmente no período Ford-Kissinger, temiam que a União Soviética se aproveitasse das debilidades temporárias do período pós-Watergate e pós-Vietnã para estabelecer, em Luanda, um regime favorável a Moscou. Kissinger aprovou o envio de ajuda financeira militar a FNLA, via Zaire. A União Soviética, estendendo as percepções de Brejnev de que a África negra era um subcontinente de alto risco de confrontação e vulnerabilidade internacional, estabeleceu a estratégia de ocupação lenta e progressiva de espaços na região. A assistência soviética ao MPLA a partir de 1974 materializou-se pela ajuda financeira, armamentos e treinamento militar. O desfecho que teve a questão da descolonização de Angola em 1975 era a oportunidade desejada por Moscou, para a criação de um governo vinculado aos interesses estratégicos da União Soviética na região.

O ambiente de confronto entre as duas superpotências na região ainda ampliado pela inclusão de novos atores na crise. A participação cubana direta no conflito foi fato de grande repercussão. Iniciada já nos anos sessenta, resultante dos contatos de Che Guevara com as lideranças do MPLA histórico, as relações foram renovadas nos anos setenta. O novo Estado angolano, liderado por Agostinho Neto, solicitou expressamente a colaboração cubana a partir de 1975. O envolvimento de Cuba elevou a tensão da Guerra

Fria na região e alimentou as convicções cubanas de que tinham um papel a jogar na Africa e na liberação do Terceiro mundo.

A Africa do Sul, envolvida historicamente em Angola por razões econômicas e político-estratégicas, resolveu também ocupair um papel maior no *affair*. Vivendo um certo clima de distensão doméstica e dadas as convicções do então Primeiro-Ministro Vorster de que se deveriam evitar os ventos liberacionistas dos governos de maioria negra na África Austral, a África do Sul tentava prolongar seu sistema de segregação racial, econômica e política. A política de combate aos potenciais inimigos do regime de Pretória resultau, portanto, no crescente envolvimento da África do Sul na porção meridional de Angola. O medo provocado pela criação de um governo de orientação marxista em Angola empurrou os sul-africanos para o coração da conflagração do MPLA. Ajudou a UNITA de Jonas Savimbi a armar-se como forma de desestabilização do MPLA e da própria FNLA. Ambas agremiações poderiam, apoiadas pelo MPLA, ajudar ao ANC (velho movimento de crítica ao regime e banido do território sul-africano) e à SWAPO (movimento de libertação da Namíbia –esta sob a ocupação sul-africana). As matrizes da política exterior sul-africana e suas justificativas para a intervenção em Angola foram amplamente estudadas por Deon Geldenhuys[1].

Com todos esses componentes explosivos, a crise angolana assumiu níveis impressionantes de internacionalização nos anos setenta e oitenta. Heimer[2] e Pelissier[3],

---

1. Deon Geldenhuys. *The Diplomacy of Isolation: South Africa Foreign Policy Making*, Johannesburg, Macmillan South Africa, 1984.
2. F-W Heimer. *O processo de descolonização angolano, 1974-1976*, Lisboa, A Regra do Jogo, 1980.
3. René Pelissier. *La Colonie du Minautaure: Nationalismes et Révoltes en Angola (1926-1961)*, Orgeval, 1979.

cada um a seu modo, produziram obras fundamentais para a compreensão daqueles tempos. O conflito permanecia sem alternativas aparentes. Com o fracasso do Acordo de Alvor e diante de tanta intervenção internacional, o quadro fazia imaginar uma guerra sem fim.

Modificações no quadro político internacional na década de oitenta viriam alterar, no entanto, o sentido do envolvimento internacional em Angola. Por um lado, a elevação de Ronald Reagan à Presidência dos Estados Unidos geraria uma política menos agressiva na região. Apesar de anunciar intensa ação militar na região, a indicação de Chester Crocker para a função de Subsecretário de Estado para Assuntos Africanos traria efeitos contrários. A política do "constructive engagement" cedeu lugar à política de confronto com os soviéticos e cubanos na região. Por outro lado, a mergência da Era Gorbachev amenizaria os objetivos anteriores da política exterior soviética para a África Austral. As dificuldades domésticas, de ordem política e econômica, terminaram por afastar os soviéticos, lentamente, da questão angolana no final dos oitenta e início dos anos noventa. Além disso, as mudanças operadas na própria Africa do Sul visando as reformas do então já insuportável sistema do *apartheid*, modificariam a inserção desse país na crise angolana.

O ambiente dos anos oitenta terminou por permitir, assim, uma nova composição de forças internacionais em Angola. Essa foi a brecha para a vinculação da crise angolana à da Namíbia. O caminho procurado pelos Acordos Tripartites –iniciados em 1987 e concluídos em Nova Iorque em 1988– parecia sinalizar uma solução plausível para as dificuldades. A movimentação militar da FAPLA –Força militar do governo do MPLA apoiada pelos soviéticos– conseguira impor baixas consideráveis aos exércitos da UNITA. Os contingentes cubanos conseguiram, em uma luta plena de dramaticidade, segurar Cuito Carnavale como parte do território angolano. A supremacia aérea sul-africana na região foi, pela primeira vez, atingida. As incursões angolano-cubanas nas fronteiras da Namíbia também assustaram á potência regional do Cone Sul da África. O novo contexto levou, asim, aos acordos de Nova Iorque, tripartites (Angola, Cuba e Africa do Sul). O ponto nevrálgico foi o tema do *linkage* que vinculava a independência da Namíbia à retirada das tropas cubanas de Angola. Admitido por todas as partes, o *linkage* seria um instrumento relevante para acalmar a opinião pública interna sul-africana, descontente com os caminhos militaristas do governo na região. Para Angola, os acordos tripartites, sob a observação atenta dos soviéticos, seriam o reinício de um desarmamento das fronteiras e do terrível esforço de guerra. Reiniciava-se um processo de paz desejado por muitos. A idéia do término da intervenção externa no país era um alento para massas populacionais que migravam de um lado para o outro sem condições para estabelecer uma vida normal. Para os líderes cubanos em Angola, a idéia do retorno à ilha era igualmente importante tendo em vista a crítica interna ao internacionalismo cubano e os elevados custos das campanhas em Angola.

As Nações Unidas chancelavam esse esforço de paz com a criaçào, pelo Conselho de Segurança, da Missão de Verificação das Nações Unidas em Angola (UNAVEM), em 17 de dezembro de 1988. Tendo como objetivo o monitoramento dos Acordos Tripartites e estabelecendo como um dos seus objetivos centrais o acompanhamento do reposicionamento das tropas cubanas em Angola, a UNAVEM seria recriada ao longo da década seguinte com objetivos semelhantes. Foram batizadas, assim, de UNAVEM I, II e III.

A evolução do final dos anos oitenta e início da presente década parecia traçar o seguro caminho da paz em Angola.

Depois de intensas negociações domésticas e internacionais, muitas vezes concomitantes –como aquellas coordenadas por Mobutu (presidente do Zaire), Chester Crocker (subsecretário norte-americano) e da mediação portuguesa–, chegou-se a Bicesse. Em 31 de maio de 1991 era assinado em Portugal, os Acordos de Paz en Angola. O cessar-fogo era estipulado para 15 de maio do mesmo ano. Apesar dos Acordos de Paz de Bicesse serem o conjunto de quatro elementos, que variaram conceitualmente entre instrumentos de garantia da paz, mecanismos e princípios gerais. São, a saber: o acordo de cessar-fogo, os princípios para o estabelecimento da paz, os conceitos para a resolução de questões pendentes entre o governo e a UNITA e o chamado Protocolo de Estoril. O tema do cessar-fogo foi sempre o coração das negociações.

A proibição da aquisição de materiais bélicos era o tópico mais relevante no conjunto das negociações. Novamente, as Nações Unidas louvaram o esforço de paz, chancelaram as iniciativas –com a rubrica do Secretário-Geral– e trouxeram o apoio explícito às perspectivas de eleições generais entre setembro e novembro de 1992. Foi criada a UNAVEM II –uma extensão da UNAVEM (I)– com o mandato de acompanhar as aplicações dos acordos de Bicese, particularmente no que se referia às negociações entre o governo do MPLA e a guerrilha da UNITA, do cessar-fogo.

Mas Bicesse carregava todos os elementos do fracasso. A evolução árdua do processo de paz, as crises domésticas e as reticências internacionais mostraram o quanto o quadro da deflagração era mais complexo e confuso que os termos das negociações desenvolvidas. Na verdade, como lembra a Representante Especial do Secretário-Geral em Angola e chefe da Missão de Manutenção de Paz da ONU (UNAVEM II) entre 1992 e 1993, Margaret Anstee, na sua radiografia do colapso do processo de paz, referindo-se ao desencanto com as eleições gerais de Angola entre 29 e 30 de setembro de 1992:

> Enquanto as duas partes se entregavam a um interminável combate de esgrima, a instabilidade espalhava-se como labaredas pelo país, com acusações e contra-acusações de movimento de tropas de ambos os lados. A medida que a UNITA se apoderava de mais cidades e distritos, os administradores do Governo partiam e a já precária administração central estava a desfazer-se a olhos vistos. Todos os que podiam deixavam Angola. A maior parte das famílias dos diplomatas e os poucos homens de negócios estrangeiros tinham partido em Julho. Agora os poucos que ficaram também estavam a partir e as famílias angolanas ricas mandavam as mulheres e os filhos para Portugal. Há pouco menos de um mês todos os aviões que aterravam no aeroporto de Luanda vinham apinhados de gente ansiosa por regressar e participar das eleições. Agora todos os aviões que descolavam iam igualmente apinhados de pessoas que procuravam desesperadamente abrigo antes que a tempestade desabasse"[4]

O drama descrito pela enviada das Nações Unidas, que terminou sendo criticada pelas suas posições bastante pró-governo, expõe as desilusões com as eleições gerais de setembro de 1992 e seu fracasso. Os resultados parciais do pleito, que davam um percentual superior a 50% na disputa pela Presidência a favor de José Eduardo dos Santos (MPLA) e uma ampla maioria no Congresso, não foram aceitos por Savimbi e pela UNITA. A UNITA alimentou, assim, a idéia de fraude e procurou afastar seus generais das Forças Armadas Angolanas (FAA). A crise era reiniciada. Afastava-se a UNITA, assim, dos termos acordados em Bicesse.

---

4. Margaret Joan Anstee. *Órfaô da Guerra Fria: radiografia do processo de paz angolana (1992-1993)*, Porto, Campo das Letras, 1977, p. 335.

O banho de sangue, a devastação e a terrível deflagração que acompanhariam os anos seguinte da chamada "tragédia esquecida" de Angola apenas recentemente foram verdadeiramente conhecidas pelo mundo. O livro da representante das Nações Unidas para o período 1992 e 1993 tornou-se, nesse sentido, uma obra fundamental de referência para a compreensão e difusão do tecido complexo do conflito angolano[5].

As mediações que tentaram modificar o curso da guerra, como as conversações de em Adis Abeba e Abidjan não foram suficientes para recompor a confiança na perspectiva de paz. As Nações Unidas, inclusive o seu Conselho de Segurança, ficaram sem ação e sem iniciativa no assunto, apenas constatando o óbvio: o reinício da guerra civil e o fracasso do processo de paz de Bicesse. A tragédia angolana parecia esquecida. Mas quando tudo parecia perdido, iniciou-se um novo caminho às conversações de Lusaca, ainda mais árduo, dados os ressentimentos.

II. A PRESENÇA BRASILEIRA NA CONSTRUÇÃO DA PAZ EM ANGOLA NA PRESENTE DÉCADA: INTERESSES PONTUAIS, COMÉRCIO, DIPLOMACIA E EXÉRCITO

Alguns dados empíricos demonstram a relevância da presença brasileira nos anos difíceis em Angola. O General de Brigada Péricles Ferreira Gomes, do Exército brasileiro, comandou a UNAVEM I. Esteve também à frente da UNAVEM II durante quatro meses, da sua criação, em 31 de maio de 1991, a primeiro de outubro do mesmo ano, quando foi substituído pelo General de Divisão da Nigéria, Ushie Unimna. Comandou o general brasileiro cerca de 350 observadores militares, 126 observadores policiais, uma

---

5. Idem, p. 663.

unidade médica e 160 funcionários civis encarregados de apoiar a Missão. A saída do general do comando foi relacionada ao seu claro favorecimento a uma situação confortável ao governo do MPLA. A UNITA contestou sua legitimidade como comandante de uma operação de paz e acusou de ter desempenhado seu papel ao lado dos interesses governo de Angola.

O Brasil também mandou grande contigente de observadores para as eleições gerais de Setembro de 1992, recrutadas como voluntários pela representação das Nações Unidas em Brasília. O Tribunal Superior Eleitoral mandou, para as eleições, urnas e tecnologia eleitoral, destacando o diretor geral do TSE para acompanhar as eleições daquele ano.

Mas outra forma de participação era empreendida por grupos políticos e empresariais do Brasil nos mesmos anos difíceis. A campanha eleitoral do MPLA, transmitindo uma imagem sólida do Presidente José Eduardo dos Santos, foi capitaneada, do ponto de vista do *marketing* político, pela PROPEG, agência de publicidade brasileira que havia preparado a campanha presidencial do então Presidente Fernando Collor. Também participou o Brasil, no período da guerra, de arranjos que viabilizaram o acordo assinado com Angola pelo ex Presidente Collor e terminaram por beneficiar a construtora Norberto Odebrecht, a qual teria pago cerca de US$3,2 milhões ao esquema PC, para conseguir a retomada da obra da Hidreléctrica de Capanda, no sul de Angola, a segunda maior de todo o continente[6].

Mais tarde, em julho de 1993, em pleno recrudescer da guerra civil, o governo do Presidente Itamar Franco chancelava a venda de 1000 foguetes do tipo X-40 e X-60 da

---

6. "PF investiga atuação de assessora de Eliseu", *Folha de São Paulo*, 13 de maio de 1993.
7. "Arma brasileira na guerra", Veya, 15 setembro de 1997, p. 24.

empresa brasileira Avibrás para o governo de Angola[7]. Publicada em Diário Oficial, mas sem comentários públicos dos assessores do Presidente, do então Ministro das Relações, Celso Amorin, ou de cualquier outro setor do governo, o Brasil tomava partido na deflgração, como já fizera tantas vezes outras desde o reconhecimento imediato do governo unilalteral do MPLA em 1975. A venda dos 1000 foguetes foi apenas o primeiro lote de um total então previsto de 6000, que geraria uma receita da ordem de R$ 166 milhões para a Avibrás.

Para lançar os foguetes o governo angolano teve que comprar do Brasil, simultaneamente, um lançador, dotado de central de tiro computadorizado, no valor aproximado de R$200.000. Estimou-se que cerca de vinte dessas peças teriam sido compradas. O então embaixador de Angola no Brasil, Francisco Romão, comentou o apoio direto nos seguintes termos:

> O Brasil é um dos nossos principais parceiros comerciais e essa parceria só tende a aumentar quando a paz imperar no país[8].

Apesar de ter procurado fazer segredo da operação, o governo brasileiro não conseguiu disfarçar seu inclinação histórica para com o MPLA. Sustentado em uma visão realista e pragmática da diplomacia, associada às correntes de opinião pública e aos interesses pontuais do comércio e dos investimentos brasileiros naquele país, o compromisso com o governo do MPLA é compreensível e compartilhado por grande parte da sociedade civil esclarecida e pela opinião pública mais interessada nos assuntos africanos e na política exterior.

---

8. *Ibidem.*

Resulta, portanto, desse quadro, o envolvimento diplomático do Brasil no *affair* angolano nas Nações Unidas. Novamente vale a referência ao ex embaixador de Angola no Brasil, Francisco Romão, ao reclamar, em maio de 1993, por uma política mais clara do Brasil a favor do processo de paz no seu país:

> Inserida no contexto da África Austral, Angola representa para a África do Sul o mesmo que o Brasil representa para os Estados Unidos. Seu crescimento econômico causa uma grande preocupação, sobretudo por ser objetivamente viável. (...) O Brasil tem desempenhado importantes papéis na diplomacia mundial. Angola espera continuar contando com o o Brasil para jomar esforços num gesto de solidariedade internacional para a retomada do desenvolvimento econômico e social pelos angolanos[9].

Esse papel na "diplomacia mundial" põde ser desempenhado pelo Brasil. De fato, na questão angolana. Seu *locus* foi a atuação do país, no biênio 1993-1994, como membro não permanente do Conselho de Segurança das Naçoes Unidas. No quadro de inoperância do Conselho de Segurança e diante do quadro posterior às eleições gerais de setembro de 1992, o Brasil procurou achar uma brecha para enquadrar o conflito angolano nas preocupações internacionais daquele órgão. Havia uma incapacidade construída pelas próprias contingências do momento. Por um lado, a nova Rússia passava por mudanças radicais na sua história política. Por outro, aos Estados Unidos passavam por um momento de transição, encerrando o ciclo republicana na Presidência e levando os democratas de Bill Clinton para o coração do poder. A crise do Golfo e

---

9. Francisco Romão de Oliveira Silva. "Raizes do impasse angolano", *Jornal do Brasil*, 6 de maio de 1993 (caderno opinião).

o triunfalismo norte-americano, que se enxergavam como o único poder mundial da era pós-bipolar, permitiram aos Estados Unidos fomentar, assim mesmo, a UNITA na deflagração angolana. O Brasil procurou modificar a apatia generalizada. Levou a Rússia ter uma postura mais clara no conflito, condizente com seu papel de membro permanente do Conselho de Segurança. Aproveitou a ausência de uma orientação externa mais precisa para a África da administração Clinton recém-empossada para levar a diplomacia a uma atitude mais construtiva no *affair* angolano. O Brasil em parte auxiliado pelo Cabo Verde (que também esteve naquele período dramático como membro não permanente do Conselho de Segurança), procurou, por tanto, modificar a apatia e posição extremamente discreta dos membros permanentes do Conselho. Nesse movimiento foi auxiliado pelas delega.oes da Espanha e Nova Zelândia, que cupavam, igualmente, assentos não permanentes no Conselho de Segurança.

Um grande problema para a delegação brasileira no Conselho de Segurança era o tema do controle da UNITA, com a retomada da guerra civil, de uma grande parte do território angolano. O receio do federalismo ou de uma solução divisionista tomou conta das diretrizes da ação da delegação brasileira no Conselho. A "federalização" de Angola, na acepção da delegação brasileira, não era uma solução, mas sim o agravamento das tensões internas na região. Apegou-se o Brasil aos termos da Carta da Organizaçao da Unidade Africana no que se referia às cláusulas da integridade territorial dos países africanos, conhecedores dos dramas da repartição desde o tempos coloniais. As disputas étnicas, como as de Burundi e Ruanda, serviram de exemplo para a demonstração do argumento brasileiro.

Inspirado nas Resoluções 785 e 793 (ainda de 1992) do Conselho de Segurança, o Brasil perseguiu o objetivo de defender a ampliação do escopo da UNAVEM II, incluindo a idéia de rever seu mandato e composição. O segundo campo de atuação era reiterar os termos do Acordo de Bicesse, fundamentais para a manutenção de um mínimo de tranqüilidade na região. A condenação do uso da força, uma tradição do sistema jurídico e das práticas internacionais do Brasil, foi um argumento permanente da delegação do país na ocasião. O Embaixador Ronaldo Mota Sardenberg, representante permanente junto às Nações Unidas, já chamara a atenção, no final de 1992, para essas linhas da atuação que o Brasil viria a defender no biênio 1993-1994 no Conselho de Segurança[10].

O Brasil viria defender, de forma explícita, o reforço da UNAVEM, a despeito da carga de crítica que recaía sobre o portagonismo de Margaret Anstee no período 1992-1993, como representante especial do Secretário- Geral da ONU para Angola. O reforço da Declaração de Namibe, resultante do encontro de alto nível realizado entre as partes em 26 de novembro de 1992, foi outro elemento fundamental do argumento brasileiro na ocasião.

O fato mais grave no início do mandato brasileiro no Conselho de Segurança foi o reinício da guerra civil em Angola. O final de 1992 parecia permitir algum apaziguamento, especialmente diante das novas trataivas de Namibe. Mas no ano seguinte, exatamente quando o Brasil assumia sua posição de membro não permanente no Conselho, a deflagração ampliou-se por toda Angola. A ruptura do processo de paz levou imediatamente a delegação brasileira do órgão a buscar imprimir uma dimensão política ao conflito, a colocar o assunto na agenda dos trabalhos e a situar a presença do Brasil e das Nações Unidas naquele país de forma mais clara e perceptível mundialmente.

---

10. Discurso do Embaixador Ronaldo M. Sardenberg, documento S-PV, 30 de outubro de 1992, p. 10.

O Brasil veio a desenvolver, de forma discreta mas contínua, sua convicção de que era muito dificil pôr os destinos da crise nas mãos de países que tinham tão longo envolvimento em Angola, com interesses muito precisos e cuja atuação havia favorecido a própria eclosão da guerra civil. Era uma manobra para retirar parte –embora fosse difícil– do espaço dos Estados Unidos na questão, especialmente diante das posições clássicas norteamericanas de apoio a Savimbi. Ao mesmo tempo, a diplomacia brasileira tentou desenvolver a tese segundo a qual os aspectos eminentemente financeiros da UNAVEM II não podiam ser julgados, pois houve a hipótese do fim das operações de monitoramento das Nações Unidas em Angola no início de 1993. O quadro político e internacional que abraçava a crise angolana, os gastos excessivos das Nações Unidas na ex Iuguslávia e no Camboja, entre outros fatores, justificavam, nos argumentos do diplomata Ronaldo Sardenberg, a manutenção dos esforços internacionais naquele país africano[11].

Em síntese, o Brasil teve, no período de 1993 a 1994, uma grande atuação no sentido de garantir que a questão angolana tivesse repercussão internacional por meio das iniciativas das Nações Unidas. As movimentações do Embaixador de Angola no Brasil na época, Francisco Romão, evidenciam uma forte articulação dos passos do seu governo com uma certa esperança de que as posições do governo angolano pudessem ser melhor ouvidas pelos Estados Unidos se fossem apresentadas pelo Brasil. Suas palavras, em 1993, com relação à militância brasileira nas Nações Unidas foi por todos reconhecida:

> Parece-nos sensato e corajoso que o Brasil tenha também juntado a sua voz ao lado das que caminham em prol da

---

11. *Ibidem*. Ver também as atas das reuniões do Conselho de Segurança da Nações Unidas do ano de 1993.

paz e prosperidade do povo angolano. Voz essa que contraria algunas opiniões que pregam omissão do Brasil em relação ao que ocorre em Angola, mesmo sabendo que Jonas Savimbi não perde uma oportunidade sequer de lesar os interesses brasileiros[12].

Os "interesses brasileiros" a que se refere o Embaixador são aqueles que associaram o Brasil ao reconhecimento precoce do MPLA como governo em 1975, aos interesses das construtoras brasileiras em Capanda, aos investimentos de vários grupos econômicos nacionais, à conta do petróleo e, portanto, às relações históricas entre o governo brasileiro e as lideranças do MPLA. O uso desse argumento pelas lideranças angolanas para comover a opinão pública brasileira e o núcleo de poder no Brasil é um fator importante para a compreensão da atenção que o Brasil deu, naqueles dois años, ao assunto de Angola no Conselho de Segurança das Nações Unidas.

Daí o assunto Angola ter se constituído, para o Brasil, matéria de relevância e prioridade elevada em sua atuação no Conselho de Segurança. As relações densas entre os dois países justificaram o despacho telegráfico secreto do Itamaraty para a Missão do Brasil junto as Nações Unidas em janeiro de 1993. O documento fala por si ao afirmar que o Brasil deveria buscar todas as formas e todas as credenciais para:

---

12. Francisco Romaõ de Oliveira Silva, carta dirigida a Otávio Frias Filho, Diretor de Redação da *Folha de São Paulo*, em 10 de agosto de 1993. Por meio dessa carta declara a importância das iniciativas brasileiras nesse campo e comenta, em artigo anexo, a falta de atenção da comunidade internacional para o *affair* angolano: "Raras são as oportunidades que a comunidade internacional toma conhecimento de informações relativas ao conflito angolano. E, desgraçadamente, quando tal acontece, os factos são, no mais das vezes, deturpados de forma arrepiante, incutindo na mente dos menos informados um falso móvel sobre a guerra em Angola" (documentos pessoais do autor).

influir positivamente sobre o encaminhamento da questão[13].

A linguagem diplomática pôde disfarçar, mas o objetivo foi estrategicamente apresentado em todas as instâncias em que o Brasil pôde se apresentar nas Nações Unidas e fora dela. Os resultados da ação empreendida pelo Brasil foram positivos, apesar das condições para o desenvolvimento das mesmas. O primeiro claro resultado foi ter permitido ampliar o marco da discussão da questão angolana nas Nações Unidas. O segundo foi ter garantido a continuação do trabalho da UNAVEM II, cujo período de existência estava concluído no início de 1993 e cuja atuação era criticada até mesmo pelo relatório do Secretário-Geral daquele organismo internacional. O terceiro foi o de, em certo sentido, ter neutralizado as iniciativas unilaterais do Estados Unidos de quase sempre manter a paralisia do Conselho de Segurança diante da questão angolana, dando *status* semelhante ao governo e à oposição.

A Resolução 804, adotada já em 29 de janeiro de 1993, permitiu maior movimentação para a diplomacia brasileira no Conselho de Segurança. A garantia da extensão do mandato da UNAVEM II e os ajustes na sua composição agradavam ao Brasil. Em outras palavras, sua atuação foi decisiva para a aprovação daquela resolução. As delegações do Cabo Verde, da Espanha e da Nova Zelândia ajudariam as movimentação diplomáticas brasileiras para garantir a vitória dos argumentos que levaram à aprovação da Resolução 804. Ficava igualmente garantido o compromisso das Nações Unidas como a unidade angolana. A tese federativa, originalmente defendida pelos Estados Unidos, caía por terra[14].

---

13. Despacho telegráfico secreto da Secretaria Geral do Ministério das Relações Exteriores do Brasil para a Missão do Brasil junto as Nações Unidas número 53, de 10 de janeiro de 1993.

O agravamento da questão militar ao longo de 1993 –especialmente nos meses em torno da batalha de Huango– não permitiria ver, naquele momento, as conquistas da ação brasileira no Conselho das Nações Unidas. Hoje essa percepção é mais difundida, mais em Angola que no Brasil. A impaciência do Conselho de Segurança no reinício das hostilidades da UNITA contra o governo foi utilizada pelo Brasil como um argumento a favor da reunião dos esforços de todos, inclusive dos Estados da Linha de Frente, no sentido de buscar uma solução satisfatória para o *affair* angolano. A reunião de Abidjan, em abril de 1993, foi um passa à frente. As pressões geradas pelas Resoluçoes 834, 851 e 864, todas do Conselho da Segurança, ao longo de 1993, mostrariam a rejeiçao, percebida desde o início pelo Brasil, dos membros do Conselho às práticas da UNITA em Angola. A indicação de um novo representante do Secretário-Geral da ONU para a Angola, Blondin Beye, era a mostra definitiva de que a via militar não seria tolerada pelas Nações Unidas.

A UNITA continuou, no entanto, a desafiar as resoluções das Nações Unidas. Aproveitando os conteúdos da Resolução 864 do Conselho de Segurança, que haviam gerado alguma ambigüidade no que se referia aos termos do cessar-fogo efetivo, a UNITA preferia a forma unilateral de declaração de paz e não os marcos dos Acordos de Bicesse. O Brasil procurava defender os termos de Bicesse mas os Estados Unidos preferiam aceitar os termos da UNITA e, com isso, não discutir sanções para o não cumprimento do cessar-fogo unilateral declarado pela UNITA. Esse cessar-fogo não foi levado a sério por nenhum membro do Conselho de Segurança (exceto pelo cinismo

---

14. Resolucão 804 do Conselho de Segurança das Nações Unidas, de 29 de janeiro de 1993, doc. S-RES-804.

da delegação norteamericana), especialmente porque ele foi declarado poucos dias antes do embargo de venda de armas e material bélico. As hostilidades não cessavam, apesar de toda essa discussão.

De qualquer forma, a Resolução 864 serviu como um marco com o qual o Brasil daria sua contribuição lutando para sua aprovação, para as conseqüências mais amenas nas negociações de paz que levariam as Conversações de Lusaca. O Brasil apoiou, ao longo de 1993, a idéia de uma solução para o problema pela via das negociações de Lusaca, a permanência das Nações Unidas em Angola e o diálogo junto ao MPLA para que não aumentasse o nível de violência política desenvolvido pela UNITA. Esse diálogo direto com Luanda foi muito importante para manter o equilíbrio das negociações e barganhar –o que era de interesse do governo do MPLA– a expansão substancial da UNAVEM II. A expansao continha elementos, aprovados por iniciativa do Brasil, que garantiam a ampliação dos efetivos militares e previam a aplicação de sanções contra a UNITA caso as negociacões de Lusaca não chegassem a bom termo.

O sucesso da assinatura do Protocolo de Lusaca, assinado em novembro de 1994, animou o processo de paz. O Brasil se fez presente, com a ida do Chanceler Celso Amorim ao continente africano, única autoridade internacional não africana na ocasião. Era a prova cabal do compromisso brasileiro com o processo de paz em Angola. As articulações brasileiras –que haviam conseguido vincular as conversações de Lusaca a presença que se esperava das Nações Unidas no processo de monitoramento da paz no local– eram celebradas em Lusaca. A expansão da UNAVEM II para a UNAVEM III foi uma das conquistas brasileiras no Conselho de Segurança, ainda em 1994.

A UNAVEM III, criada pela Resolução 976 de 8 de fevereiro de 1995 do Conselho de Segurança, confirmava a tese brasileira de que as Nações Unidas não podiam se afastar de Angola até que a situação fosse completamente apaziguada. Amparada nos elementos da remota idéia de reconciliação nacional sugerida pelos Acordos de Paz de Bicesse e renovada nas resoluções do Protocolo de Lusaca, a delegação brasileira nas Nações Unidas continuou sua militância diplomática no sentido de garantir, no Conselho de Segurança e na Assembléia Geral, a efetiva presença de tropas internacionais de paz em território angolano. Era a única maneira de manter algum equilíbrio naquele país, informava um representante do Brasil nas Nações Unidas.

Há, até hoje, um grande debate internacional sobre a oportunidade das operações de paz coordenadas pelas Nações Unidas. O fato é que a UNAVEM III foi criada em um momento de grande entusiasmo internacional acerca da eficácia desse instrumento de garantia da paz. O crescimento das missões de paz no início dos anos noventa era um elemento de grande animação diante da fragilização de outros instrumentos de negociação em países como Angola. O Brasil compartilhou a idéia da eficiência desse mecanismo e atuou, de forma clara, para participar da UNAVEM III. Mandou mais de 1.000 soldados para o desarmamento dos espíritos e das minas. Envidou esforços para dar um sentido humanitário à presença dos militares brasileiros nas tropas de paz.

O envio das tropas brasileiras para aquele país africano foi fator importante na normalização das rotinas, da vida social dos angolanos bem como de suas atividades econômicas e políticas ao longo de 1995 e 1996. Coube à engenharia do Exército brasileiro a tarefa difícil da missão: o desmonte das minas terrestres calculadas em torno de vinte mil. Dos 1.200 brasileiros que tomaram parte da missão, duzentos são da área de engenharia. Isso representa o maior efetivo militar brasileiro nos últimos dez anos em missão de paz das Nações Unidas. O custo da operação foi orçado em torno de US$ 150 milhoes[15].

A presença do Brasil no esforço logístico do desarme da minas e na presença tranqüilizadora, aceita por grande parte da população civil angolana (especialmente aquela que apóia o regime do Presidente Eduardo dos Santos) foi reconhecida por todos os analistas. As facilidades de comunicação permitidas pela língua comum animaram os contatos diretos dos soldados brasileiros com as populações civis nos campos e nas estradas repletas de minas. Margaret Anstee, já referida antes, em sua entrevista ao jornal *Público*, em abril de 1997, comentou a importância da desmobilização dos espíritos e reforçou a importância da atuação brasileira na questão[16]. O mesmo foi feito pelo presidente Eduardo dos Santos a revista *Brasil Europa* em seu número 48 publicado no final de 1996:

> Angola reconhece e respeita o enorme esforço que o governo brasileiro está a fazer para manter em Angola o maior contingente, entre os que integram as Forças de Paz das Naçoes Unidas. Tive a ocasião de agradecer pessoalmente, em meu nome e em nome de todo o Povo angolano, esse gesto de profunda solidariedade ao Presidente Femando Cardoso, ao Governo, ao Congresso e ao Senado Brasileiro[17].

Jonas Savimbi, no entanto, permanece com rancor do Brasil e de suas posturas pró- MPLA. Em entrevista de no jornal *Expresso*, de 25 de abril do corrente ano, permanece o líder da UNITA a bradar contra o envolvimento interessado do Brasil em Angola. Sob o disfarce de uma posição

---

15. "Brasileiros irão desativar minas", *Correio Braziliense*, 2 de junho de 1995, p. 24.
16. "Desmobilização é prioridade", *Público*, 18 de abril de 1997, s-p.
17. Eduardo dos Santos, entrevista intitulada "Angola e seus parceiros internacionais", *Brasil Europa* N° 48, 1996, p. 27.

internacional neutra, acusa Savimbi, o Brasil avança seus próprios interesses diante da permanência de um governo dominado pela elite do MPLA. Ao insistir na sua tese da alternancia de poder em Angola, fala por si mesmo o velho líder:

> A solução é complexa e, como acontece sempre em política, passa pela conjugação da alta diplomacia com as forças armadas. (...) A comunidade internacional, para preservar a paz em Angola, tem de impor a alternância. O estatuto do líder da oposição tem de vir a prever a minha ida para Presidente, num prazo razoavelmente curto[18].

Com essas palavras do líder da oposição consta-se, de fato, o árduo processso de paz em Angola. Uma história sem fim, na qual o Brasil, a seu modo, tentou levar algum alento e uma posição interessada na tranquilidade conduzida pelo governo do MPLA.

CONSIDERAÇÕES FINAIS: PEACE-KEEPING E INTERESSES PONTUAIS

A análise da atuação do Brasil ao longo do período permite algumas conclusões relevantes para o estudo das relações do Brasil com aquele país africano. Em primeiro lugar, a política africana do Brasil, que estava sem vida própria nos anos noventa, adquiriu um contorno especial com a questão angolana. Depois dos anos dourados –a década de setenta e parte dos anos oitenta– as relações do Brasil tinham regredido, nos anos noventa, em importância relativa.

Empobreceram-se, nos anos noventa, as motivações que haviam transformado o Atlântico Sul em um espaço

---

18. Jonas Savimbi. "Há que impor a alternância por decreto", *Expresso*, 25 de abril de 1997.

lacustre no qual suas margens, em permanente comunicação comercial e política, permitiram o desenvolvimento de uma grande política africana pelo Brasil. Essa dimensão atlântica da política exterior brasileira foi recentemente analisada, sob a perspectiva histórica, no meu trabalho de síntese[19]. A questão angolana, no entanto, serviu como uma chama que, ao permanecer acesa, permitiu certos padrões de continuidade, nos anos noventa, dessa tradicional política. A política geral para o continente africano, embora imperfeita no período, logrou manter, por meio da presença em Angola, uma efetiva contribuição à manutenção de interesses brasileiros na região. Isso correspondia, portanto, a dimensão estratégica da África Atlântica para o Brasil.

Em segundo lugar, o Brasil chegou a ocupar um papel relevante na conformação, nos anos noventa, de uma solução possível para a deflagração. A atuação internacional aqui descrita, especialmente pelas manobras no Conselho de Segurança das Nações Unidas, demonstra a convicção própria e a vontade de propor um ângulo original à contenda angolana. Esse ângulo próprio –desenvovido por meio de um intricado processo decisório nacional que vincula o profissionalismo da diplomacia aos interesses econômicos do Brasil naquele país– permitiu a manutenção do esforço contínuo das Nações Unidas em Angola, mesmo diante de pressões para o fim da presença dela em território angolano.

---

19. José Flávio Sombra Saraiva. O *Lugar da África: a dimensão atlântica da política exterior brasileira (de 1946 a nossos dias)*, Brasília, EDUnB, 1996. Ver o livro do embaixador angolano responsável pelas negociações junlo ao governo norleamericano para a normalização política entre os dois países: José Patrício, *Angola-EUA: os caminhos do bom senso*. Luanda, Executive Center, 1997. Ver também o livro do representante especial dos dos Estados Unidos no processo de paz em Angola entre 1993 e 1 99X, Paul Hare. *A Úlbma Grande Oportunidade para a Paz em Angola*, Liboa, Campo das Letras, 1999.

Além disso, a atuação do Brasil permitiu afastar as tentações da diplomacia norte-americana de transformar Angola em uma experiência de federalismo frustrante ou de alternâncias de poder à moda antiga. A proposta, apresentada sem nenhum pudor pela delegação norte-americana junto ao Conselho de Segurança das Nações Unidas, foi gradualmente desmantelada pela articulada atuação dos diplomatas brasileiros. Outros países –não só africanos– ajudaram nessa tarefa. O Brasil soube conduzir manobras diplomáticas entre 1993 e 1994 de forma a manter a unidade territorial angolana. E isso é até hoje reconhecido pelas lideranças do governo angolano.

Em terceiro lugar, as posições do Brasil no *affair* angolano confirmam a perfeita articulação entre diplomacia, interesses comerciais e opinião pública. Poucos assuntos são tão unânimes no Brasil quanto a percepção empresarial e da opinião pública acerca da melhor opção para a governança em Angola. A definição quase precoce do Brasil a favor do MPLA em 1995 é uma marca indelével da memória política brasileira. Os brasileiros de educação média, que tenham alguma idéia da conflagração angolana, defenderiam o MPLA contra a UNITA. Ao mesmo tempo, os interesses econômicos objetivos e concretos, especialmente no caso de Capanda e da conta do petróleo, levaram as lideranças políticas do Brasil a permanecer com os cordões ligados as lideranças do MPLA e do governo em Luanda. Savimbi jamais perdoaria essas conexões.

Em quarto lugar, e finalmente, a questão angolana foi um elemento de reforço da identidade do Exército brasileiro. Embora os datos sejam muito escassos nessa matéria, minhas entrevistas com alguns oficiais, em Brasília, que participaram das operações de monitoramento em Angola, confirmam:

a) os soldos adicionais obtidos com o trabalho em Angola serviram como uma forma de recomposição do *status* perdido pelos militares diante do arrocho salarial criado pela estabilização monetária no Brasil –drama aliás vivido de forma mais dramática ainda pela grande maioria dos servidores públicos;

b) a nova identidade conferida ao Exército que passou a valorizar a idéia de um novo grande esforço internacional, pela paz, semelhante àquele empreendido pelo Brasil, ao lado dos Aliados, na Segunda Guerra Mundial;

c) o acúmulo de conhecimento sobre as condições do campo angolano, da vida da gente comum, que permitiu a soldados e oficiais do Exército brasileiro o desenvolvimento de uma percepção própria da vida angolana.

Em quinto lugar, vale lembrar a movimentação da diplomacia brasileira nos anos de 1996 e 1997 no sentido de manter viva a possibilidade de uma reforma organizacional nas Nações Unidas. O Brasil está disposto a apresentar seu esforço em Angola –mas nao apenas lá– como uma prova de maturidade internacional e capacidade para fazer parte, como membro permanente, do Conselho de Segurança. As declarações do Chanceler Luís Felipe Lampreia, na sessão de abertura dos trabalhos da Assembléia Geral em outubro de 1998, demonstra o papel internacional que o Brasil reivindica no passagem do milênio. A presença serena do país em Angola é cultivada, assim, como um fato da grandeza internacional do Brasil.

Esses cinco elementos juntos mostram o quanto a contribuição do Brasil para o apaziguamento em Angola, apesar de não ser definidor dos destinos daquele país, ocupa alguma relevância nas opções estratégicas dos angolanos, do governo e da oposição. Do lado brasileiro, mantém-se, por meio da questão angolana, uma base de operação para a política africana do Brasil, mesmo em tempos de importância diminuta.

LAS RELACIONES DE CUBA CON ÁFRICA.
ESCENARIO PARA LA COOPERACIÓN SUR-SUR

Jesús Martínez Beatón
Embajador de Cuba en Colombia

I. CUBA, UNA SOLA REVOLUCIÓN

La formación de la nacionalidad cubana tiene una importante participación de africanos trasladados por los españoles a la fuerza, en sustitución de la mano de obra aborigen, que fue prácticamente eliminada por los maltratos a que fueron sometidos los nativos en el siglo XVI durante la llamada conquista.

Al decir de Morejón (1988), "Los cubanos nos hemos dado a la tarea de crear una nación homogénea a partir de la propia heterogeneidad de la nación, creada para un propósito político (la revolución cubana encabezada por Fidel Castro), más que para cualquier controversia cultural o racial. Somos una mezcla. No estamos asimilados. No nos hemos aculturado a las costumbres españolas o africanas (...) nos producimos a nosotros mismos como un pueblo mestizo que ha heredado y sostiene ambos componentes sin ser ya ni africano ni español, sino sólo cubano"[1].

---

1. Morejón Nancy (1988), citada por Catherine Davies. "Madre África y memoria cultural", *Revolución y Cultura* N° 2-3/99, pp. 56-67.

En nuestras guerras por la independencia (1868 y 1895), donde se fue gestando la nacionalidad cubana, hubo una participación activa y relevante de los esclavos africanos y sus descendencias.

El pensamiento anticolonialista en Cuba se consolida en los campos de batalla en la justa confrontación de los *mambises* por desmontar el último bastión del colonialismo español en el llamado Nuevo Mundo.

Con la intervención norteamericana de 1898 se frustra la verdadera independencia, que debió ser coronada por la victoria insurgente, y se funda en 1902 la seudo-república, a imagen y semejanza de la nueva metrópoli: los Estados Unidos de Norteamérica.

El éxito de la revolución cubana en 1959 representa el triunfo de las ideas independentistas, anticolonialistas y antiimperialistas que durante más de un siglo fueron cocidas por varias generaciones de cubanos capaces de todo sacrificio por ellas.

II. Cuba en África

La política exterior de Cuba es el instrumento en que se apoya el Estado para ordenar sus relaciones internacionales y garantizar los equilibrios de su existencia, desarrollo y seguridad dentro de la comunidad de naciones, de acuerdo con los intereses de la revolución socialista[2].

Son pilares de esa política exterior el respeto a los principios básicos del derecho internacional; en primer lugar, el respeto a la independencia, la soberanía, la libre determinación de los Estados y pueblos y la no intervención en sus asuntos internos; y en segundo lugar el apego al

---

2. www.cubagob.gob.cu

principio de la reciprocidad y el beneficio mutuo en las relaciones con todos los países del mundo; el antiimperialismo, la solidaridad, el servicio al internacionalismo y la paz entre los pueblos[3].

Cuba formula por primera vez una política hacia África en 1959, que coincide históricamente con la época de liberación de las colonias africanas en las décadas de los 60 y 70[4]. Cuba apoyó decididamente a los movimientos de liberación nacional contra el colonialismo en África y los esfuerzos de los nuevos gobiernos por mantener su independencia.

Más de 380 mil cubanos lucharon hombro a hombro con sus hermanos africanos en la contienda contra el colonialismo y el *apartheid*. La solidaridad y el internacionalismo del pueblo cubano registran los más altos tenores de expresión en el reconocimiento a su naturaleza latinoafricana como manifestación de un mestizaje que asume en su justa dimensión el papel que ejercieron muchos hombres y mujeres de África en la liberación de nuestra América.

Ante el Memorial Héctor Peterson por la matanza de Soweto, el 5 de septiembre de 1988, el presidente Fidel Castro reflexionaba: "No le llame a nadie por eso la atención el hecho de que un día hijos de un pueblo como el de Cuba, en gesto hermoso de solidaridad, viajaran a cooperar y combatir a este continente que tanto aportó en nuestras luchas, porque los primeros que se sublevaron contra el coloniaje en América, mucho antes de los colonos británicos en Norteamérica, fueron los esclavos africanos, desde el siglo XVI, los primeros, y después, cuando ya había millones,

---

3. *Ibid.*
4. Documentos de la Dirección de África subsahariana, MINREX, Cuba, 30/04/2000.

a mediados del siglo XVIII, en Jamaica, en Barbados y en otros países se sublevaron contra el coloniaje y fueron reprimidos salvajemente, por la fuerza [...] Allá se levantaron como aquí, hubo en aquel hemisferio muchos Soweto, y sembraron la semilla y señalaron el camino de la libertad de nuestros pueblos, el camino de la independencia de nuestros países"[5].

La victoria de Cuito Cuanavale, donde combatientes angolanos, namibios y cubanos sembraron un viraje en la correlación de fuerzas en la región, obligó al régimen del *apartheid* a la mesa de negociaciones. Este hecho significa el eslabón decisivo junto a la histórica lucha de los combatientes del ANC, para sepultar definitivamente al gobierno racista de Sudáfrica y facilitar la independencia de Namibia, en apoyo a la heróica lucha de los combatientes de la SWAPO[6].

En el recibimiento de los internacionalistas cubanos de Angola, el ministro de las Fuerzas Armadas Revolucionarias, general Raúl Castro Ruz, expresó:

> Victoria rotunda es haber detenido la embestida inicial y enterrado para siempre el mito de la invencibilidad del ejército sudafricano, haber ayudado a nuestros hermanos a preservar a Angola como nación independiente desde 1975 y durante todos estos años. Victoria histórica es la independencia de Namibia, última colonia del África negra y los éxitos de nuestros hermanos de la SWAPO. Victoria que se proyecta hacia el futuro es la nueva correlación regional en el África austral; los avances de los movimientos antiapartheid y el espacio político ganado por el ANC en su lucha por un estado no racista; haber

---

5. F. Castro (1998). Discurso ante el Memorial Héctor Peterson por la matanza de Soweto, Sudáfrica, 05/09/2000.
6. Documentos de la Dirección de África subsahariana, MINREX, Cuba, 30/04/2000.

contribuido a romper los cerrojos que mantuvieron encarcelados por más de un cuarto de siglo a Nelson Mandela y otros patriotas. Más de 400 mil hijos de la patria de José Martí cumplieron misiones militares y civiles en casi 16 años en Angola con una limpia y ejemplar conducta internacionalista. Ellos también son artífices de estas victorias[7]

Hoy Cuba mantiene relaciones diplomáticas con todos los países de África (47), excepto Marruecos. Tiene embajadas en 26 países de la región más Gambia, que está en proceso de apertura, y un consulado general en Guinea Ecuatorial. En La Habana se encuentran acreditadas 18 misiones diplomáticas de países africanos y un consulado general. Una muestra del fortalecimiento de los vínculos con África se aprecia en la visita de 11 jefes de Estado y 18 ministros de Relaciones Exteriores de países de la región a Cuba, entre 1998 y 1999.

Funcionan 31 comisiones mixtas de cooperación con países africanos. Las principales áreas en las que Cuba coopera en esta región son salud y educación. Desde la época de los 60 hasta nuestros días, 95 mil cubanos han prestado su cooperación técnica. De éstos, unos 25 mil corresponden a profesionales de la salud, el resto son educadores y constructores principalmente. En la actualidad más de 1.300 cubanos son colaboradores civiles en África.

En los últimos 38 años se han graduado en Cuba 30.088 becarios africanos en diferentes niveles educacionales. Por esta época 2.500 estudiantes procedentes de la región se forman como profesionales en la isla.

Bajo los criterios del PIS, 1.840 colaboradores cubanos prestan sus servicios en 14 países, de ellos 435 se encuentran en África.

---

7. Raúl Castro (1990). La Operación Carlota ha concluido, video 45 mm, Mundo Latino, Cuba.

Los alcances de este Pis pueden ser mucho más ambiciosos, pero los limitados recursos de Cuba, como país bloqueado y agredido sistemáticamente, lo circunscriben a las realizaciones de hoy.

Cuba ha promovido la posibilidad de triangular esfuerzos con otros países que tienen posibilidades financieras para ampliar el Pis.

Francia ya ha dado curso a un acuerdo para apoyar el Pis en Haití. Otros países como Italia, España, Portugal, Bélgica, Nigeria, Libia, Argelia, Bostwana y Sudáfrica, han presentado su interés, sin concretar aún su participación[8].

III. La cooperación sur-sur: el desafio

Entre el 12 y el 14 de abril de 2000, tuvo lugar en La Habana la cumbre sur, evento que convocó a delegaciones de 133 países, 42 de ellas encabezadas por jefes de Estado o gobiernos y de éstos más de la mitad procedentes de África.

En la cumbre se trataron temas sobre la globalización de la economía mundial, las relaciones norte-sur, la cooperación sur-sur y sobre el conocimiento y la tecnología.

Las delegaciones presentes en La Habana, se manifestaron en la declaración final "profundamente alarmados por la persistente situación económica de África, agravada, entre otras cosas, por la onerosa carga de la deuda, los bajos niveles de ahorro e inversiones, la reducción de los precios de los productos básicos, la disminución de los niveles de asistencia oficial para el desarrollo y los niveles insuficientes de inversiones extranjeras directas. En particular, observamos con desaliento que la pobreza en África ha alcanzado

---

8. Documentos de la Dirección de África subsahariana, Minrex, Cuba.

ya niveles intolerables que repercuten de forma negativa en la estabilidad de la mayoría de los países y regiones del continente. Para cumplir las metas internacionalmente convenidas de reducción de la pobreza en el 50% para el año 2015, las economías de África deben crecer a un ritmo de 7% por año. Para ello es preciso revertir las tendencias actuales comenzando por la cancelación de las deudas bilaterales y multilaterales y el aumento sustancial de las corrientes financieras, incluida la ayuda oficial para el desarrollo..."[9].

En cuanto a la Cooperación sur-sur, la cumbre se pronunció por reconocerla como "...un mecanismo esencial para promover el crecimiento económico sostenido y el desarrollo sostenible, y que constituye un elemento vital para fomentar relaciones sur-sur constructivas en el empeño por alcanzar la autosuficiencia. Teniendo en cuenta lo anterior, reiteramos que estamos decididos a tomar las medidas necesarias, incluidas la determinación de recursos, y a diseñar mecanismos de seguimiento apropiados que permitan aprovechar plenamente las posibilidades de dicha cooperación"[10].

Cuba ha denunciado en las últimas cuatro décadas lo injusto del desorden internacional imperante en el mundo, las graves consecuencias de la acumulación de una deuda geométricamente creciente, impagable e incobrable, lo inconveniente del cada vez más grande abismo entre los ricos y los pobres y del insoportable deterioro de las economías y condiciones sociales de los países donde vive el 80% de la población mundial.

"Creemos posible incrementar la cooperación sur-sur –opina el canciller cubano Felipe Pérez Roque– si existe la voluntad política, si concertamos nuestros esfuerzos, y

---

9. Declaración de la Cumbre Sur, La Habana, Cuba, 14/04/2000, par. 37.
10. Ibid., par. 40.

lo dice Cuba, que es un pequeño país de sólo 11 millones de habitantes y que sin embargo durante tres décadas ha enviado más de 138 mil colaboradores civiles a 130 países, un país que ha hecho un esfuerzo extraordinario, un país que ha enviado a 25 mil médicos y trabajadores de la salud a los países del Tercer Mundo. Lo dice Cuba, un país que tiene hoy más de 1.800 médicos, enfermeras y técnicos de la salud trabajando en 14 países del Tercer Mundo. Nosotros, que hemos graduado y adiestrado en nuestras universidades y centros de educación, 50 mil jóvenes del Tercer Mundo, sabemos que esto es posible"[11].

El presidente de Nigeria y actual líder del Grupo de los 77, Olesegun Obasanjo, observó: "...hemos recibido la generosa oferta de Cuba de enviar 3.000 médicos. Esta cooperación en el sector médico es una brillante ilustración de lo que es posible y deseable en la cooperación sur-sur"[12].

Y en la recientemente celebrada Cumbre de La Habana, de nuevo se alzó la voz del presidente Fidel Castro, para afirmar: "Igual que en un ayer no lejano derrotamos el colonialismo adquiriendo la condición de países independientes, y hace muy poco, con el esfuerzo común del Tercer Mundo en apoyo a los heroicos luchadores de Sudáfrica, el *apartheid* oprobioso y fascista fue aplastado, podemos demostrar que no somos inferiores a nadie en capacidad de lucha, valentía, talento y virtudes"[13].

---

11. F. Pérez Roque (2000). Conferencia de prensa del canciller, Centro de Prensa Internacional, Cumbre Sur, PABEXPO 10/04/2000.
12. O. Obasanjo (2000). Discurso de conclusiones Cumbre Sur, 14/04/2000.
13. F. Castro (2000). Discurso de clausura de la Cumbre Sur, 14/04/2000.

COLOMBIA, ÁFRICA Y LA COOPERACIÓN SUR-SUR

Pío García
Director general de Asia, África y Oceanía.
Ministerio de Relaciones Exteriores de Colombia

Las relaciones de Colombia con el continente africano constituyen una de las facetas más sugestivas en la proyección internacional del país. Los colombianos estamos unidos a las sociedades africanas por lazos de sangre y portamos una herencia rica de valores, gustos e instituciones sociales, en la que se plasma todo el encanto y la vitalidad de esos pueblos. En cada paso de nuestras danzas y en cada nota de nuestros ritmos circula cadenciosa la expresión de ese valioso patrimonio; nuestra escatología se alimenta de visiones e imágenes de santería, las mismas que pueblan los ritos y las fantasías en el tránsito de la vida a la muerte; en nuestras ensoñaciones del más allá vibra el África del más acá; y hasta en la forma de asociarnos o de interactuar sigue presente el espíritu colectivista africano.

Después de varias décadas de lucha por parte de las minorías étnicas, la Constitución de 1991 estipuló la naturaleza pluriétnica de la sociedad colombiana. Aunque tardío, por fin hubo el reconocimiento de ese cordón umbilical que nos ha mantenido unidos a África. Desde entonces, se ha vuelto más imperativo el deber de delinear el aporte continuo de la comunidad afroamericana en la formación de nuestra nacionalidad, y abrirle todo el espacio que requiere en la reconfiguración del nuevo país que pretendemos erigir.

Las naciones son el producto histórico de distintas corrientes culturales que se encuentran y amalgaman, para construir nuevas identidades. La nación colombiana ha desarrollado su identidad a lo largo de tres siglos de régimen colonial y de 180 años de vida republicana. Durante ese largo lapso, las distintas corrientes de cultura pertenecientes a los criollos, a los aborígenes y a los negros provenientes del África se han cruzado, unas veces con la interferencia de la discriminación, otras con el acoplamiento del mestizaje, pero siempre bajo el ritmo de influencias recíprocas, para terminar por crear una comunidad nacional apoyada en la mezcla tonificante de esas diferentes corrientes étnicas.

El restablecimiento de los vínculos colombianos con las sociedades africanas con las cuales nos hallamos emparentados es un reto que implica la combinación de esfuerzos oficiales y académicos, pues en primer lugar se trata de lograr una apertura mental para reconocer, asimilar y valorar los nexos históricos, culturales y de sangre que nos unen.

Nuestra proyección sobre África sigue siendo parte considerable del desafío a una política exterior que debe llegar a ser lo más universal y multifacética posible, en concordancia con el peso internacional del país por su tamaño económico, sus fortalezas políticas y culturales y su liderazgo regional.

En el plano de la gestión diplomática, debo señalar que poco a poco se ha conformado una presencia colombiana en África, modesta y muy selectiva, pero promisoria, como explicaré más adelante.

Precisamente, si hablamos de la cooperación sur-sur, la experiencia africana abre dimensiones inusitadas y fructíferas a la agenda internacional de Colombia, sobre todo en lo que hace relación a los procesos de paz. Como se ha analizado por parte de los especialistas y como ha sido debatido en el marco del presente simposio, una gama amplia de factores concurre en la explosión violenta de las tensiones sociales. Durante mucho tiempo se ha hecho la distinción entre factores objetivos y subjetivos de la violencia. En los análisis contemporáneos se suele poner de manifiesto las contradicciones económicas, las exclusiones políticas, las segregaciones raciales, las diferencias culturales, etc., como circunstancias en las que se alimentan y surgen las confrontaciones.

El último siglo pasará a la historia como aquél que sufrió los conflictos más extensos, con cientos de millones de muertos. También ha registrado los avances en la ciencia de la destrucción que han puesto a la humanidad toda bajo la amenaza de su completa extinción. Asimismo, han perseverado las formas más crueles y rudimentarias de aniquilamiento del enemigo.

Aunque persiste el recurso al enfrentamiento armado para la superación de las controversias, una fuerza creciente se levanta para exigir fórmulas que conduzcan a la solución negociada de los conflictos, y que además hagan prevalecer diferencias culturales, políticas e ideológicas.

El surgimiento de conflictos y la búsqueda de soluciones pacíficas ponen a Colombia y a un buen número de países africanos ante retos similares, que provienen del difícil proceso de llevar adelante la formación del Estado Nacional. Encontramos todavía, en el amanecer del siglo XXI, Estados que no terminan de conformar el complejo constitucional e institucional representativo de los grupos y comunidades que albergan, sintiéndose muchos de éstos excluidos, por el hecho de percibir que su participación sólo es formal, motivo por el cual llegan a condenar o a buscar la negación de un aparato al que juzgan ilegítimo.

Por supuesto, no es una tarea fácil para ningún partido político o movimiento social llevar a cabo las transformaciones históricas que las sociedades exigen y detener o superar las situaciones de enfrentamiento armado. Pero para un país que se esfuerza por levantar el lastre de un prolongado y penoso conflicto armado como es el caso de Colombia, la experiencia de superación de conflictos en África aparece como un capítulo novedoso y atractivo de las relaciones con ese continente y como un complemento a los avances alcanzados en la cooperación entre países en desarrollo o cooperación sur-sur.

Hasta ahora las relaciones de Colombia con el continente africano han operado en varias dimensiones, con grados distintos de intensidad. Se ha dado una notable convergencia en la percepción del sistema económico y político internacional y en el apoyo a las instituciones e iniciativas en torno a la creación de nexos más equitativos en las relaciones económicas y financieras.

Desde la presidencia del Movimiento de Países No Alineados, Colombia recogió los clamores del mundo en desarrollo y de la comunidad africana para proponer a los países industrializados medidas urgentes y radicales para quitar el enorme peso que representa la deuda externa para los países de menor desarrollo, la mayoría de ellos ubicados en ese continente. Estos llamados han tenido eco de modo tal que el Grupo de los Siete y Rusia contemplarán medidas adicionales para aliviar la carga financiera para esos países, en su reunión de julio de 2000, en Okinawa, Japón.

Existen otros aspectos de permanente colaboración y apoyo mutuo en los organismos y foros multilaterales, cuales son la lucha en favor del respeto a los derechos humanos, los esfuerzos para evitar la proliferación del armamento atómico, la lucha contra las diversas modalidades de criminalidad internacional (tráfico de armas, de estupefacientes, de personas), y la defensa y protección del medio ambiente. Éstas son, repito, posiciones compartidas, que demuestran la afinidad en la interpretación de los problemas y en la búsqueda de las soluciones a los mismos.

Un capítulo especial pero prometedor de la reciente cooperacion sur-sur con los países africanos se da en el campo de la salud, de manera más concreta en la valiosa labor adelantada por el científico Manuel Elkin Patarroyo y el Instituto Colombiano de Inmunología en África. Dicho trabajo tiene que ver con el combate a la malaria, enfermedad que presenta cuadros aterradores en ese continente: el 90% de alrededor de los dos millones de casos anuales ocurren en países africanos. Desde 1992, el profesor Patarroyo y su equipo han llevado a cabo una intensa labor de investigación y de prueba de la vacuna SPf66 en África subsahariana. Con abnegación ha recorrido Tanzania, Mozambique, Costa de Marfil, Senegal, Ghana, Burkina Faso, Camerún, Gambia y Sudáfrica, en campañas de vacunación, y en la firma de acuerdos con los gobiernos y las comunidades médicas y científicas de esos países.

El aporte del científico colombiano ha sido reconocido por el movimiento NOAL en las XI y XII Cumbres de Jefes de Estado o de gobierno realizadas en Cartagena en octubre de 1995 y en Durban, Sudáfrica, en septiembre de 1998, en donde expresaron en el documento final su agradecimiento a la República de Colombia por haber donado la vacuna contra la malaria desarrollada por el profesor Manuel Elkin Patarroyo Murillo a la humanidad, y ofrecida a la OMS para su distribución y uso en los países en desarrollo. Además expresaron que esta valiosa iniciativa constituye un claro ejemplo de solidaridad y cooperación sur-sur, que aporta grandes beneficios a los países del Movimiento de los No Alineados y en particular a los pueblos más afectados de África al sur del Sahara.

Es importante señalar aquí el apoyo dado al trabajo del profesor Patarroyo por las misiones diplomáticas en África.

La embajadora en Costa de Marfil, María Eugenia Correa, sirvió de pivote sobre el cual anclar las actividades del Instituto en África occidental. Numerosos encuentros con las autoridades políticas y los responsables de la salubridad permitieron llevar a cabo la campaña de vacunación y seguimiento a los resultados de las mismas

El embajador en Sudáfrica, Frederick Jacobsen, brindó apoyo a la apertura de las actividades del Instituto en Mozambique y a la creación del Centro de Investigaciones de la Malaria en Maputo, auspiciado por la corona española durante el primer semestre de 1999.

A propósito del soporte diplomático, permítanme ofrecer, en este momento y en forma breve, una ilustración sobre la presencia diplomática de Colombia en África. El país cuenta con cinco embajadas, ubicadas en los lugares estratégicos del continente, ya que se hallan en cada una de las esquinas, en el norte, el centro y el sur. Estas misiones fueron abiertas en distintos momentos de las relaciones de Colombia con los países africanos. Egipto fue la primera en abrirse en 1957, luego Costa de Marfil en 1974 seguida por Kenya en los años 70, Marruecos en 1992 y Sudáfrica en 1995.

Desde las oficinas diplomáticas se atienden, por supuesto, todos los asuntos de las relaciones bilaterales, cuales son las consultas políticas, la promoción del comercio y las inversiones, la facilitación del intercambio cultural, los intercambios de votos para las candidaturas en los organismos multilaterales, y el manejo de los asuntos judiciales. Al mismo tiempo, cumplen con la función de ser epicentros de la acción sobre los países contiguos o cercanos, de modo que su labor tiene que ver con la proyección colombiana sobre la subregión. Así, desde Egipto, sobre el nordeste africano, Kenia sobre el centro-oriente, Sudáfrica sobre todo el sur, Costa de Marfil para el occidente y Marruecos para el noroeste.

Por su parte, el embajador en Kenia representa a Colombia ante las dependencias de la ONU en Nairobi. En este momento es el representante permanente ante el PNUMA y el HABITAT y al mismo tiempo el vocero del G-77 en las diferentes cumbres realizadas sobre temas de medio ambiente y biodiversidad.

Al someterlas a una evaluación general podría afirmarse que se trata de una relación que marcha a diversas velocidades, que se hace más compleja, y que de contar con los impulsos requeridos puede dar lugar a desarrollos mayores en los ámbitos de la cultura, el comercio, las inversiones o la cooperación técnica.

Las instituciones, mecanismos y estrategias de superación de los conflictos, los contenidos de los acuerdos, y las medidas para aclimatar la paz en la fase de posconflicto, son temas de interés manifiesto para Colombia en la perspectiva de la relación con África. Se trata de un campo en el que pueden tener lugar intercambios que enriquezcan las relaciones bilaterales.

África sigue siendo un continente en efervescencia social, cultural y política. Persisten allí las contradicciones y las luchas armadas; pero, al mismo tiempo, cuenta con un rico patrimonio conceptual e institucional de movilización de recursos regionales y mundiales para terminar con las guerras, lo mismo que de iniciativas locales que han favorecido la suscripción de acuerdos para poner fin al hostigamiento y la lucha armada.

Por supuesto, la solución de los conflictos depende de la voluntad sincera de las partes para llegar a un acuerdo y para pasar a una fase de contienda política a cambio del abandono, del hostigamiento y el enfrentamiento armado.

Es preciso reconocer en la experiencia reciente acerca del control y superación de varios conflictos en África un papel positivo por parte de las Naciones Unidas y las organizaciones regionales. Cuando estos organismos y las

ONG logran la aceptación por parte de los actores en conflicto, ocurren alianzas determinantes para desactivar la beligerancia y descubrir la senda de la paz y la conciliación. Misiones de ONU a África, en los 90: UNOMOVIL en Liberia, UNAMIR en Ruanda, MINURSO en Sahara Occidental, UNOA en Angola y UNITAF y UNOSOM en Somalia.

A estas alturas conviene señalar los aspectos de mayor interés para las relaciones de Colombia con África, desde la perspectiva de sociedades que se ingenian salidas negociadas a los conflictos y que, al mismo tiempo, buscan con tesón aclimatar la convivencia, la tolerancia y el respeto a los derechos humanos, reconocer al otro y valorarlo en cuanto tal.

En el difícil proceso de formación de los Estados nacionales, luego de la descolonización, muchos países africanos han tenido que soportar conflictos internos y guerras destructoras. Ruanda fue devastada hace poco por una cruenta guerra civil. La República Democrática del Congo no termina de salir de su conflicto intestino. Igual ocurre con Angola. Actualmente Sierra Leona vive una lucha que la desgarra y le quita las posibilidades de un desarrollo libre cuando su capital Freetown simbolizó precisamente las posibilidades de un futuro libre y promisorio para los negros esclavos y perseguidos de otros continentes.

Acosadas por estos conflictos violentos, muchas de las sociedades africanas, desde Sudáfrica hasta Argelia, desde Burundi hasta Liberia, se encuentran frente al reto no sólo de poner término a sus luchas fratricidas sino de reconstruir sus naciones y sus Estados.

Hay por lo menos cuatro áreas clave sobre las cuales se pueden concentrar los esfuerzos de las organizaciones multilaterales, las organizaciones no gubernamentales y los propios Estados afectados, cuando se llega a niveles de conflictos internacionalizados como muchos de los que ocurren en África, y como el mismo caso colombiano.

En primer lugar, está la labor de instaurar mecanismos para el *seguimiento y verificación* de los acuerdos pactados, sobre desmovilización, reformas al Estado, las reformas sociales y los relacionados con el cumplimiento de lo normado por el derecho internacional humanitario y el respeto a los derechos humanos.

En segundo lugar, la movilización de recursos humanos, técnicos y financieros para *redimir las zonas geográficas* más afectadas por la guerra y contrarrestar los llamados factores objetivos de la violencia. En este sentido, el gobierno ha convocado a la comunidad internacional para que aporte recursos financieros y técnicos al Plan Colombia, que busca adelantar programas de incidencia social en las regiones devastadas por la lucha armada.

En tercer lugar, la acción decidida de la comunidad internacional es indispensable para *detener la criminalidad internacional* en todas sus formas, por su incidencia directa en las guerras intestinas contemporáneas. Se calcula, por ejemplo, que en Mozambique circulan 10 millones de armas ligeras, en una población de 15 millones; en Luanda, la capital de Angola, cuya población es de 1.5 millones de habitantes, la mitad de ellos están armados[1].

En nuestro país esta situación no es menos dramática: Colombia se ha convertido en un mercado atractivo para los traficantes de armas, cuya adquisición capta buena parte de la riqueza acumulada por el país durante años de trabajo. Por eso, el gobierno ha tomado parte activa en la preparación de la Conferencia Internacional de las Naciones Unidas sobre el tráfico ilícito de armas pequeñas y ligeras,

---

1. Bernard Adam. "Armées en quéte de controle", *Le Courrier*, N° 168, mars- avril, 1998.

que se realizará en el año 2001, presidida por el ex canciller Camilo Reyes para presidirla.

Este comercio siniestro está asociado al no menos ominoso del narcotráfico, con sus secuelas en el lavado de activos, depresión del comercio legal, comercio ilegal de insumos, como el permanganato de potasio[2], descomposición social y destrucción del medio ambiente.

El Plan Colombia consta de un paquete de proyectos diseñados para cimentar la paz, mediante la recuperación económica, el fortalecimiento del sistema de defensa y seguridad nacional, el fortalecimiento del sistema de justicia, la defensa de los derechos humanos, la democratización y el desarrollo social[3].

De no actuar en forma oportuna, el despliegue de esta criminalidad puede llegar a tener dimensiones insospechadas en unos pocos años, gracias a la pérdida del poder tradicional de los Estados y a las facilidades dadas por la globalización. Como acaba de afirmar, el 3 de abril, el Secretario General de la ONU, "Vivimos en un mundo, interconectados como nunca antes, donde los grupos y los individuos interactúan más y más, en forma directa más allá de los Estados y con frecuencia sin tener en cuenta a esos Estados. Por supuesto, esto tiene sus peligros. El crimen, el narcotráfico, el terrorismo, las enfermedades y

---

2. Colombia presentó ante la Comisión de Estupefacientes un proyecto de resolución sobre el control al tráfico ilícito y al desvío de permanganato de potasio, el cual fue aprobado. Esta resolución busca que se lleven compromisos más allá de la Convención de Viena en el fortalecimiento de los controles no sólo de los países exportadores e importadores, sino a todos aquellos que se encuentran en la cadena de tránsito o reenvío. Además, organizó un seminario-taller que contó con la participación de delegados de Bolivia, Brasil, Ecuador, Panamá, Perú, Venezuela, de la DEA y de la embajada de Alemania en Colombia. En el seminario se estableció que era necesario incrementar el intercambio de información a través de los mecanismos ya existentes y en especial los que se han desarrollado en el marco de CICAD.
3. *Correo Diplomático por la paz*, N° 24, 19 de noviembre de 1999.

las armas se mueven más rápido y en mayor número que en el pasado. La gente siente amenazas por hechos que occurren aún lejos de ellos"[4].

En cuarto lugar aparece una tarea grata que requiere pleno concurso internacional, cual es *la pedagogía de la reconciliación, la tolerancia y la generación de valores positivos*. Es una tarea complicada y muy larga, porque el conflicto, la violencia, el irrespeto a la dignidad del otro, son formas de comportamiento enraizadas de manera muy profunda en nuestra sociedad. Hemos convivido con ella durante generaciones, y podría afirmarse que la confrontación armada no es sino la expresión de odios y luchas veladas que portamos por mucho tiempo.

En síntesis, la cooperación sur-sur no puede circunscribirse al ámbito de soporte mutuo en la superación de los conflictos armados, sino que debe operar como medio de soporte mutuo en la búsqueda de un reordenamiento general que dé cabida al aprovechamiento equitativo de las ventajas que brinda la globalización y para contrarrestar los efectos nocivos que la misma comporta.

El respeto y la valoración de la participación de la comunidad afroamericana en el quehacer nacional han crecido a medida que los dirigentes y los ciudadanos han tomado conciencia de su importancia. Sin embargo, aún queda mucho camino por avanzar. La tarea es ardua y habrá que vencer muchas resistencias no sólo de las entidades oficiales sino del resto de la sociedad.

---

4. "We the Peoples, The role of the United Nations in the 21st Century".

BIBLIOGRAFÍA

PRIMERA PARTE
LA INVENCIÓN DEL ÁFRICA

"RACE": A HISTORICAL CRITIQUE OF THE CONCEPT

Achebe, Chinua. "African Literature as Restoration of Celebration", *A Celebration*, Oxford, Heinemann, 1990, p. 7.

Achebe, Chinua. *Hopes and Impediments*, New York, Heinemann, 19.

Arendt, Hannah. *The Human Condition*, Chicago, University of Chicago Press, 1958, p. 277.

Augstein, H. E. *Race: The Origins of an Idea*, Bristol, Thoemmes Press, 1996.

Baldwin, James. *Notes of A Native Son*, New York, 1964, p. 14.

Bates, Catherine. *Cleaning Up Caliban*. Times Literary Supplement, november 19, 1999, p. 18.

Burcke, John. "The Wild Man's Pedigree", *The Savage Within*, p. 262.

Blyden. "The Call of Providence", In: Brotz. *Negro Social and Political Thought*, pp. 116-17 (quoted by...; footnote).

Carby, Hazel V. *Cultures in Babylon: Black Britain and African America*, London, Verso, pp. 31, 67-68.

Caygill, Howard. *A Kant Dictionars*, Oxford, Blackwell, 1995, pp. 418-427.

Delany, Martin. "Appendix A: Manner of Raising Funds" for "A Project for an Expedition of Adventure to the East Coast of Africa". In: Brotz. *Negro Social and Political Thought*, pp. 37- 111.

Delany, Martin. "The Condition, Elevation, Emigration, and Destiny of the Colored People of the United States". In: Brotz. *Negro Social and Political Thought*, p. 99.

Descartes, R. *Letter of Dedication, Meditations on First Philosophy* [1461] (trans. Lawrence J. Lafleur), New York, Library of the Liberal Arts, Macmillan Publishing Company, 1951, pp. 3 y 5.

Du Bois. *Souls of Black Folk*, New York, Signet Classic, 1969, p. 44.

Friedman, John Block. *The Monstrous Races in Medieval Arts and Thought*, Cambridge, MA Harvard University Press, 1981, pp. 1, 41.

Girloy, Paul. *The Black Atlantic: Modernity and Double Consciousness*, Cambridge, MA: Harvard University Press, 1993, p. 16.

Greer, Thomas and Gavin Lewis. *History of the Western World*, 6^a ed., New York, Harcourt Brace, 1992, Part Two.

Henry, Paget. *Caliban's Reason: Introducing Afro-Caribbean Philosophy*, New York, Routledge, 2000, p. 11.

Horchschild, Adam. *King Leopold's Ghost: A Story of Greed, Terror, and Heroism in Colonial Africa*, New York, Houghton Mifflin, 1998.

Hume, David. *Essays Moral, Political, and Literary* [1777] (ed. by Eugene F. Miller), Indianapolis, Liberty Fund, 1987.

Hume, David. *Treatise on Human Nature* [1739-40] (ed. Selby-Bigge), Oxford, Clarendon Press, 1978, p. 273.

Kant, Immanuel. *Logic* (trans. Robert S. Hartman and Wolfgang Schwarz), New York, The Library of Liberal Arts, Bobbs-Merrill Company, 1974.

Kant, Immanuel. *Anthropology from a Pragmatic Point of View* (trans. Mary J. Gregor), The Hague, Martinus Nijhoff, 1974, p. 3.

Lovejoy, A. O. *Essays in the History of Ideas*, Baltimore, s.d., 1965, p. 324.

Luggard, Lord. *The Dual Mandate in Tropical Africa*, 5ª ed., London, Archon Books, 1965.

Mbeki. "African Renaissance", *African Philosophy*, vol. 12, N° 1, pp. 5-10.

Minority Rights Group (ed.). *Invisible No More: Afro-Latin Americans Today*. London Minority Rights Group, 1995, p. vii.

Morison, S. E. *Journals and Other Documents on the Life of Christopher Columbus*, New York, 1963, p. 65.

Mudimbe, V. Y. "Finale", *The Surreptitious Speech*, p. 435.

Mudimbe, V. Y. *The Idea of Africa*, Bloomington, Indiana University Press, p. 27.

Obasanjo. *Nzeogwu*, Ibadan, Spectrum Books, 1987, p. 2.

Of Neauvais, Vincent. *Speculum Naturale* (Douai, 1624), 1.31.118, pp. 2387-2388. In Friedman. *The Monstrous Races*, p. 3.

Olisanwuche Esedebe, P. *Pan-Africanism*, Washington, D. C., Howard University Press, 1994, p. 5.

Olschiki, Leonardo. "I 'Cantari dell' India' de Giuliano Dati", *La Bibliofilia 40* (1938), pp. 291-295.

Polo, Marco. *The Travels of Marco Polo* (trans. R. E. Latham), New York, Penguin Classics, 1958, p. vii.

Ryan, Patrick J. "Sailing Beyond the Horizon", *America*, may 23, 1998, pp. 14-24.

Soyinka, Wole. *Myth, Literature and the African World*, Cambridge, Cambridge University Press, 1972, p. xii.

St. Augustine. *City of God* (trans. Marcus Dods), in Works of Augustine, Edinbough, 1934, vol. II, pp. 118-119; Bk. xvi, chap. 9.

St. Bonaventure. "In Primum Librum Sententiarum", *Opera Omnia*, vol. 1, Florence, 1882, 45.6 pp. 811-815.

Truth, Sojourner. "I ain't I a Woman?". In: Montmarquet, James A. and William H. Hardy (eds.). *Reflections: An Anthology of African American Philosophy*, Belmont, CA, Wordsworth, 1999, p. 137.

Wilmot Blyden, Edward. "The Call of Providence to the Descendants of Africa in America". In: Brotz, Howard. *Negro Social and Political Thought*, Representative Texts, 1850-1920, 19, pp. 112-139, 125.

CIENCIAS SOCIALES, VIOLENCIA EPISTÉMICA Y EL PROBLEMA DE LA "INVENCIÓN DEL OTRO"

Agger, Ben. *Cultural Studies as Critical Theory*, London, The Falmer Press, 1992.

Bacon, Francis. *Novum Organum*, Madrid, Sarpe, 1984.

Blaut, J. M. "The Colonizer's Model of the World", *Geographical Diffusionism and Eurocentric History*, New York, The Guilford Press, 1993.

Blumemberg, Hans. *Die Legitimität der Neuzeit*, Frankfurt, Suhrkamp, 1997.

Castro-Gómez, Santiago. *Crítica de la razón latinoamericana*, Barcelona Puvill Libros, 1996.

Castro-Gómez, Santiago. "Fin de la modernidad nacional y transformaciones de la cultura en tiempos de globalización". En: Martín-Barbero, J.; López de la Roche, F. y J. E. Jaramillo (eds.). *Cultura y Globalización*, Bogotá, CES-Universidad Nacional de Colombia, 1999.

Castro-Gómez, Santiago y Eduardo Mendieta (eds.). *Teorías sin disciplina. Latinoamericanismo, Poscolonialidad y Globalización en debate*, México, Porrúa/USF, 1998.

Castro-Gómez, Santiago; Guardiola-Rivera, Oscar y Carmen Millán de Benavides (eds.). *Pensar (en) los intersticios. Teoría y práctica de la crítica poscolonial*, Bogotá, CEJA, 1999.

Dussel, Enrique. *El encubrimiento del otro: El orígen del mito de la modernidad*, Bogotá, Antropos, 1992.

Giddens, Anthony. *Consecuencias de la modernidad*, Madrid, Edit. Alianza, 1999.

González Stephan, Beatriz. "Modernización y disciplinamiento. La formación del ciudadano: del espacio público y privado", En: González Stephan, B.; Lasarte, J.; Montaldo, G. y M. J. Daroqui (comp.). *Esplendores y miserias del siglo XIX. Cultura y sociedad en América Latina*, Caracas, Monte Avila Editores, 1995.

González Stephan, Beatriz. "Economías fundacionales: Diseño del cuerpo ciudadano", *Cultura y Tercer Mundo: Nuevas identidades y ciudadanías*, Caracas, Nueva Sociedad, 1996.

Habermas, Jürgen. *Die Moderne –Ein Unvollendetes Projekt*, Leipzig, Reclam, 1990.

Lyotard, Jean-François. *La condición postmoderna. Informe sobre el saber*, México, REI, 1990.

Meek, Robert. *Los orígenes de la ciencia social. El desarrollo de la teoría de los cuatro estadios*, Madrid, Siglo XXI, 1981.

Mignolo, Walter. *Local Histories/Global Designs: Coloniality, Subaltern Knowledges and Border Thinking*, Princenton, Princenton University Press, 2000.

Rowe, William y Schelling, Vivian. *Memoria y Modernidad: Cultura Popular en América Latina*, México, Grijalbo, 1993.

Quijano, Anibal. "Colonialidad del poder, cultura y conocimiento en América Latina". En: Castro-Gómez, S.; Guardiola-Rivera, O. y C. Millán de Benavides. *Pensar (en) los intersticios: Teoría y práctica de la crítica poscolonial*, Bogotá, CEJA, 1999.

Wallerstein, Immanuel *et al*. *Open the Social Sciences. Report of the Gulbenkian Commission on the Restructuring of the Social Sciences*, Stanford, Stanford University Press, 1996.

Weber, Max. *La etica protestante y el espíritu del capitalismo*, Madrid, Península, 1984.

Segunda parte
Estado, conflicto e intervención humanitaria

State and Conflict Resolution

Ake, Claude. *Democracy and Development in Africa*, Washington D.C., Brookings Institute, 1996.

Anderlini, Sanam and Kumar Rupersinhe. *Civil Wars, Civil Peace: An introduction to Conflict Resolution*, London, Pluto Press, 1998.

Armah, Ayi Kwei. *The Beautyful Ones Are Not Yet Born*, London, Heinemann, 1981.

Bayart, J.-F. *The State in Africa: The Politics of the Belly*, London, Longman, 1994.

Bayart, J.-F. *The Criminalization of the State in Africa*, London, James Currey, 1999.

Cabral, Amilcar. *Revolution in Guinea*, New York, Monthly Review, 1969.

Clapham, Christopher (ed.). *African Guerrillas*, London, James Currey, 1998.

Dewaal, Alex. *Famine Crimes: Politics and the Disaster Relief Industry in Africa*, London, James Currey, 1997.

Fanon, Frantz. *The Wretched of the Earth*, New York, Grove, 1968.

Fleshman, Michael. "Global Partnerships against AIDS in Africa", *Africa Recovery* 2000, Vol. 14, N°1 April. UNDPI, pp. 24 y 25.

Fisher, Ian and Onishi Norimitsu. "Many Armies Ravage Rich Land In the 'First World War' of Africa", *New York Times*, 2000. Sunday February 6, A1.

Gramsci, Antonio. *Selections from the Prison Notebooks*, London, Lawrence and Wishart, 1971.

Hirschman, A. O. *Exit, Loyalty and Voice*, Cambridge, Harvard, 1972.

Kaunda, Kenneth. "Africa has paid its dues many times", *New Statesman*, London, april 25, 1972.

Mamdami, Mahmood. *Citizen and Subject*, Princeton, Princeton U.P., 1996.

Njinkeu, Dominique. "International Policies, African Realities: Response", ECA/APIC electronic roundtable, 1996. January (www.un.org/depts/eca).

Sahnooun, Mohamed. "The Humanitarian Challenge of Small Arms Violence", statement to the ECA/APIC electronic roundtable on peace and security, 1996. March (http://www.un.org/depts/eca).

Turshen, Meredeth. *What Women Do In Wartime*, London, Zed Press, 1996.

Uvin, Peter. *Aiding Violence: The Development Enterprise in Rwanda*, West Hartford Conn., Kumarian Press, 1996.

Statement by Dr. Gro Harlem Brundtland, Director General of World Health Organization, at the "Summit on Roll Back Malaria in Africa", on 25 april 2000 at Abuja, Nigeria (http://www.who.int).

Zartman, William (ed.). *Collapsed States: The Disintegration and Restoration of Legitimate Authority*, Boulder Co. Lynne Reiner, 1995.

ÁFRICA O LA ETNICIDAD MANIPULADA

The Economist, 10 sept. 1995, p. 14.

Politique Africaine, N° 65.66.67, Karthala, Paris.

Badie, Bertrand. *Le Retournement du Monde*, Paris, Presse de la Fondation Nationale des Sciences Politiques & Dalloz, 1995.

Bayart, Jean François. *L'Etat en Afrique; la Politique du Ventre*, Paris, Fayart, 1989, pp. 7, 12, 13 y 51.

Chazan, Naomi; Mortimer, Robert; Ravenill, John and Donald Rotchild. *Politics and Society in Contemporary Africa*, Londres, Lynne Rienner, 1992, p. 127.

Forrest, Joshua Bernard. "Etnic-state political relations in post-apartheid Namibia", *Journal of Commomwealth and Comparative Politics*, Londres, vol. 32, N °3, 1994.

Foucher, Michel. *Fronts et Frontieres: Un Tour du Monde Geopolitique*, Fayard, Paris, 1991, p. 44.

French, Howard W. "Emerging Regional Powers Challenge Africa's", *New York Times*, 24 oct. 1987.

Harding, Jeremy. *Small wars, Small mercies: Journeys in Africa Disputed Nations*, Londres, Penguin, 1993.

Lemarchand, René. "Burundi in comparative perspective: dimensions of etnic strife". En: Mc Garry, John y Brenda O'Leary. *The Politics of etnic conflict regulation*, Londres, Routledge, 1993, pp. 155 y 156.

Low, D. A. "Baganda". En: Weidenfield and Nichols. *Modern History*, Londres, 1971, pp. 233 y 234.

Rotchild, David. *Politics and Society in Contemporary Africa*, Nueva York, Nueva York, Boulder, Lynne Rienner, 1992, p. 127.

Ruffin, Jean Christophe. "Les conflits africains: Decadence et risorgimento?: Aux origines des conflits", *Relation Internationale et strategiques*, N° 23 Automne 1996, Paris.

Wels, David. "Etnicity in Sub Saharan Africa", *International Affairs*, vol. 72, N° 3, p. 481.

Welsh, David. *The Roots of Segregation*, Londres, Oxford University Press, 1971, pp. 7-30.

Welsh, David. *The Roots fo Segregation*, pp. 94-319.

Vail, Leroy. *The origin of tribalism in Southern Africa*, CA, The California University Press, 1989.

Young, Craford. *The Politics of Cultural Pluralism*, University of Wisconsin Press, 1976.

EL BUEN GOBIERNO Y LAS NACIONES UNIDAS

Alape, Arturo. *Las vidas de Pedro Antonio Marín, Manuel Marulanda Vélez, Tirofijo*, Bogotá, Edit. Planeta, 1989.

Alape, Arturo, *La Paz, La Violencia: testigos de excepción*, Bogotá, Edit. Planeta, 1985.

Annan, Kofi. *Transition et Renovation: Rapport annuel sur l'activité de l'Organisation*, New York, Nations Unies, 1997.

Annan, Kofi. *Renewing the United Nations: A Programme for Reform*, New York, United Nations, july 16, 1997.

Annan, Kofi. Report Secretary-General for the Millennium Assembly of the United Nations, A/54/2000, New York, april 2000.

Annan, Kofi. Secretary-General's Report to the UN Security Council on the Causes of Conflict and the Promotion of Durable Peace and Sustainable Development in Africa, New York, 1998.

Arocha, Jaime; Cubides, Fernando, y Myriam Jimeno (comps). *Las violencias: inclusión creciente*, Bogotá: Facultad de Ciencias Humanas de la Universidad Nacional, Colección CES, Utópica Editores, 1998.

Bejarano, Jesús Antonio. *Una agenda para la paz: aproximaciones desde la teoría de la resolución de conflictos*, Bogotá, Tercer Mundo Editores, 1995.

Boutros-Ghali, Boutros. *Un programa de paz*, Nueva York, Naciones Unidas, 1995.

Boutros-Ghali, Boutros. *Un programa de desarrollo*, Nueva York, Naciones Unidas, 1995.

Boutros-Ghali, Boutros. *An Agenda for Democratization*, New York, United Nations, 1996.

Camacho Guizado, Alvaro y Francisco Leal Buitrago (comps.). *Armar la paz es desarmar la guerra*, Bogotá, IEPRI, Fescol, Cerec, 1999.

Cardona Grisales, Guillermo. *Para un estudio sobre la violencia en Colombia, bibliografía*, Bogotá, Documentos Ocasionales, 55, CINEP, 1989.

Cubides, Fernando; Olaya, Ana Cecilia y Carlos Miguel Ortiz. *La violencia y el municipio colombiano, 1980-1997*, Bogotá, Facultad de Ciencias Humanas de la Universidad Nacional, Colección CES, Utópica Editores, 1998.

Deas, Malcolm y Fernando Gaitán Daza. *Dos ensayos especulativos sobre la violencia en Colombia*, Bogotá, FONADE, Departamento Nacional de Planeación, 1995.

Deas, Malcolm y María Victoria Llorente (comps.). *Reconocer la guerra para construir la paz*, Bogotá, Norma, Cerec, Uniandes, 1999.

Instituto de Estudios por la Democracia, la Paz y la Convivencia en Colombia. *Documentos de Trabajo por la Paz I: El proceso de negociación del gobierno colombiano con las FARC-EP*, Bogotá, De Paz, 2000.

Gilhodes, Pierre. *La Violence en Colombie: Banditisme et Guerre Sociale*, Paris, De Caravelle, 1976.

Guzmán Campos, Germán; Fals Borda, Orlando y Eduardo Umaña. *La Violencia en Colombia*, Tomos I y II, Bogotá, Carlos Valencia Editores, 1986.

Presidencia de la República y Oficina del Alto Comisionado de Paz. *Hechos de paz. Cambio para construir la paz* (documentos sobre el primer año de las negociaciones), Bogotá, La Presidencia, 1999-2000.

Jacobson, Max. *The United Nations in the 1990s: a second chance*, New York, XX C. Fund and UNITAR, 1993.

La historia al ginal del milenio: ensayos de historiografía colombiana y latinoamericana, vol. 1, Bogotá, Universidad Nacional, Facultad de Ciencias Humanas, 1994.

Departamento de Planeación Nacional. *La Paz: el desafío para el desarrollo*, Bogotá, DNP, Tercer Mundo Editores, 1999.

Corporación Pbservatorio para la Paz. *Las verdaderas intenciones de las FARC*, Bogotá, Intermedio Editores, 1999.

Leal Buitrago, Francisco (ed.). *Los laberintos de la guerra: utopías e incertidumbres sobre la paz*, Bogotá, Facultad de Ciencias Sociales, Universidad de los Andes, Tercer Mundo Editores, 1999.

L'État du monde 1998: Annuaire économique et géopolitique mondial, Paris, La Découverte, 1997.

Oquist, Paul. *Violencia, conflicto y política en Colombia*, Bogotá, Instituto de Estudios Colombianos, 1978.

Palacios, Marco. *Entre la legitimidad y la violencia: Colombia 1875-1994*, Bogotá, Edit. Norma, 1995.

Pécaut, Daniel. *Orden y violencia: Colombia 1930-1954*, Tomos I y II, Bogotá, Siglo XX, CEREC, 1987.

Pizarro Leongómez, Eduardo. *Las FARC 1949-66*, Bogotá, IEPRI, Tercer Mundo Editores, 1991.

Pizarro Leongómez, Eduardo. *Insurgencia sin Revolución*, Bogotá, IEPRI, Tercer Mundo Editores, 1996.

Riggs, Robert E. y Jack C. Plano. *The United Nations: International Organization and World Politics*, Belmont, California, Wadsworth Publishing Company, 1994.

Roche, Douglas. *A Bargain for Humanity: global security by 2000*, Edmonton, University of Alberta Press, 1993.

Rosenau, James N. *The United Nations in a Turbulent World*, New York, International Peace Academy, Occasional Paper Series, 1992.

Sánchez, Gonzálo. *Colombia, violencia y democracia*, 4ª ed., Bogotá, IEPRI, 1995.

Sánchez, Gonzálo. *Ensayos de historia social y política del Siglo XX*, Bogotá, El Ancora Editores, 1984.

Sánchez, Gonzálo. *Guerra y Política en la Sociedad Colombiana*, Bogotá, El Ancora Editores, 1991.

Sánchez, Gonzálo y Donny Meertens. *Bandoleros, Gamonales y Campesinos: el caso de la violencia en Colombia*, Bogotá, El Áncora Editores, 1983.

Sánchez, Gonzálo y Ricardo Peñaranda (comps.). *Pasado y presente de la violencia en Colombia*, Bogotá, IEPRI, Cerec, 1986 (reimp. en 1995).

Solimano, Andrés, *et al*. *Ensayos sobre paz y desarrollo: El caso de Colombia y la experiencia internacional* (The World Bank), Bogotá, Tercer Mundo Editores, 1999.

Tokatlián, Juan Gabriel. *Drogas, dilemas y dogmas*, Bogotá, Tercer Mundo Editores, CEI, 1995.

Tokatlián, Juan Gabriel. *En el límite*, Bogotá, Cerec, Edit. Norma, 1997.

Uribe, María Victoria y Teófilo Vásquez. *Enterrar y callar*, Tomos I y II, Bogotá, Comité Permanente para la Defensa de los Derechos Humanos, Edit. Presencia, 1995.

GUERRES, DÉPLACEMENTS DE POPULATION ET INTERVENTIONS HUMANITAIRES EN AFRIQUE AU SEUIL DU XXIE SIÈCLE

Ali, Taisier y Robert Matthews. "Civil war and failed peace efforts in Sudan", *Civil wars in Africa: roots and resolution*, Montreal, McGill-Queen's University Press, 1999, pp. 193-220.

Albala Bertrand, J.-M. "Responses to complex humanitarian emergencies and natural disasters: an analytical comparison", *Third World Quarterly*, vol. 21, N°2, 2000, pp. 215-227.

Amadiume, Ifi y Abdullahi A. An-na'mi (eds.). *The politics of memory-truth, healing and social justice*, London, Zed Book, 2000.

Bayart, Jean-François; Ellis, Stephen & Beatrice Hibou. *The Criminalization of the State in Africa*, Bloomington, Indiana University Press, 1999.

Bigo, Didier. "Guerres, conflits, transnational et territoire", *Cultures et Conflits*, N° 21-22, 1996.

Bigo, Didier. "Les conflits post-bipolaires: dynamiques et caractéristiques", *Cultures et Conflits*, N°8, 1992/93, p. 12.

Boeck, Filip de. "Domesticating diamonds and dollars: identity, expenditure and sharing in Southern Zaire (1984-1997). En: Meyer, Birgit y Peter Geschiere (eds.). *Globalization and identity*, Oxford, Blackwell Publishers, 1999, pp. 177-209.

Chauvenet, A.; Despret, V. y J.-M. Lemaaire. *Clinique de la reconstruction, une expérience avec des réfugiés en ex-Yougoslavie*, Paris, L'Harmattan, 1996, pp. 53, 56 y 57.

Chrétien, Jean-Pierre; Dupaquier, Jean-François; Kbanda, Marcel y Joseph Ngarambe. *Rwanda, les médias du génocide*, Paris, Khartala, 1995.

Creveld, Martin Van. *La transformation de la guerre*, Monaco, Editions du Rocher, 1998.

Crisp, Jeff. "A state of insecurity: the political economy of violence in refugee-populated areas of Kenya", *UNHCR Working Paper*, N° 16, december 1999.

Daly, M. W. and Ahmad Alawad Sikainga (comp.). *Civil war in the Sudan*, London, British Academic Press, 1993.

De Waal, Alex (ed.). *Food and power in Sudan: a critique of humanitarism*, London, African Rights, 1997.

Doray, Bernard y Claude Louzoun (eds.). *Les traumatismes dans le psychisme et la culture*, Paris, Erès, 1993.

Dufour, Jean-Louis. "La guerre survivra-t-elle au XXIe siècle?", *Politique Etrangère*, N° 1, 1997, pp. 33-44.

Geffray, Christian. *La cause des armes au Mozambique: anthropologie d'une guerre civile*, Paris, Khartala, 1990.

"Géopolitique d'une Afrique médiane", *Hérodote*, N° 86-87, 1997.

Holsti, Kalevi. *The state, war and the state of war*, Cambridge, Cambridge University Press, 1996.

Hutchinson, Sharon Elaine. *Nuer dilemmas: coping with money, war and the State*, Berkeley, University of California Press, 1996.

Jean, François y Rufin, Jean-Christophe (éds.). *Economie des guerres civiles*, París, Hachette, 1996.

Koselleck, Reinhart. *Le futur passé, contribution à la sémantique des temps historiques*, Paris, EHESS, 1990.

Marchal, Roland. "Chronique d'une guerre oubliée: le sud-soudan des années 1990", *L'Afrique politique 1995: le meilleur, le pire, l'incertain*, Paris, Khartala, 1995, pp. 73-91.

Musambayi, Katumanga. "0,4° au nord de l'équateur: une souveraineté à l'abandon", *Politique Africaine*, N° 70, pp. 22-31.

Oficina del Alto Comisionado de las Naciones Unidas para los Refugiados en Colombia y Defensoría del Pueblo. *Principios rectores de los desplazamientos internos*, Bogotá, La defensoría, 1999.

Panos Institute. *Armas para luchar, brazos para proteger: las mujeres hablan de la guerra*, Barcelona, Icaria, 1995.

Paulhan, Isabelle y Marc Bourgeois. *Stress et coping: les stratégies d'ajustement à l'adversité*, Paris, Presses Universitaires de France, 1995.

Peterson, Scott. *Me against my brother: at war in Somalia, Sudan and Rwanda*, New York, Routledge, 2000, pp. 173-244.

"Politiques internationales dans la région des Grands Lacs", *Politique Africaine*, N° 68, 1997. numéro spécial.

"Report of the workshop on internal displacement in Africa, Addis Ababa, October 19-20, 1998", *The International Migration Review*, Vol. 33, N° 2, 1999, p. 469.

Raufer, Xavier. "Les superpuissances du crime –enquête sur le narco-terrorisme", Paris, Plon, 1993.

Smith, Dan. "The state of war and peace atlas", London, Penguin Books, 1997.

Von Clausewitz, Carl. *De la guerre*, Paris, Les Editions de Minuit, 1955.

Willame, Jean-Claude. *L'Onu au Rwanda,* Bruxelles, Maisoneuve Larose, 1996.

Página web del Stockholm International Peace Research Institute (SIPRI). Disponible en htpp://www.sipri.se or htpp://editors.sipri.se/allpub.htm

Página Alto Comisionado de las Naciones Unidas para los Refugiados: http://www.unchr.ch

Página de conflictos de los Grandes Lagos: http://www.grandslacs.net.

DEL ÁFRICA A AMÉRICA: LECCIONES Y RETOS ACTUALES
EN LAS CRISIS HUMANITARIAS

Fisler Damrosch, Lori (ed.). *Enforcing Restraint, Collectiv Intervention in Internal Conflicts,* New York, Council on Foreign Relations Press, 1998, p. 3.

Henkin, Louis. *That word: sovereignty, and globalization, and human rights, etc.,* Fordham Law Review, october 1999.

Mahalingam, Ravi. The Compatibility of the Principle of Nonintervention with the right of humanitarian intervention", UCLA *Journal of International Law and Foreign Affairs,* Spring 1996.

Nanda, Ved P.; Muther Jr., Thomas F. and Amy E. Eckert. "Tragedies in Somalia, Yugoslavia, Haiti, Rwanda and Liberia: revisiting the validity of Humanitarian Intervention under International law-Part II", *Denver Journal of International Law and Policy,* Winter, 1998.

Njoya, Adamou Ndam. *The African Concept of International Humanitarian Law. International Dimensions of Humanitarian Law,* Geneve, Henry Dunant Institute/UNESCO/Martinus Jijihoff Publishers, 1988.

Santos Rubiano, Alejandro. "África, Adiós", *Semana,* 4 de octubre de 1999.

Sins of the secular missionaries. *The Economist,* January 29, 2000.

EXPECTATIVAS Y REALIDAD DE LA RECONCILIACIÓN: LA COMISIÓN PARA LA VERDAD Y LA RECONCILIACIÓN EN SUDÁFRICA

Asmal, Kader; Asmal, Louise y Ronald Suresh Roberts. *Reconciliation through truth: A reckoning of apartheid's criminal governance*, Claremont (South Africa), David Philip Publishers, 1996, pp. 7, 14, 9, 17, 19-20, 22.

Bratton, Michael. "After Mandela's miracle in South Africa", *Current History*, vol. 97 N° 619, may 1998.

Davenport, T. R. H. *The birth of a new South Africa*, Toronto, University of Toronto Press, 1998, pp. 22, 98.

Frost, Brian. *Struggling to Forgive*, London, HarperCollins Publishers, 1998, pp. 142, 147.

Hayner, Priscilla B. *Fifteen Truth Commissions - 1974 to 1994: A comparative study*. United Nations, may 1994.

Kabunda, Mbuyi. "Sudáfrica después de Mandela", *Política Exterior*, vol. XII N° 65 septiembre/octubre de 1998, p. 123.

Krog, Antjie. *Country of my Skull*, Johannesburg, Random House, 1998, pp. vi, 23, 110, 111, 117, 165.

Lederach, John Paul. *Building Peace: sustainable reconciliation in divided societies*, Washington, United States Institute of Peace Press, 1997, p. 34.

Londoño, Patti. *La Sudáfrica del Apartheid*, Bogotá, Universidad Externado de Colombia, 1991.

Mandela, Nelson. *Long walk to freedom*, London, Abacus, 1995, pp. 677, 732, 744.

Mufson, Steven. "South Africa 1990", *Foreign Affairs*, vol. 70 N° 1, Spring 1991.

Rantete, Johannes. *The African National Congress and the negotiated settlement in South Africa*, Pretoria, J. L. van Schaik Publishers, 1998, pp. 130, 249.

Salvatierra, Miguel. "La evolución de Sudáfrica", *Política Exterior*, vol. 5 N° 19, Invierno de 1991, p. 123.

Sarkin, Jeremy. The Development of a Human Rights Culture in South Africa, *Human Rights Quarterly*, vol. 20 N° 3, 1998, pp. 14, 630, 658-660.

Welsh, David. "South Africa's Democratic Transition", *The Brown Journal of World Affairs*, vol. II, Issue 1, Winter 1994, pp. 1 y 3.

"A matter of models", *The Economist*, vol. 336 N° 7933, septiembre 9 de 1995, pp. 46 y 47.

"Ambiguity's path to murder", *The Economist*, vol. 345 N° 8039, octubre 18 de 1997, p. 47.

"Buthelezi wants to be the boss", *The Economist*, vol. 334, N° 7906, marzo 18 de 1995, pp. 42 y 43.

"Correct, but probably doomed", *The Economist*, vol. 345 N° 8037, octubre 4 de 1997, pp. 51 y 52.

"Fighting Winnie", *The Economist*, vol. 335 N° 7908, abril 1° de 1995, p. 34.

"Justice or Reconciliation?", *The Economist*, vol. 337 N° 7939, noviembre 4 de 1995, pp. 46 y 47.

"Owning up", *The Economist*, vol. 341 N° 7889, octubre 26 de 1996, p. 54.

"Reconstructed", *The Economist*, vol. 339 N° 7960, abril 6 de 1996, p. 43.

"South Africa looks for truth and hopes for reconciliation", *The Economist*, vol. 339 N° 7962, abril 20 de 1996, pp. 33 y 34.

"South Africa's hidden war", *The Economist*, vol. 338 N° 7948, enero 6 de 1996, pp. 31 y 32.

"Sweet nothings", *The Economist*, vol. 342 N° 8003, febrero 8 de 1997, pp. 44 y 45.

"Tell all, maybe", *The Economist*, vol. 338 N° 7953, febrero 17 de 1996, pp. 38 y 39.

"The ambiguities of amnesty", *The Economist*, vol. 342 N° 7999, enero 11 de 1997, pp. 40-41.

"Winnie's return", *The Economist*, vol. 343 N° 8035, septiembre 20 de 1997, p. 50.

"Apartheid indictment finds fault on all sides", *CNN*, octubre 29 de 1998 Disponible en: http://www.cnn.com/world/africa/9810/29/truthcommission.03/

"Half truth", *The Economist*, junio 17 de 2000. Disponible en: http://www.economist.com/archive

"Neglecting reparation imperils a fragile peace", *Financial Times*, abril 17 de 2000. Disponible en: http://www.ft.com/globalarchive

Promotion of National Unity and Reconciliation Act, 1995. Office of the President N° 1111 (citado julio 26 de 1995). Disponible en: http://www.truth.org.za/legal/act9534.htm

Report of the Truth and Reconciliation Commission (citado octubre 29 de 1998) vol. 1 Ch. 4, pf 54, Ch. 7, pf. 114; Chap. 5, pf. 12, 40; vol. 5, Ch. 1, pf 48, Ch. 5, pf. 70, 97, Ch. 7, pf 53-57. Disponible en: http://www.polity.org.za/govdocs/commissions/1998/index.htm

South Africa's ruling party tries to block release of Truth report. *CNN*. Octubre 28 de 1998. Disponible en: http://www.cnn.com/WORLD/africa/9810/28/safrica.report.03/index.html

"South African Truth and Reconciliation Commission entering a new phase", *CNN*, julio 31 de 1998. Disponible en: http://www.cnn.com/world/africa/9807/31/safrica.truth.01/index.html

"Verité et réconciliation en Afrique du Sud", *Le Monde Diplomatique*, diciembre de 1998. Disponible en: http://www.monde-diplomatique.fr/1998/12/brittain/1140/.html

"We are paying a high price for half-truths", *Sunday Times*, septiembre 13 de 1998. Disponible en: http://www.suntimes.co.za/1998/09/13/insight/in12.htm

"We still feel the prick of Riebeeck's thorns", *Sunday Times*, febrero 28 de 1999. Disponible en: http://www.suntimes.co.za/1999/02/28/insight/in02.htm

TERCERA PARTE
COOPERACIÓN SUR-SUR: UNA ALTERNATIVA EN LA RESOLUCIÓN DE CONFLICTO

O ÁRDUO PROCESSO DE PAZ EM ANGOLA E A PRESENÇA BRASILEIRA: *PEACE-KEEPING*, NAÇÕES UNIDAS E PARTICIPAÇÃO DO BRASIL NO MONITORAMENTO DA PAZ PRECÁRIA

Anstee, Margaret Joan. *Órfao da Guerra Fria: radiografia do processo de paz angolana (1992-1993)*, Porto, Campo das Letras, 1977, p. 335.

"Arma brasileira na guerra", *Veya*, 15 setembro de 1997, p. 24.

"Brasileiros irão desativar minas", *Correio Braziliense,* 2 de junho de 1995, p. 24.

Carta de Francisco Romao de Oliveira Silva, dirigida a Otávio Frias Filho, Diretor de Redação da *Folha de São Paulo*,10 de agosto de 1993 (documentos pessoais do autor).

Conselho de Segurança da Nações Unidas. Atas da reuniões do ano de 1993.

Conselho de Segurança da Nações Unidas. Resolucão 804 de 29 de janeiro de 1993, doc. S-Res-804.

"Desmobilização é prioridade", *Público,* 18 de abril de 1997.

Despacho telegráfico secreto N° 53 da Secretaria Geral do Ministério das Relações Exteriores do Brasil para a Missão do Brasil junto as Nações Unidas, 10 de janeiro de 1993.

Discurso do Embaixador Ronaldo M. Sardenberg, documento S-PV, 30 de outubro de 1992, p. 10.

Dos Santos, Eduardo. "Angola e seus parceiros internacionais", (entrevista), *Brasil Europa*, n. 48 1996, p. 27.

Geldenhuys, Deon. *The Diplomacy of Isolation: South Africa Foreign Policy Making*, Johannesburg, Macmillan South Africa, 1984.

Hare, Paul. *A Úlbma Grande Oportunidade para a Paz em Angola*, Lisboa, Campo das Letras, 1999.

Heimer, F-W. O *processo de descolonização angolano, 1974-1976*, Lisboa, A Regra do Jogo, 1980.

Patrício, José. *Angola-EUA: os caminhos do bom senso*, Luanda, Executive Center, 1997.

Pelissier, René. *La Colonie du Minautaure: Nationalismes et Révoltes en Angola (1926-1961)*, Orgeval, 1979.

"PF investiga atuação de assessora de Eliseu", *Folha de São Paulo*, 13 de maio de 1993.

Romão de Oliveira Silva, Francisco. "Raizes do impasse angolano", *Jornal do Brasil*, 6 de maio de 1993 (caderno opinião).

Savimbi, Jonas. "Há que impor a alternancia por decreto", *Espresso*, 25 de abril de 1997.

Sombra Saraiva, José Flávio. *O Lugar da África: a dimensdo atlântica da política exterior brasileira (de 1946 a nossos dias)*, Brasilia, Universidade de Brasilia, 1996.

LAS RELACIONES DE CUBA CON ÁFRICA. ESCENARIO PARA LA COOPERACIÓN SUR-SUR

Página *web* del Gobierno Cubano: Http://www.cubagob.cu

Castro, Fidel. Discurso ante el Memorial Héctor Peterson por la Matanza de Soweto, Sudáfrica (1998), La Habana, s.n., 2000.

Castro, Fidel. Discurso de clausura de la Cumbre Sur. La Habana, 14 abril de 2000.

Castro Raúl. La Operación Carlota ha concluido (video 45 min), Cuba, Mundo Latino, 1990.

Cuba, Ministerio de Relaciones Exteriores. Documentos de la Dirección de África Subsahariana. 30/04/2000.

Davies, Catherine. "Madre África y memoria cultural", *Revolución y Cultura* N° 2-3, 1999, pp. 56 y 67.

Declaración de la Cumbre Sur. La Habana, s.n., 2000, pars. 37, 40.

Obasanjo, O. Discurso de Conclusiones Cumbre Sur. La Habana, 14/04/2000.

Conferencia de prensa de F. Pérez Roque, Canciller. Centro de Prensa Internacional, Cumbre Sur, PABEXPO, 10 de abril de 2000.

LOS AUTORES

MADELEINE ANDEBENG L. ALINGUÉ

Chad. Profesora e investigadora del Centro de Estudios Africanos de la Universidad Externado de Colombia. Maestría en problemas políticos, económicos e internacionales contemporáneos con énfasis en las relaciones Colombia - África. Maestría en Lenguas e historia de la Universidad de Lenguas y Cultura de Beijing, R. P. de China. Maestría en lingüística inglesa en París VIII, Francia. Es la autora de varios artículos y reseñas tales como "Colombia, una democracia racial?" (2000); "Del sincretismo religioso al político: nuevas expresiones de liderazgo en África subsahariana" (2000).

SANTIAGO CASTRO-GÓMEZ

Colombia. Ph.D. en Estudios Latinoamericanos de la Universidad de Frankfurt, Alemania. Es profesor en la Facultad de Filosofía de la Universidad Javeriana e investigador del Instituto Pensar. Dentro de sus publicaciones se encuentran "Teorías sin disciplina: Latinoamericanismo, Postcolonialidad y Globalización en debate" (1988), "History of Latin American Philosophy", "Crítica de la razón" latinoamericana" (1996). Artículos: "Geografías poscoloniales y translocaciones discursivas de lo latinoamericano", "La crítica al colonialismo en tiempos de globalización" (1998), "Fin de la modernidad y transformaciones de la cultura en tiempos de globalización" (1999) y múltiples artículos publicados en revistas nacionales e internacionales.

BELINDA EGUIS DEL TORO

Colombia. Egresada de la Facultad de Finanzas, Gobierno y Relaciones Internacionales. Aportes de la monografía de grado "El Proceso de Reconciliación en Sudáfrica: de la Filosofía a la Práctica", agosto de 2000.

EMMANUEL EZE

Nigeria. Ph.D. en Filosofía, Fordham University, New York con énfasis en la Racionalidad y los Debates sobre la Filosofía Africana. Profesor de Filosofía en Bucknell University (Pennsylvania), York College (Pennsylvania) y University of Cambridge. Ha estado vinculado con las Universidades de Nigeria, Ababa (Etiopía), Yaoundé (Camerún) y de Cambridge. Sus publicaciones más importantes son: "Achieving our Humanity: After Race and Philosophy", "Philosophy and Politics of Development: Reflections on the African Predicaments", "Postcolonial African Philosophy: A critical Reader" y "African Philosophy: An Anthology" (1997).

PÍO GARCÍA PARRA

Colombia. Director General de la División de Asia, África y Oceanía del Ministerio de Relaciones Exteriores. Académico e investigador en temas internacionales en el Centro Regional de Estudios del Tercer Mundo, fue investigador invitado por el Instituto de Economía en Desarrollo en Tokio. Entre sus publicaciones están: "Mirar al Asia" (1995), "Latin America in Japanese Financial Co-operation" (1993), "Las Relaciones Económicas entre El Grupo Andino y el Este Asiático" (1990), y múltiples artículos publicados en revistas nacionales e internacionales. Editor de "El Diálogo Unión Europea -América Latina" (1995) y "Asia y Oceanía Hoy" (1994).

NIGEL GIBSON

Gran Bretaña. Ph.D. en Ciencia Política, Columbia University, New York. Director Asistente del Departamento de Estudios Africanos de la Universidad de Columbia. Miembro del Centro Nacional de Estudios de Área del Departamento de Educación de Estados Unidos y del Consejo Sudafricano de Estudios de Ciencia Humana. Entre sus publicaciones están "Polity Press, Key Critical Thinkers Series", "Contested Terrains and Constructed Categories: Contemporary Africa in Focus", "A Critical Reader", y "Rethinking Fanon: Engagements and Problematics" (1999); además de múltiples artículos en varias revistas internacionales como "Subjugated Knowledge: Fanon, Nannoni and Madagascar", "The Problem of Ideology in South Africa's Transition from Apartheid" y "Space, Race and Class in Global Cities: Johannesburg and New York compared".

ERIC LAIR

Francia. Candidato a Doctorado en Sociología Política en la escuela de Altos Estudios en Ciencias Sociales, París. Profesor de la Escuela Superior de Guerra y de la Universidad Externado de Colombia. Entre sus publicaciones están: "Acción colectiva e Identidad dentro de las Organizaciones Campesinas en un contexto de violencia Interna: el movimiento armado Quintín Lame en Colomiba y las Rondas Campesinas del Norte del Perú" (2000), "El Terror, recurso estratégico de los actores armados: Reflexiones en torno al Conflicto Colombiano" (1999). Investigaciones actuales: "Análisis del Conflicto Armado Colombiano", "Dinámicas y Actores de la Guerra en África", "Análisis Comparativo de los procesos de paz en Mozambique, Angola y Somalia" y múltiples artículos publicados en revistas nacionales e internacionales.

PATTI LONDOÑO

Colombia. Candidata a Doctorado en Sociología, Universidad Nacional de España. Docente e Investigadora de la Universidad Externado de Colombia. Se ha desempeñado como asesora del Ministerio de Relaciones Exteriores para Asuntos Multilaterales y el Movimiento de los No Alineados, Consejera de la Misión de Colombia ante las Naciones Unidas en Nueva York y Coordinadora de la Oficina Internacional del Ministerio de Justicia de Colombia.

Publicaciones: "Política Multilateral de Colombia y el Mundo en Desarrollo: Los No Alineados" (1995), "La Sudáfrica del Apartheid: el Mundo en un solo País" (1992), "Los modelos económicos y la deuda externa de América Latina" (1991) y múltiples artículos en revistas nacionales e internacionales.

Antonio Maldonado

Perú. Maestría en Derecho Internacional, con especial referencia en Derecho Internacional de los Derechos Humanos y Derecho Internacional Humanitario. Cargos Anteriores: consultor Internacional de la Misión de Verificación de las Naciones Unidas en Guatemala, Minugua; Coordinador del Proyecto de Fortalecimiento del Servicio de la Defensa Pública Penal de Guatemala, Coordinador legal para América Latina del "International Human Rights Law Group" y Jefe de Capacitación de la Corte Suprema de Justicia del Perú. Publicaciones: "El Derecho de Defensa en Guatemala" (1999), "El Congreso constituyente de las Defensas Públicas de Centroamérica" (1998), "La Pena de Muerte y las Obligaciones Internacionales del Estado de Guatemala" (1998).

Jesús Martínez Beatón

Cuba. Embajador de la República de Cuba en Colombia. Se desempeñó como Coordinador de la Comisión Latinoamericana y Caribeña de la División de Desarrollo y Problemas Globales, Coordinador del Programa Ecológico y de Conservación del Medio Ambiente de América Latina de la Uie. Ha participado en eventos constitucionales del Movimiento Estudiantil, Temáticos y otros auspiciados por el Sistema de Naciones Unidas en países de Asia, África, Europa y América.

Adeyombo Olubunmi Oyesola

Nigeria. Educada en Nigeria, la República Democrática del Congo y Canadá. Es miembro del Instituto Nacional de Estudios Políticos y Estratégicos de Nigeria. En 1971 se unió al Servicio Civil de

Nigeria y en 1974 fue transferida a la Cancillería de Nigeria. Ha sido Embajadora de Nigeria en Kingston, Jamaica; Estocolmo, Suecia; Freetown, Sierra Leona y Dakar, Senegal. En Dakar, dirigió el Secretariado de la Asociación de Mujeres del África Occidental, una agencia especializada de la Comunidad Económica del África Occidental (Ecowas). En 1999 fue nombrada Embajadora Plenipotenciaria y Extraordinaria de la República Federal de Nigeria ante los Gobiernos de Venezuela, Colombia y Ecuador.

José Flávio Sombra Saraiva

Brasil. Ph.D. en Letras de la Univesidad de Birmingham, Inglaterra con énfasis en las Relaciones de Brasil con el Continente Africano. Profesor de Historia de las Relaciones Internacionales e Historia de África de la Universidad de Brasília. Director General del Instituto Brasilero de Relaciones Internacionales. Se desempeñó como Jefe del Departamento de Historia de Brasilia, Coordinador del Programa de Doctorado en Historia de las Relaciones Internacionales y fue Asesor Especial del Ministerio de Educación de Brasil. Premio Científico Internacional "R. E. Bradbury Memorial Prize" de la Facultad de Humanidades de la Universidad de Birmingham. Publicaciones: "Angola e Brasil nas Rotas do Atlântico Sul" (1999), "Le Brèsil et le Monde: pour une Histoire des Rélations Internationales des puissances émergentes" (1998), "Relações Internacionais Contemporâneas: da construção do mundo liberal à globalização" (1997), "O lugar da África: a dimensão atlântica da Política Externa Brasileira", y "Formação da África Contemporânea" (1996), además de varios artículos en diversas revistas nacionales e internacionales.

Serie Pre-Textos

1. *Modelos económicos y deuda externa de América Latina,*
   Patti Londoño Jaramillo, 1991

2. *La Sudáfrica del apartheid,*
   Patti Londoño Jaramillo, 1992

3. *Integración, pragmatismo y utopía,*
   Leonardo Carvajal H., 1993

4. *Liderazgo y autonomía,*
   Juan Camilo Rodríguez Gómez, 1992

5. *La OEA y las relaciones hemisféricas. La nueva agenda para el siglo XXI,*
   Pierre Gilhodes, Marcela Briceño-Donn, José Luis Ramírez León y Alma Viviana Pérez, 1995

6. *Manual de metodología para el estudiante universitario,*
   Roberto Hinestrosa Rey (trad.), 1995

8. *Problemas y perspectivas del proceso de reforma en Europa Oriental,*
   Gabriel Arthur Ramjas, 1995

9. *La política multilateral de Colombia y el mundo en desarrollo (NOAL),*
   Luis Fernando Jaramillo C. y Patti Londoño J., 1995

10. *Guerra, progreso y mito político,*
    Bernardo Vela Orbegozo, 1997

11. *¿Una moneda única para América Latina? Las lecciones de la construcción monetaria europea para América Latina*
    David Khoudour-Castéras, 1999

12. *Marco juríico de la Unión Europea.
    Instituciones, derechos, libertades y políticas*,
    Wilma Zafra Turbay y Alfonso Soria Mendoza, 1999

13. *Estado y mercado en la economía clásica*,
    Óscar Rodríguez Salazar, 2000

14. *Colombia inserción en la globalización*,
    Beethoven Herrera Valencia, 2001

15. *Colombia y la seguridad hemisférica*,
    Facultad de Finanzas, Gobierno y Relaciones Internacionales, 2001